la

Mitología

Contada con sencillez

COLECCIÓN
Contado con sencillez

Dirigida por:
EDUARDO VERDÚ

Cubierta: Soledad Verdú Ferrándiz y Juan García-Escudero Desoto

Ilustraciones: Grabados de John Flaxman (1755-1826), escultor e ilustrador neoclásico inglés. Entre 1787 y 1794 trabajó en Roma, donde realizó una serie de ilustraciones para los poemas homéricos, la Iliada y la Odisea, una selección de los cuales se presenta en este libro.

© DAVID HERNÁNDEZ DE LA FUENTE, 2005
© MAEVA EDICIONES, 2005
  Benito Castro, 6
  28028 MADRID
  emaeva@maeva.es
  www.maeva.es

  ISBN: 84-96231-52-6
  Depósito legal: M-32.641-2005

  Fotocomposición: MCF TEXTOS, S. A.
  Impresión y encuadernación: Huertas, S. A.
  Impreso en España - Printed in Spain

David Hernández de la Fuente

la Mitología
Contada con sencillez

MAEVA

A modo de prólogo

Los mitos fueron, en un principio, las historias sagradas de la tribu. Explicaban el mundo mediante los relatos de los hechos memorables de los dioses y los héroes de antaño. Historias de otro tiempo, de los orígenes del mundo, surgido y ordenado luego gracias a esas actuaciones divinas y heroicas en una época primordial y fundadora. Los seres humanos aún no eran como son ahora, pues todavía no se habían distanciado tanto de los dioses y los héroes, audaces y semidivinos, que actuaban con poderoso arrojo y gran magnanimidad. (Los dioses griegos, una vez surgidos, son eternos y felices, y los héroes están muertos, pero han dejado una fama inmortal.) Los héroes hacían frente a desafíos prodigiosos y en choques violentos vencieron a fieros monstruos y con hazañas decisivas marcaron el escenario de la futura humanidad. En ese tiempo primigenio, *illud tempus*, vecino de la auroral Edad de Oro, sucedió la mayor parte de esas historias, inverosímiles pero ejemplares, que configuraron el mundo y lo dejaron ya ordenado y habitable para los humanos. Paso del caos al cosmos, nacimientos de dioses y peleas por el poder, victorias divinas sobre los monstruos terroríficos, reparto de los dominios del mundo −cielo, tierra e infierno−, invento de la primera mujer, conquista del fuego, instauración del sacrificio, etc., son los motivos esenciales en toda una serie de narraciones enormemente sugerentes y de ingenuo dramatismo. Mitos que saciaban el ansia de saber y ofrecían sus misteriosos encantos para una visión del mundo que necesitaba avistar un sentido latente en la vida. Los mitos ayudaban a superar el espanto ante la naturaleza y presentaban unos dioses con figuras y acciones semejantes a las humanas. Apasionadamente humanos son los dioses griegos, y ejemplares, aunque desdichados a menudo, los héroes. Al situar a esas figuras en el trasfondo de la naturaleza y el tiempo anterior a la historia, los mitos ofrecían a la existencia sobre la tierra un significado oculto y superior. Despojaban al mundo de lo que podría ser su mayor amenaza: la falta de sentido.

Todos los pueblos primitivos tienen su mitología. «Un pueblo sin mitos moriría de frío», escribió Georges Dumézil. De frío y de tristeza, perdido sin reparos fantásticos en el bosque oscuro de una naturaleza muda, inhumana, implacable, laberíntica. Las narraciones míticas proporcionan un repertorio de figuras que pueblan el imaginario colectivo. Forman una parte esencial de la cultura de una nación. Se transmiten de generación en generación. Los viejos los cuentan a los niños, a veces se aprenden en las escuelas, y en muchas culturas existen unos guardianes profesionales de los mitos, como fueron en Grecia los poetas, y en otros lugares los sacerdotes. Lo que define un mito es justamente ese carácter de relato memorable: viene de muy atrás y pervive durante largo tiempo. Como escribió M. Detienne: «Los mitos viven en el país de la Memoria». (En la mitología griega las Musas eran hijas de la divina Mnemósine y de Zeus, el dios padre.) En un comienzo los mitos están ligados a las creencias y las prácticas religiosas. Sirven de base a los ritos, y los ritos los reiteran. Generalmente, los mitos se conservan con pequeños cambios y se prestan a renovadas interpretaciones. (No son inmutables como los dogmas religiosos, a menos que queden fijados en un Libro Sagrado.

No es el caso de los griegos, tan vinculados a la poesía y la literatura.)

Los mitos de un pueblo tienen en su origen esa vinculación religiosa. Pero lo que pudo ser una creencia viva para una comunidad cultural, puede luego ser sentido como una creencia fantasiosa, e incluso ser recogido a distancia por otra como mero legado cultural. Eso es lo que nos ha pasado a nosotros con la mitología griega. Sigue siendo una hermosa herencia, un fascinante repertorio de historias y figuras fantásticas, pero esos relatos ya no nos merecen una fe ni nos exigen ninguna creencia religiosa. Son mitos de otros, de los antiguos griegos, tan imaginativos y creativos. De ahí nuestra peculiar relación con la mitología clásica, que nos es extraña (ya no creemos en esos dioses ni en esos héroes como seres reales o históricos) y, sin embargo, familiar a la vez. (Quiero decir que nos resulta mucho más próxima que otras mitologías africanas o asiáticas, porque está ligada a una tradición cultural que es, en definitiva, la de la gran literatura y el arte de Europa.)

Los mitos coinciden con los cuentos maravillosos populares en algunos motivos. Pero se diferencian de los cuentos en primer lugar en que dan nombre propio a sus personajes. Y muchas veces un mito lleva el nombre de su protagonista. Es decir, los monstruos de los cuentos no suelen tener nombre: el lobo, la bruja, el ogro son ahí anónimos. Y los héroes del cuento tienen un nombre vulgar y mínimo, si lo tienen, como Juanito o Pedro, o Pulgarcito. No sabremos nunca cómo se llamaba Caperucita Roja. Los héroes, como los dioses y los monstruos del mito, tienen nombre y familia. El ogro antropófago se llama en el mito Polifemo hijo de Poseidón; la bruja, Circe; el gran monstruo, Tifón; etc. La mitología es una variopinta red de figuras con nombre propio. Pero ése es otro rasgo que diferencia esencialmente los cuentos de los mitos: el hecho de que estos últimos se inscriben en el marco de ese amplio tapiz, la mitología, que es la gran colección de relatos entretejidos, a través de los nombres y las genealogías. Los cuentos populares se presentan también, cuando se publican escritos, agrupados en colecciones, pero los personajes de un cuento no tienen que ver con los de otro. En cambio, en los mitos se engarza toda una serie de personajes divinos y heroicos que están relacionados entre sí y tienen un aire familiar. Los dioses forman parte de una familia y, como conviene en un sistema politeísta, conservan bien distribuidos sus papeles. También los héroes están ordenados por familias, genealogías y sagas locales y se mueven en un territorio bastante definido geográficamente, aunque sus viajes y gestas sean fabulosos. Basta recordar el inventario de los dioses y los héroes, con tantos y tantos nombres y epítetos singulares, que se presenta en cualquier manual mitológico para avalar este rasgo. Todos ellos conviven en ese ámbito común de la mitología. En este caso, de la coloreada y vivaz mitología griega.

Como decíamos, la mitología es un espléndido y fabuloso legado cultural. No se puede entender bien a un pueblo antiguo sin considerar su mitología. Y eso nos resulta aún más evidente cuando hablamos de su arte y su literatura. Algo muy obvio al referirnos al mundo helénico, porque sus escenas y figuras míticas son los motivos recurrentes y ubicuos del arte y la literatura clásica. No puede entenderse el modo de pensar, de actuar y de vivir de los griegos de la época clásica sin conocer sus temas mitológicos y los ritos conectados con ellos.

Podemos pues acercarnos a esa mitología –que fue ya heredada como clásica y poetizada de nuevo por los romanos como una base esencial de su literatura y su plástica– con la convicción de que se trata de una espléndida narrativa de raíces religiosas y arcaicos orígenes, que, aún después de tantos siglos y tanta distancia intelectual, cuando ya no creemos en ellos como «historias sagradas», sigue siendo para nosotros, lectores modernos y gentes de otra tribu, un conjunto de historias y figuras fabulosas, fascinantes y seductoras.

Y me parece que el mejor camino para acercarse a esa espléndida galería de escenas y figuras, para darse un paseo iniciático por este bosque fantasioso, es una introducción que, sin excesiva erudición ni gravedad pedante, sepa combinar sus noticias precisas con un estilo directo y ameno colorido, como la que aquí nos ofrece David Hernández de la Fuente, con palabras claras y una amable intención didáctica. Sus páginas ofrecen unas buenas vistas no sólo al trasfondo antiguo de los mitos, sino también a sus ecos en la tradición artística y literaria europea hasta nuestros días. El «aprender con deleite», que decían los clásicos, queda aquí al alcance del lector.

Carlos García Gual

1. Introducción.
Por qué una mitología.
Mitos, dioses y héroes

Contaba lord Byron en una carta al también poeta Thomas Moore que estaba educando a su hija pequeña en el catolicismo. Al inglés Byron, fanático de la antigua Grecia, la más sólida razón que se le ocurría para obrar así era que el rito católico le parecía «la religión más elegante, si exceptuamos la mitología griega». Es sabido que Byron cruzó a nado el estrecho de Abidos, en imitación de un célebre personaje de la mitología griega, y que años más tarde moriría en la guerra de independencia griega por los ideales de la Grecia eterna, enamorado de sus mitos y su hermosura secular.

Varias décadas después de aquella carta familiar, el escritor norteamericano Ralph Waldo Emerson, al hablar del alma en busca de la verdadera belleza, decía: «En la auténtica mitología, el Amor es un niño inmortal, y la Belleza le sirve de guía». Por supuesto, se refería a Eros y a Afrodita —Cupido y Venus—, al amor y la belleza en la mitología antigua. Y lord Tennyson, por terminar con otro ejemplo de la literatura anglosajona, recreó las aventuras de Ulises en un poema cuyo memorable final recuerda el ideal de los héroes griegos, que pasó a ser el del héroe en general para nuestra cultura: «Luchar, hallar, buscar y no rendirse».

Como se ve, la mitología clásica ha ejercido y sigue ejerciendo una notable fascinación entre los hombres de muy diversas épocas, que lleva a recurrir a sus modelos y leyendas para evocar las ideas fundamentales de nuestra civilización. Muchas veces hemos leído y oído innumerables alusiones a la Grecia antigua, a sus héroes y leyendas, a sus dioses desaparecidos, a los que nadie ya rinde culto y que, sin embargo, siguen influyendo en nuestra vida cotidiana. Alguien cita a Baco, el dios del vino, al hacer un brindis, o bien se dice de un fortachón que es un Hércules, de un hermoso joven que es un Adonis; alguna marca comercial utiliza el nombre o la figura de un ser fabuloso de la mitología antigua, etc.

Ante esto, cabría preguntarse cuál es, en definitiva, el sentido del mito, de la mitología: qué son y qué importancia tienen los mitos para nosotros; cuál es su significado y por qué existen en las más diversas sociedades, épocas y latitudes desde hace milenios; por qué razón, en fin, los hombres antiguos elaboraron ese mundo maravilloso de dioses, héroes, sagas y leyendas que, bellamente entrelazadas, formaron los repertorios mitológicos que están en las raíces de nuestra cultura y a los que, aún hoy, seguimos acudiendo con cierta devoción.

Pues bien, sucede que el hombre ha tratado siempre de hacer frente a lo desconocido, a lo inexplicable, a los elementos de la naturaleza que lo rodean; y antaño lo hizo mediante una explicación mágica, legendaria y casi subconsciente de la realidad y de lo que está más allá de ella: el mito. Veamos en primer lugar qué puede significar la palabra mito en unas breves consideraciones previas. El mito es, a nuestro entender, un medio para explicar tanto los fenómenos naturales como las relaciones entre los hombres, con un lenguaje poético y sugerente que nace del sentimiento religioso y entronca con él. Más allá de la experiencia humana nacen los mitos. Y tratan de desvelar los enigmas que desde siempre preocupan al hombre –el más allá, lo divino, la relación con la naturaleza–, explicando el mundo y sus orígenes en una época lejana mediante un lenguaje universal y dramático.

Así, podríamos definir el mito como una narración antigua, transmitida de generación en generación, que relata historias sobre personajes legendarios –divinos o humanos– en los primeros tiempos del universo: un sistema que a la vez explica el mundo que habitamos y lo anima poética y simbólicamente. Este pensamiento mítico toma forma en una época primordial y enlaza sus relatos formando un entramado de narraciones míticas, lo que conocemos por mitología.

Y la mitología que está en los cimientos de la civilización y la cultura occidental es, sin duda, la que se gestó en la Antigüedad grecorromana. Hay algunas otras –celta, nórdica o germánica– que tienen cierta presencia en nuestra tradición cultural. Pero ninguna como la mitología clásica. Sin ella no parece posible comprender enteramente lo que somos y lo que hoy día es nuestro mundo. La mitología clásica es una referencia necesaria para nuestra identidad, una base imprescindible para la reflexión filosófica y la creación literaria.

Entre las muchas definiciones posibles de mito, volvamos a centrarnos en la idea expresada anteriormente para considerar su vínculo con el pensamiento religioso: así, cabe decir que el mito es una forma de narración simbólica que se halla en la base de la religión y forma parte de ésta. Son los mitos determinados relatos de dioses y criaturas sobrehumanas que están envueltas en situaciones más allá de la realidad humana, en un tiempo al margen del nuestro, legendario y lejano. Como las historias religiosas.

Por extensión, la palabra «mito» se ha convertido en nuestros días en un fácil comodín que se usa en el lenguaje coloquial para muy diferentes cosas. El mito, en cuanto relato que no necesita justificación de realidad o posibilidad, tiene una especial fuerza de atracción para expresar diversos conceptos: así, se habla del mito de la guerra de sexos, de los mitos del marxismo e incluso se usa el adjetivo «mítico» para hacer publicidad de una cerveza, un automóvil o cualquier objeto al que se quiera dar un prestigio más allá de lo explicable. Por otro lado, también hay una cierta carga negativa en la palabra —pues se trata de hechos difícilmente comprobables o reales—, una connotación de falsedad o de historia inventada.

La palabra «mito» proviene, como es bien sabido, del griego antiguo *mythos*. Es ciertamente difícil explicar la gran variedad de significados que tenía este término, pues se suele traducir de muchas maneras: desde «palabra» o «dicho» hasta «relato», «historia» e incluso «fábula» o «ficción». Dicen desde hace tiempo los teóricos de la filosofía que la palabra *mythos* se opone a *logos*, y que una de las más grandes aportaciones de los griegos a nuestra civilización y cultura es el paso del *mythos*, como explicación irracional del mundo, al *logos*, el comienzo del pensamiento lógico, científico, y filosófico: aquello que, por oposición al mito, admite explicación contrastada y justificada.

No será necesario en nuestro caso justificar que, al hablar de mitos y mitología en un libro como éste, nos centremos en la antigua Grecia. El mito ha existido en todas las sociedades humanas y las mitologías son de muy diversa índole, aunque todas cumplen unos esquemas comunes que se pueden resumir o clasificar. Su estudio es una disciplina de suma importancia para comprender la sociedad y mentalidad que reflejan, la antropología y las costumbres. Sin embargo, un libro que pretenda explicar la mitología que ha inspirado la cultura occidental se referirá específicamente a la mitología clásica. De ahí que, pese a que el título sugiera una explicación global de la mitología, nos centremos en los mitos griegos y romanos. Ellos han servido de base a nuestra tradición cultural, y por ello les dedicamos íntegra esta explicación, narración e interpretación de la mitología. No pretendemos, así, emprender una travesía por todo lo que significa el mito y la mitología en las sociedades humanas. Nos centraremos, por el contrario, en aquellos mitos que han configurado nuestra cultura, narrándolos de nuevo para recrearnos otra vez en su atractivo y su fuerza evocadora.

Comenzando por algunas notas generales, hay que distinguir primeramente los mitos del cuento popular. Aunque ambos fenómenos coinciden en algunas líneas narrativas (piénsese, por ejemplo, en las historias sobre el único superviviente que regresa, sobre el hijo menor que salva a sus hermanos, etc.), la diferencia básica radica en el hecho de que los personajes del cuento popular son meros arquetipos y se quedan sólo en eso, pues no tienen personalidad definida, como los protagonistas de los mitos. Éstos admiten infinidad de matices e interpretaciones: y ahí reside uno de los grandes atractivos de la mitología.

También la fábula se mueve en un ámbito parecido al del cuento popular, pues ejemplifica acciones de manera instructiva en el comportamiento de animales u objetos personificados. Todo conlleva una función educativa y de ejemplo de la que el mito carece en muchas ocasiones. Las leyendas, los cuentos infantiles o los de hadas se alejan igualmente del territorio del mito, en cuanto historias fabulosas y sobrenaturales que aluden a lugares imprecisos, a príncipes sin nombre y castillos desubicados. Todo lo contrario que el mito, que especifica una atmósfera —si bien lejana— plenamente reconocible por el oyente o lector, como sucede también con los personajes.

Así, y aunque las fronteras entre ellos son bastante inseguras, nebulosas y discutidas, se puede diferenciar entre mito, cuento popular y fábula. Otras categorías cercanas al mito, que muchas veces van entrelazadas o llenas de ellos, son las sagas y las leyendas. Pero dejaremos que los teóricos de la mitología y de los géneros literarios se enzarcen en discusiones sobre los límites de cada una. Aquí, nos basta, recordando el esbozo de definición anterior —o bien ofreciendo una tercera variante—, saber que el mito es una narración antigua, fabulosa y llena de prestigio que, transmitida a través de las generaciones, refiere historias sobre dioses o héroes legendarios en una época lejana y ejemplar.

Cabría hablar igualmente de las características, usos o funciones de los mitos. Pues de ellos nos debe importar más la función que el origen, como ha escrito Hans Blumenberg[1]. Los mitos, esos antiguos relatos de la tribu —sagrados,

---

[1] Véase su obra citada en la bibliografía.

humanos, familiares–, persisten en cuanto son memorables e interesan a la sociedad arcaica en la que se trasmiten: así, pese a su origen oscuro, su función puede intuirse dentro de una sociedad. Y puede pervivir de este modo a través de la historia ligada a la religión, o bien a la literatura.

Existen muchas clasificaciones de los mitos y sus funciones. Tantas como autores han tratado de definir el mito desde los más diversos puntos de vista. En esto obraremos como a la hora de definir el mito, pues no es éste lugar de examinar qué se ha dicho en cada tiempo y lugar sobre el mito, sino de dar una visión integradora. Hay célebres mitólogos que proponen clasificar las funciones del mito según su alcance y forma[2]. Habría mitos relativos a la formación del mundo y al nacimiento de los dioses, otros constituidos por ciclos divinos y heroicos, leyendas casi novelescas con cierta unidad mítica y también relatos que explican las causas de las cosas en el mundo. Pero el mito trasciende el ámbito de los estudios clásicos y de la mitografía, y muchos otros autores se han aproximado a su análisis desde la filosofía, la antropología, la sociología o incluso el derecho. Desde un punto de vista más político, hay autores que dividen las funciones del mito en integradoras, al aglutinar o identificar a una determinada comunidad; movilizadoras, que mueven a una determinada acción; y esclarecedoras, que explican la realidad para esa comunidad y configuran su visión del mundo[3].

Hemos apuntado ya varias de las posibles funciones del mito en las líneas anteriores. La principal sería, obviamente, la explicativa: se trata de ofrecer un relato que aclare las cuestiones que más intrigan al hombre desde antiguo. El origen del mundo, de los hombres y los dioses, la vida en el más allá y el final de todo, principalmente. Pero no sólo son

---

[2] Como, por ejemplo, Pierre Grimal, cuyo *Diccionario de mitología griega y romana* (Barcelona: Paidós, 1995) es ya un clásico, en su libro *La mitología griega* (Barcelona: Paidós, 1998, págs. 21ss.).

[3] Así lo hace, desde el campo del derecho, M. García Pelayo («Mito y actitud mítica en el campo político», *Obras completas*, III. Madrid: Centro de Estudios Constitucionales, 1991, págs. 2728ss.).

estas preguntas las que son contestadas por los mitos, también hay mitos que explican el origen de una tradición cultural o una manera de vestir, de un río, de un valle o de una montaña. Por ejemplo, el monte Hemo, en Asia Menor, debe su color rojo a la sangre (en griego *haima*) del monstruo Tifón, al que Zeus, padre de dioses y hombres, derrotó en singular combate en los primeros tiempos del mundo. Son los mitos llamados etiológicos, que explican las causas (*aitiai*) de lugares geográficos, fundaciones de ciudades, costumbres o tradiciones.

El mito confiere prestigio y lejanía a cualquier tradición o costumbre, al darle un origen legendario y acaso divino. Así, también se puede hablar de un uso justificativo del mito, en el sentido de que muchas costumbres de los pueblos antiguos encuentran su justificación precisamente en el mito que les da origen, validez o pertinencia. Recordemos, por ejemplo, los mitos que justifican las ordalías, o las pruebas de nobleza en los pueblos antiguos: espartanos o celtas sometían a sus hijos a un duro azar que probaba, a riesgo de la vida de los pequeños, si eran lo bastante fuertes para formar parte de la comunidad. Asimismo, citaremos la función descriptiva, relacionada con las anteriores, que ayuda a comprender la formación del mundo y sus parajes: el mito de Faetonte, por ejemplo, narra que este héroe, hijo del Sol, robó el carro de fuego de su padre. Los caballos se desbocaron y pasaron muy cerca de la Tierra por su zona meridional, creando los desiertos y las diferentes latitudes climáticas.

También existe una función regenerativa, que se da principalmente en los mitos de resurrección. Esta idea está presente en los mitos cíclicos de la vegetación y la naturaleza, que justifican desde la manera de trabajar la tierra hasta los sacrificios, animales o humanos, en los pueblos antiguos: el ciclo de la vida y la muerte, la necesidad de morir para renovarse de la que hablan las religiones mistéricas de la Grecia antigua.

Hay que preguntarse además acerca de los diversos tipos de mitos que existen. A lo largo de estas páginas veremos una serie de relatos míticos de la Antigüedad clásica que siguen unos patrones fijos. A ello nos referíamos cuando antes se aludía a la tipología común del relato mítico en las diversas culturas y sociedades humanas. No debe sorprendernos que el pensamiento mítico siga unos esquemas parecidos en culturas como la griega, la india o la maya. Tras ello subyace una clasificación común que está en la base de este tipo de conocimiento humano: el acercamiento al mundo que supone la mitología.

Un primer tipo de mito nos lo sugiere la propia definición que esbozábamos antes: los mitos de los orígenes, pues uno de los anhelos humanos que trata de colmar el pensamiento mítico como explicación del mundo es la pregunta básica acerca de la génesis de éste. Los mitos de creación se llaman *cosmogonías*, lo que en griego precisamente quiere decir «nacimiento del mundo». Y tienen más implicaciones que la mera explicación del universo y de sus comienzos: las relaciones entre las potencias primitivas y su propia naturaleza plantean profundas cuestiones filosóficas y científicas. Las líneas generales de estas «cosmogonías» han sido delimitadas por los estudiosos de la mitología; y se pueden notar en la lectura de los poemas u obras que incluyen pasajes sobre la creación –desde el *Enuma Elish* babilonio, el *Génesis* y la *Teogonía* griega hasta la *Edda* escandinava, el *Popol-Vuh* maya y las cosmogonías de otros pueblos– ciertos esquemas básicos coincidentes, como el nacimiento del mundo de un padre y una madre (cielo y tierra), de un huevo cósmico, de un caos inicial, etc.

Muy relacionados con estos mitos están las *teogonías*, o mitos de nacimiento de los dioses. En cierto modo estos mitos configuran el orden de la naturaleza: a los dioses, tras nacer en circunstancias más o menos excepcionales, se les atribuyen diversas funciones en el universo, y así se explican los diversos fenómenos y ciclos naturales. Así, el mito de Perséfone, diosa relacionada con los cereales, que debe pasar una temporada en el más allá y otra en nuestro mundo, explica por qué existe el invierno y la primavera y los ciclos de cultivo. Tras la creación de los dioses viene el nacimiento de los hombres que, normalmente, se ordena en varias etapas cronológicas: las edades. Los hombres de la primera edad, a menudo en una época en la que aún convivían con los dioses en la tierra, están muy cercanos a la divinidad y suelen ser casi siempre superhombres, felices y sabios. A continuación se suceden otras generaciones humanas hasta llegar a la nuestra actual. Es lo que, en el caso griego, se conoce como el Mito de las Edades. Otros mitos temporales dividen la historia del universo en edades mediante cálculos numéricos y místicos.

Los mitos de *escatología* son, por otra parte, aquellos que narran cómo será el fin del mundo, la destrucción del universo y la vida después de la muerte. Y también son una constante en todas las mitologías, como en las religiones. En el caso del cristianismo, la escatología está presente en todo momento: no hay más que recordar la promesa de resurrección después de la muerte y las muchas profecías sobre el juicio final, el último día, el milenarismo, etc. En la antigua Grecia, hay que recordar que las religiones mistéricas, la eleusina o la órfico-dionisíaca, prometían una vida en el más allá para sus iniciados y que los poemas y obras relacionados con estas creencias (que, en último término, derivan también de los mitos que vamos a estudiar, en concreto de los de Perséfone, Orfeo y Dioniso) hacen continuas alusiones a lo que ocurrirá tras la muerte. La muerte, como gran y último misterio que angustia a la humanidad, es explicada como viaje, las más de las veces, en los mitos de escatología. El tránsito a la otra vida, así, se convierte en una de las preocupaciones a las que más a menudo da respuesta la mitología.

En relación con estas, que podríamos denominar las tres categorías fundamentales –las cosmogonías, teogonías y escatologías–, se encuentran varios tipos de mitos que llamaremos secundarios. Son los siguientes. Los mitos de renovación o renacimiento, en una concepción cíclica del tiempo, prometen el regreso de la época dorada, de la primera edad de hombres felices. El mito del eterno retorno, casi prefigurando algunas concepciones filosóficas, considera el tiempo y la eternidad como una materia circular que traerá de nuevo la edad de los orígenes. Muy relacionados con los anteriores, los mitos mesiánicos aseguran la salvación a través de la venida de un enviado divino, que traerá igualmente una nueva edad de oro, un paraíso en la tierra: éstos son relatos muy típicos de las culturas semíticas y del cristianismo, pero se dan también en otras latitudes en forma de mitos de salvación. Estos mitos, como se ve, están a medio camino entre la cosmogonía y la escatología.

También se puede hablar, en una clasificación más minuciosa, de los mitos referidos a fundadores de ciudades, países o religiones, de los mitos que dan origen a una dinastía real y narran sus hazañas (en lugares donde la monarquía tiene origen divino), los mitos de metamorfosis de seres humanos en divinos (recordemos, en el mundo grecorromano, el célebre poema de Ovidio, sobre transformaciones de todo tipo en la mitología clásica), etc.

Pero no es ahora nuestro propósito ahondar en un estudio o clasificación del mito en general. Por razones que ya son obvias, pasaremos a la mitología de mayor interés para nuestra cultura, la que más nos incumbe en cuanto herederos de la tradición cultural de la Antigüedad grecolatina.

LA MITOLOGÍA CLÁSICA, DE LA GRECIA ANTIGUA A NUESTROS DÍAS

La mitología clásica, según lo que hemos visto hasta ahora, sería el repertorio de mitos de la antigüedad clásica, fundamentalmente de Grecia, pero también con las variantes y adaptaciones romanas. Y como otras mitologías de otros pueblos, también nace vinculada a la religión: a los dioses griegos y al culto de éstos en templos y ciudades.

En su particular explicación del mundo, los mitos griegos estaban en la base de la religión griega, con un panteón de variados dioses. Los antiguos sacerdotes cumplían los ritos y sacrificios que les eran debidos. Sin embargo, los mitos no eran su patrimonio exclusivo. Pertenecían también al pueblo y a la voz de éste: los antiguos poetas, inspirados por las Musas. A ellos se debe su extraordinaria difusión. Así, pronto se desvincularán los mitos de la religión para iniciar su propia travesía en la imaginación de los hombres

—se convertirán en materia prima para músicos, dramaturgos y artistas, para cuentos al amor de la lumbre, relatos en veladas y banquetes—, un maravilloso viaje que se prolonga hasta nuestros días.

Los mitos clásicos, aún hoy, perviven de algún modo entre nosotros. Hagamos una prueba muy sencilla: si damos una vuelta por cualquier museo de una gran capital europea, si paseamos por sus calles y reparamos en las fuentes y monumentos, en palacios y plazas, si asistimos a una representación teatral, a un concierto de música de cámara, a una ópera, si consultamos la cartelera de cine, las novelas a la venta en las librerías, los cómics, la publicidad en las vallas y las camisetas que llevan los transeúntes...; en fin, por todas partes, en todo lugar, encontraremos rastros de Zeus, Dafne, Hércules, Apolo y las Musas, en cualquiera de estos sitios hallaremos huellas de Troya, del vellocino de oro y de tantas otras leyendas de la antigüedad clásica que hoy forman parte de nuestro imaginario colectivo.

Son referencias básicas para la literatura, el arte o el cine, sin las que no se podría entender gran parte de nuestra cultura; basta con visitar el Museo del Prado un domingo y detenerse ante los lienzos de Velázquez o Tiziano, escuchar una pieza de Monteverdi en la radio, leer el *Ulises* de James Joyce o ver la película *O brother!* de los hermanos Coen, o la reciente y popular *Troya*. Por todo ello, resulta necesario conocer algo de ese repertorio mitológico que los artistas, los músicos y los escritores han usado como inspiración durante siglos.

De ahí la utilidad de un libro como éste, que propone un acercamiento a la mitología desde una exposición sencilla pero rigurosa de los mitos, los héroes y los dioses griegos y romanos. Pese a su antigüedad, la mitología clásica siempre es actual y resulta necesaria incluso en nuestros días, pues proporciona patrones literarios e iconográficos sin los cuales no se podrían comprender muchas manifestaciones artísticas de nuestra civilización. Se trata, pues, de poner al alcance del lector toda la belleza y el enorme acervo cultural que suponen los mitos clásicos, de conocer esas figuras míticas —los dioses del Olimpo, los héroes griegos y troyanos—, de poder identificarlos adecuadamente en un lienzo o en una pieza musical... En definitiva, de recuperar cierta memoria de esos mitos que, insistimos una vez más, forman parte de lo más profundo de nosotros mismos.

La mitología, como conjunto narrativo de mitos sobre esos personajes fabulosos, presenta una y otra vez a los mismos dioses y héroes, que toman parte en diversas aventuras: la creación del mundo, el nacimiento de la humanidad, la invención del fuego, la primera mujer, el más allá de la muerte, las sagas y aventuras, etc. Todos los mitos están relacionados entre sí por los dioses y héroes que les sirven de protagonistas. Son personajes que ya se hacen familiares después de su aparición en varios mitos: y a través de este libro pretendemos que sean aún más familiares al lector.

Y es que la mitología es, en gran parte, cosa de familia. Todos los relatos que la integran están formando una red de asociaciones entre los diversos dioses, que configuran una gran familia, con sus funciones y sus características: Zeus, dios del cielo y padre de dioses; Ares, el cruel dios de la guerra, su hijo; Afrodita o Venus, diosa del amor, hija del primero y amante del segundo; etc. Así, el lector de mitología reconocerá a estas figuras para saber de antemano cómo será su actuación en los mitos. El hecho de que los dioses olímpicos (y muchos héroes) sean parte de una familia destaca esa relación entre ellos, que funciona como un sistema de oposiciones, nos anima a conocerlos mejor y a saber qué papel desempeñará cada cual en los relatos de la antigüedad y en las recreaciones más modernas de la literatura y el arte.

Los mitos –el entramado que forma la mitología clásica– fueron narrados sin cesar y con gran fidelidad a través de la historia en poemas, epopeyas, tragedias y, posteriormente, novelas. Fueron también representados en vasos de cerámica, en esculturas y pinturas, así como cantados y musicados. Las aventuras de esos dioses, héroes y hombres legendarios están hechos de una materia prima onírica y fantástica, y por eso mismo son inagotables, como los sueños. Los vamos a narrar aquí de una manera ligera, clara pero a la vez com-

pleta. Esperamos transformar la belleza de esa misma materia en una guía accesible de los mitos, dioses y héroes de la
Antigüedad. Un relato al alcance de todos que aclare cuáles
son los mitos fundamentales y quiénes los personajes legendarios que tanta huella dejaron en el imaginario occidental,
tratando de conservar la magia y la fascinación que han
ejercido durante más de veinticinco siglos.

2. La mitología como mosaico. Mito, rito y poesía

La mitología es, como decíamos, esa red de relatos en la que ha quedado atrapada y cautivada la imaginación de los hombres. Aunque aquí solamente trataremos aquellos mitos que han configurado el imaginario y la cultura occidental, dejando aparte otras mitologías de pueblos como los germánicos, los precolombinos, esquimales, etc., en todos ellos, sin embargo, como entre los antiguos griegos, hay que tener en cuenta y recalcar el carácter tan peculiar de la mitología, que está formada por un buen número de historias, relatos míticos, que se cruzan entre sí y se vuelven a cruzar, sin una sistematización precisa, pero con una trabazón o conexión sorprendente y atractiva.

La definición de la mitología como mosaico multiforme sería así muy pertinente, pues nos permite, por un lado, subrayar la diferencia con otros relatos de explicación del mundo como los religiosos, de firme canon y sistema y, por otro lado, distinguirlo del cuento maravilloso, cuyas historias suelen ser lineales y no se entrecruzan.

El mito se enmarca así en un complejo entramado, que va creciendo según los poetas −auténticos guardianes del saber mítico– extienden esas redes más y más. La transmisión de este conjunto de historias se realiza de generación en generación, a través de unos intermediarios especiales, los aedos, que componían poemas sobre estas leyendas, y los rapsodos, que se encargaban de recitarlos al pueblo, reteniéndolos en la memoria. Los poetas griegos Homero y Hesíodo (siglos VIII y VII a. de C.) representan, cada uno en su propio estilo y sobre todo el primero, la transición de esta tradición oral a otra escrita, ambas siempre en el ámbito poético, para configurar un mundo imaginario familiar a todo un pueblo y una cultura.

Insistiendo en la idea de la mitología como mosaico, que muchos teóricos han destacado, hay que señalar que ésta no posee unos esquemas tópicos, un *corpus* fijo, y que no es uniforme ni en cuanto a procedencia de las historias ni tiene características definidas y universales, como los cuentos populares, que siguen unos arquetipos y tienen unos personajes también típicos. Por el contrario, la mitología es multiforme, tiene mil teselas. Una de ellas puede coincidir con el *folktale*, como apuntábamos, pues parte del material mítico acaso procede del cuento popular o de leyendas de diversa procedencia (el niño perdido y encontrado, su reconocimiento, la muerte del dragón, las pruebas del héroe, etc.). Por poner un ejemplo, pensemos un momento en el cuento de Pulgarcito y en el mito de Heracles, para percibir la diferencia entre las diversas historias míticas entrelazadas dedicadas al héroe clásico (sus doce trabajos), y la dedicada al personaje popular. Ésta es sencilla y de limitadas interpretaciones.

La mitología es un popurrí en el que tienen cabida las más diversas tradiciones e influencias. En concreto, en el caso de los mitos griegos, muchos estudiosos han señalado sus raíces orientales[4] y muchas de sus historias encuentran paralelos y modelos en las mitologías babilonias, hititas, etc. No olvidemos, además, que el mito es una manera de expli-

---

[4] El libro de W. Burkert *De Homero a los magos*, recientemente publicado en español y citado en la bibliografía, es muy esclarecedor a este respecto.

car el mundo, una forma mágica y antigua de dar sentido a las cosas que rodean al hombre. Así lo hemos definido al comienzo de estas líneas. El mito, como la religión, también tiene esta parcela propia por naturaleza, y hemos de saber que mito y religión, que coinciden en muchos rasgos comunes, se hallan íntimamente entrelazados. El mito es fundamento de la religión, del rito religioso. El rito justifica el mito en cierto modo. El mito es el armazón teórico y el rito la realización puntual.

En realidad, mito y ritual son las dos caras de una moneda: si se quiere hablar en términos estructuralistas, representarían lo paradigmático y lo sintagmático. Como la lengua y el habla en la lingüística, el rito podría ser la realización concreta, en un lugar y tiempo determinados, de las prácticas religiosas instituidas y fundamentadas por el mito, por esas fabulosas historias de los dioses, los héroes y los hombres de épocas pretéritas.

Es necesario insistir en que, en Grecia, el mito es patrimonio de los poetas, mientras que el rito lo es de los sacerdotes. He aquí una característica esencial de la mitología griega. El sacerdote no tiene ningún control normativo sobre las historias de los dioses, que reelabora el poeta.

Así, aparece claramente la gran diferencia con la religión: la mitología griega no conoce la rigidez formal de las llamadas «religiones del libro», el islam y el cristianismo. En ellas, el sacerdote tiene un mayor control de la «mitología», del repertorio de historias de la divinidad, compiladas en libros canónicos. No hay poetas que reelaboren estas historias, porque son inmutables.

La mitología griega es flexible, sensible a las interpretaciones, dúctil y riquísima en ese sentido, y eso acaso explica su increíble pervivencia.

Manteniendo la estructura básica del mito, es decir, su esquema básico, los poetas ofrecen matices, reinterpretaciones, lecturas, etc. El mito pasa a la esfera literaria pronto, al desvincularse de la religiosa. El rito es, por el contrario, repetitivo, no susceptible de reinterpretación. De ahí sus limitaciones y la pervivencia de la mitología, en forma de hermosas historias, cuando ya no se practica la religión que se contiene en ellas (por ejemplo, a partir del siglo IV, cuando ya el cristianismo era predominante, se siguió componiendo y leyendo poesía mitológica con gran pasión... Hoy en día, los antiguos dioses siguen presentes en la literatura, en el arte o en la ópera, como veremos).

Así, la religión griega se basa en el repertorio de historias mitológicas, concretadas en rituales. Y, a la vez, estos mitos se van convirtiendo en material literario para los escritores de la antigüedad: poetas como Alceo o Safo, que modelan los mitos al hilo de sus emociones, o Píndaro, que adapta el mito a las victorias en los juegos olímpicos; dramaturgos como Esquilo, Sófocles, Eurípides, que ejemplifican con el modelo de la mitología las pasiones, la moral ciudadana y la política; filósofos como Platón y Aristóteles, que los usan para sus fines explicativos y llegan a crear mitos de su propia invención; novelistas, oradores, abogados, médicos... En fin, el mito se torna la materia prima básica de la cultura antigua, un código en que están versados todos los hombres y sin el cual no es posible la escritura, la pintura o la escultura; en definitiva, la civilización de la Grecia antigua en sus diversos períodos, desde el arcaico hasta el helenístico, pasando por la brillante Atenas de Pericles.

Igualmente, Roma recibirá el enorme legado cultural de la mitología griega y de la cultura de cuño helénico. El mundo romano, siempre más pragmático y realista que el griego, dedica sus historias míticas fundacionales a viejos relatos de reyes legendarios, divinidades de la naturaleza o la agricultura, festividades relacionadas con los ciclos de la vida. Cuando se produce la conquista de Grecia por Roma, se culmina un proceso paradójico, que llega a su fin tras la batalla de Pidna (168 a. de C.) y la destrucción de Corinto (146 a. de C.): Grecia queda bajo el poder de las legiones romanas, pero Roma queda definitivamente fascinada y presa del esplendor de la cultura griega. La literatura, el arte y las tradiciones helénicas, entre las que se encuentra obviamente la mitología, se habían hecho un lugar ya antes de esta conquista en los corazones de los romanos. El prestigio y brillo de los mitos griegos había ido conquistando la urbe romana ya desde antiguo. En las célebres palabras del más grande de los poetas latinos, Horacio, la Grecia vencida conquistó al fiero vencedor a su manera. La religión romana, prácticamente agrícola y primitiva, se vuelve cada vez más un reflejo de la griega. Y sus dioses llegan a ser completamente equivalentes, con algunas excepciones que veremos en su momento (Vertumno, Fauno y otras divinidades itálicas). Por ello, veremos siempre los nombres de dioses griegos acompañados por su par romano: Ártemis y Diana, Hera y Juno, Neptuno y Poseidón, etc. Los mitos griegos se convirtieron también en materia poética para los escritores latinos y en objeto de veneración, ya asimilados a las divinidades que se habían honrado en la antigua Roma. En nuestra opinión, la mitología más auténticamente romana es la que conforman los mitos históricos de la gran ciudad del Lacio: los mitos fundacionales, Eneas, Rómulo y Remo, los Horacios y Curiacios, el rapto de las Sabinas, los reyes de Roma... La verdadera mitología romana, tras adaptar la griega y enriquecerla con nuevos matices, fue la mitología de la historia legendaria de la ciudad. Y a través de Roma ha pasado a nosotros el legado de la mitología, concebida como gran mosaico de relatos fabulosos que están en la base de la religión, la literatura, el culto.

Toca ahora emprender la travesía mítica una vez más, volver a narrar las historias que han sido repetidas una y otra vez hasta convertirse en leyenda. Y para ello es necesario sentarse al amor de la lumbre de los antiguos textos y sus brillantes fantasmas y tener la especial disposición de ánimo que requieren los relatos de leyenda, los fascinantes mitos que explican el mundo conocido, el mundo más allá de la experiencia humana, el principio y el fin de las cosas.

3. Y se hizo la luz.
Los mitos cosmogónicos

Como respuesta primera y fabulosa a las preguntas fundamentales del hombre antiguo, la mitología ha de comenzar necesariamente por los orígenes. Las grandes cuestiones —las mismas que hoy día siguen planteándose la ciencia y la religión— son de todos conocidas, pues todos, en uno u otro momento, hemos reflexionado sobre ellas alguna vez. ¿Quién creó el universo? ¿Cómo nacieron los montes y las estrellas? ¿De dónde vienen los mares, los animales y las plantas? ¿Cómo llegó el hombre a este mundo y cómo es que siendo tan insignificante en apariencia pudo domar las fuerzas de la naturaleza y ponerlas a su servicio? Y aún más importante, ¿cuándo y cómo comenzó todo, y en qué momento acabará?

En la antigua Grecia, como en muchas otras culturas, el mito de los orígenes toma la forma de cosmogonía —nacimiento del universo— y de teogonía —nacimiento de los dioses—. Y es que toda mitología conlleva siempre en sus comienzos míticos, como hemos visto, una teogonía y una cosmogonía, y necesariamente concluye en una escatología, es decir, una explicación de lo que sucede más allá de la muerte. El antes y el después de la vida se explican, dando respuesta veraz, desde el conocimiento mítico, a las eternas cuestiones que atañen al hombre desde los comienzos. La mitología debe hacer alusión a la cosmogonía, que es la primera historia que debe contener. A continuación es preciso explicar y teorizar acerca de lo divino, de los dioses que han sido y que son. Los inmortales. Así, tras la formación y configuración del cosmos, se pone de manifiesto la creación del orden divino, su jerarquía y la sucesión en el gobierno. La mitología griega tiene, en efecto, las tres partes que veíamos hablando del mito en general; las dos primeras, cosmogonía y teogonía, han sido desarrolladas en la poesía arcaica, y de ellas se ocupó la religión oficial. La última es una parcela que explotaron, sobre todo, los cultos religiosos de los misterios griegos (órficos, eleusinos, dionisíacos) y los poemas relacionados con ellos, de los que se hablará más adelante.

En el principio, como es costumbre, fue el Caos. El universo nació de una primordial confusión. Y a partir de ahí surgió el orden. Cosmos es, no en vano, la palabra griega que significa, por oposición al caos, «orden» o «belleza» (emparentado, por ejemplo, con «cosmética»), y de ahí pasó a significar, como es bien sabido, universo en un sentido amplio.

Este Caos sería una masa informe y oscura según la tradición mitológica. Aunque hay muchas variantes. Posteriormente, los filósofos griegos especularían acerca de la naturaleza de este caos primero, anterior al universo. Sin embargo, hubo un poeta, Hesíodo, que describió de forma inspirada la creación del mundo y los primeros pasos de dioses y héroes en una epopeya fundamental para entender la mitología: la *Teogonía*. El poeta de Beocia da cuenta en ella de las generaciones de dioses, de su nacimiento y de sus leyendas primeras. Con aires de revelación, pues así le inspiraron las Musas mientras pastoreaba en el monte, y con un estilo de gran altura poética, Hesíodo transmite esas historias primigenias, los mitos cosmogónicos y los más propiamente teogónicos, acerca del nacimiento de los dioses. La cosmogonía griega, en este caos o vacío inicial («En primer lugar existió el caos...»), es susceptible de comparación con el *Génesis,* el Evangelio de San Juan o el *Popol-Vuh* («Ésta es la relación de cómo todo estaba en suspenso, todo en calma, en silencio; todo inmóvil, callado y vacía la extensión del cielo»).

El poema hesiódico encaja en las funciones del mito ya mencionadas. En efecto, partiendo del caos primordial, del principio primero (*arché,* en el que más tarde rebuscarían los filósofos), el poeta describe la configuración del mundo y de las generaciones divinas hasta llegar a la aparición de los héroes. El triunfo del cosmos u «orden» del justiciero Zeus sobre los Titanes y otras criaturas que representan el regreso a la barbarie y al caos primitivo significa la estabilidad del mundo, tal como lo conocemos los mortales.

En la *Teogonía* se relata ese caos primordial que, tiempo después, los filósofos y científicos griegos intentarían identificar. Para unos sería agua, para otros el vacío. Lo que está claro es que se trata de un medio hostil a la vida, oscuro y desprovisto de calor, que espontáneamente dio lugar al mundo que conocemos, tras atravesar varias etapas previas de catástrofes universales.

Al hablar de los orígenes del mundo y de los dioses, la mitología se remonta a honduras insondables, más allá de la experiencia. Los relatos más fascinantes en todas las culturas se hallan en los comienzos mágicos del universo. Así, las diversas mitologías, en cuanto explicaciones del mundo, suelen coincidir en algunos aspectos, como la creación a partir de este caos inicial, los lejanos sucesos primordiales narrados en la lejanía —*in illo tempore,* «en aquella época»–, en un tiempo pasado y legendario: la creación del mundo, de los dioses, los primeros seres vivos, los animales, el hombre y la primera mujer, el diluvio o la catástrofe cósmica, la conflagración universal, el restablecimiento del orden, etc. Tras los míticos orígenes se situará la edad legendaria de los héroes, previa a la de los hombres, como se ve en el Mito de las Edades, que también relata Hesíodo.

Pero veamos con más detalle cómo celebra este poeta en su *Teogonía* el nacimiento del mundo y de los dioses[5]. Después del caos, que se sitúa entre la materia filosófica y la divinidad negativa o ausente, sobreviene una diosa primordial, madre de todo y de todos. Se trata de Gea, la Tierra, como indica la traducción de su nombre. Madre de todas las cosas, esta divinidad es una base a partir de la cual Eros –el Amor, fuerza primigenia y generadora– emprende la creación gracias a su fecundo poder. También existe al comienzo, además de Eros y Gea, el Tártaro, que es el abismo sin fin, acaso el heredero de ese caos primordial. De forma autoengendrada nacen los primeros dioses: el Érebo es la noche eterna, la tiniebla absoluta; la Noche, a continuación, se opone a Éter (el Aire) y al Día. Urano es el Cielo. También aparecen primeramente las montañas y los mares. Así cuenta Hesíodo este primer momento cosmogónico con el lenguaje característico de las narraciones sobre este tipo de mitos (*Teogonía*, 116ss.):

> En primer lugar existió el Caos. Después Gea, la de anchuroso pecho, sede siempre segura de todos los Inmortales que habitan la cumbre nevada del Olimpo. En el fondo de la Tierra de amplios caminos existió el tenebroso Tártaro. Por último, Eros, el más hermoso entre los dioses inmortales, que relaja los miembros y cautiva el corazón y la sensata voluntad en sus pechos de todos los dioses y todos los hombres. Del Caos surgieron Érebo y la negra Noche. De la Noche a la vez surgieron el Éter y el Día, a los que ella alumbró preñada en amorosa unión con Érebo. Gea alumbró primero al estrellado Urano con sus mismas proporciones, para que la contuviera por todas partes y poder ser así segura sede para los felices dioses. También dio a luz a las grandes Montañas, deliciosa morada de diosas, de las ninfas que habitan en los frondosos mon-

---

[5] Es buena idea acercarse al texto de la *Teogonía*, que es de fácil acceso en castellano, para comprobar la fuerza poética de las escenas que se relatan y cómo se cumplen esas funciones de la mitología que se mencionaban. Además de los textos que se proponen, no estaría de más extender la lectura al resto del poema, que no es muy extenso (hay traducciones como la añeja pero siempre poética y sugerente de Luis Segalá y Estalella, de 1909, en diversas editoriales, o la más moderna y recomendable: *Hesíodo, obras y fragmentos*; introducción, traducción y notas de A. Pérez Jiménez y A. Martínez Díez, Madrid: Gredos, 1983).

tes. Ella igualmente parió al estéril Ponto, al piélago de agitadas olas, sin que mediara el grato encuentro sexual.

Destaca en todo el pasaje la altura poética, que recuerda a otros relatos sobre la creación (*Enuma Elish*, Génesis, *Popol-Vuh*, etc.). En la mitología griega aparecen el universo y los primeros dioses sin que medie la actuación de un dios primero y superior: parece que el comienzo fue por generación espontánea. Al contrario de otras cosmogonías, como la egipcia, en la que a veces aparece un primer dios que engendra solo el mundo. Sin embargo, a continuación se suceden los nacimientos de los dioses primitivos, ya mediante unión sexual, las más de las veces incestuosa (Gea con su hijo Urano, Crono con su hermana Rea, etc.), y se va configurando el enorme y complicado árbol genealógico de los dioses y los elementos de la naturaleza. Se trata de una fase anterior al mundo que conocemos, unos mitos que suponen una etapa previa a la experiencia humana. Y todo este proceso conduce, como finalidad, al reinado de Zeus, que ya tiene lugar en el orden en que viven los héroes y los humanos, más cercano a nosotros.

4. Teogonías y nacimientos insólitos

En el relato fundacional de la cosmogonía y la teogonía que encontramos en Hesíodo, el estilo solemne y poético se impone con su ritmo lento, pausado y algo monótono. La *Teogonía* presenta un catálogo de nacimientos divinos que no recogeremos íntegro en estas páginas. El poeta trata de seguir diversas genealogías; como la de los numerosos hijos de la Noche, que conforman la gran familia de los dioses griegos y sus múltiples vástagos. La épica griega, como la de Hesíodo o la de Homero, está compuesta en un antiguo verso, el hexámetro, que confiere a la narración gravedad e importancia. Así, las enumeraciones son parte fundamental de estos poemas, en los que abundan necesariamente los catálogos de nombres: si en la *Ilíada* de Homero son largos catálogos de tropas, en Hesíodo se trata de listas y series genealógicas de dioses.

En los mitos sobre los nacimientos divinos, narrados en este tipo de verso, la genealogía aparece como la forma de narración por excelencia que sirve para relacionar las estirpes y señalar el parentesco de los muchos dioses y héroes de la mitología. Hay divinidades con una larga lista de hijos, como la misma Noche. También Océano tiene numerosa prole: todos los ríos del mundo, como el Alfeo o el Nilo, son hijos suyos. Muy fecundo es también Nereo, hijo de Océano, que es padre de las célebres Nereidas, cincuenta criaturas marinas que enumera pacientemente el poeta.

Pero al principio de todo ello, en la primera generación de dioses de la compleja cosmogonía griega, se sitúa la primera pareja del universo, que da origen al mundo. Esta pareja es la que forman Gea y Urano, la Tierra y el Cielo, que son los padres primeros (como Tiamat y Apsu en el mencionado *Enuma Elish*, poema babilonio de la creación). Ellos proporcionan a dioses y hombres el inicio de su estirpe y, a la vez, el ámbito físico donde vivirán (tierra y cielo). De ellos provienen, en último término, los dioses y los hombres. Pero hay otros seres y criaturas divinas anteriores, que, como hemos visto, provienen directamente del caos y representan una fase anterior de la historia universal. Así sucede con el Tártaro, el Érebo y la Noche, dioses tenebrosos, que también engendran poderosa descendencia. Se trata se divinidades primordiales, poderes cósmicos sin una personalidad definida, de enorme potencia pero poco reconocibles, que encarnan las fuerzas de la naturaleza (las montañas, el mar, la noche y el día). Otras veces son seres de carácter más abstracto, como las Titánides Temis (la Justicia) y Mnemósine (la Memoria), hijas de Gea y Urano. Otras divinidades poderosas son las Moiras o Parcas, que rigen los hilos del destino y de las que hablaremos más adelante; baste aquí decir que ningún dios ni hombre puede escapar a sus designios. Curiosamente el Amor, Eros, es de los pocos dioses primeros que no tiene descendencia, sin duda se debe a que él, como personificación del impulso amoroso, propicia toda unión y generación en el cosmos, por lo que no puede tener su propia prole.

Enseguida se corona dios rey de este primer ordenamiento cósmico Urano, el Cielo. Por vez primera, tras haber engendrado con Gea una estirpe divina, surge la primera generación de dioses, habitantes del universo y gobernantes del orden anterior a los dioses olímpicos. La descendencia de Urano y Gea se compone de potencias anteriores al mundo nuestro, seres primitivos y a veces monstruosos como los Titanes y las Titánides, los Cíclopes, gigantes de un solo ojo en la frente, y los enormes Centímanos o Hecatonquiros (de _hekatón_ [«cien»] y _cheír_ [«mano»]), gigantes de cien brazos y cien manos, con irresistible fuerza en cada una. Pero ya en esta descendencia hay que notar una rivalidad que condicionará el futuro del universo. De un lado están los Titanes, del otro los Cíclopes. Y en esta división se ve uno de los motivos centrales de estos mitos de los orígenes: la lucha por el poder celeste:

Los Titanes (Océano, Ceo, Crío, Hiperión, Jápeto, Crono) y las Titánides (Tía, Rea, Temis, Mnemósine, Febe, Tetis), se oponen a los Cíclopes (Brontes, Estérope, Arges) y los Centímanos (Coto, Briareo o Egeón y Gíes o Giges) como paladines del orden primigenio y del orden olímpico, respectivamente.

En esta fase de la sucesión divina, el orden es aún precario, inestable, y el reinado de Urano es breve. Uno de sus hijos, Crono, el más joven de los Titanes, lo destrona y funda la segunda generación en la línea sucesoria de los dioses griegos. Crono usurpa el trono de su padre Urano de forma cruenta: le castra con una hoz y sus genitales caen desde el cielo. Así se convierte Crono en soberano del universo y acaba con el régimen anterior: Cíclopes y Centímanos son arrojados al Tártaro para neutralizar su enorme poder. Gea, la Tierra, recibe la sangre de la herida de Urano y engendra de ella nuevas criaturas monstruosas. Se trata de las Erinias (o Furias, para los latinos), unas diosas furiosas y vengativas que persiguen a quienes han cometido crímenes de sangre contra su propia familia. También nacen de la sangre del castrado cielo los Gigantes y las ninfas de los fresnos o Mélides (una tradición dice que la raza de los héroes nació de estos árboles).

La castración de Urano por Crono –relatada también por Hesíodo– produjo, además, otro nacimiento extraordinario y de gran importancia. La sangre se derramó sobre la Tierra (Gea), pero los genitales cayeron sobre el mar (Ponto), en las cercanías de la isla de Chipre (o de Citera, según versiones). Al sumergirse en el agua, produjeron una espuma generatriz y de entre las olas que surgieron nació una diosa de excepcional hermosura: Afrodita o Venus, la diosa del amor y de la belleza, nacida de la espuma (*aphros*) del mar en contacto con el miembro viril de Urano. Un nacimiento que marca la aparición del amor y del deseo en el mundo, en un momento sublime que sólo Botticelli sabría evocar, en otra época, a través del célebre cuadro que hoy se conserva en la Galería de los Ufizzi de Florencia. Tras este maravilloso nacimiento, la diosa desembarcó en la isla de Citera y luego en Chipre, lugares destacados de su culto, acompañada de su séquito, Eros e Himeros (el Deseo).

Crono, Saturno para los romanos, representa una nueva era en el gobierno del cosmos. Se une amorosamente con la Titánide Rea, la madre de los dioses (asimilada en Frigia con Cibeles). Y de Rea, su hermana a la sazón, engendra Crono una nueva estirpe de dioses que ya tendrán vocación de permanencia en el panteón de la mitología griega: Hestia, diosa del hogar, Deméter, que lo sería de los cereales y el cultivo, Hera, divinidad del matrimonio, Hades, dios del mundo de los muertos, y Poseidón, que habría de regir sobre los mares. Pero antes de que todo esto llegara a pasar, aún hubieron de afrontar terribles pruebas.

En efecto, Crono, que temía que le fuera a suceder a él lo que a su padre Urano, estaba continuamente aterrorizado por la posibilidad de ser destronado por alguno de sus hijos. Así, ordenó a su esposa Rea que le fuera entregando a su descendencia nada más nacer. Y hecho lo cual, el cruel Crono iba devorando a cada uno de sus hijos y enterrándolo para siempre en su vientre. Así representan a Crono o Saturno sendos cuadros de Goya y Rubens (Museo del Prado, Madrid), dos efigies del monstruoso padre, divinidad arcaica y feroz, dándose un espantoso festín con sus hijos.

Cuenta el mito que, sin embargo, el más joven de los hijos de Crono y Rea, el que estaba destinado a suceder a su padre en el reinado de los cielos, pudo escapar de esta furia homicida y caníbal gracias a una astuta treta. Vemos aquí una escena que recuerda enormemente a los cuentos populares: en efecto, Rea, horrorizada por el destino de su prole, le entregó a Crono, burlando sus órdenes, una piedra en vez de su hijo más joven. Éste, de nombre Zeus, fue ocultado en una cueva de la isla de Creta, llamada Dicte.

Allí le crió una cabra con su leche, Amaltea, nodriza de dioses, que sería luego recompensada por su ayuda con un lugar en el firmamento. Su carácter benéfico llegó a ser proverbial, de suerte que cobró inmensa fama por dos partes de su cuerpo que fueron honradas tras su muerte. Por un lado, Zeus usó su piel para construir la égida, una especie de escudo, símbolo de su poder; por otro, con su cuerno fecundo fabricó el legendario «cuerno de la abundancia».

Para ocultar los llantos del niño Zeus, se cuenta que un grupo de guerreros de Creta, los Coribantes –difusas divinidades locales–, hacían entrechocar sus armas y escudos produciendo un terrible estruendo en una frenética danza de guerra. Es fama que así escapó de su padre Zeus, el que habría de ser rey de dioses de la nueva edad en la sucesión divina. Algunos estudiosos han señalado la coincidencia del mito griego de la sucesión divina entre los tres dioses (Urano, Crono y Zeus) y el mito hitita de la sucesión en el reino celeste, de Anu, que destronó a Alalu y es destronado por Kumarbi, quien le castra y devora sus genitales (a continuación, éste sería destronado también).

Como se ve, los comienzos del mundo en la mitología son siempre una lucha constante entre el caos primordial y los valedores del orden, un combate sin cuartel que no tiene claros vencedores en los primeros tiempos. Así, las dos primeras generaciones en la sucesión de la monarquía divina –las que representan tanto Urano y su corte de criaturas primordiales (Érebo, etc.), como Crono y los Titanes– se caracterizan por presentar un mundo inestable, que aún no está formado completamente. Antes al contrario, la fase de configuración del cosmos se encuentra todavía muy próxima al caos. De esta forma, no será hasta la tercera generación divina, el reinado de Zeus, cuando las fuerzas del orden pongan definitivamente a raya a las del caos.

Cuando Zeus cumplió la edad apropiada para llevar a cabo la misión que le estaba asignada por las madejas e hilos del destino, se dice que atacó a Crono, su padre, y salvó a sus hermanos obligándole a vomitarlos. Con ayuda de sus hermanos, seguidamente, salió victorioso en la lucha encarnizada contra Crono y sus hermanos Titanes. La más terrible y famosa contienda que presenciara el joven universo, la lucha entre los hijos de la tierra y los dioses de los cielos.

5. Los hijos de la Tierra contra los dioses de los cielos

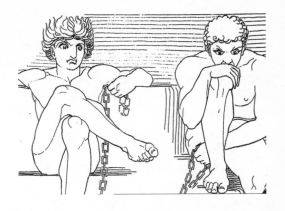

En la guerra que siguió a la mayoría de edad de Zeus, cuando levantó en armas a sus hermanos contra su padre Crono y la generación de los Titanes, se enfrentaban en definitiva dos mundos. Los hijos de la Tierra (Gea) eran la generación que representaba el antiguo orden; los dioses olímpicos simbolizaban, por su parte, el orden celeste. La lucha por el poder en el universo ya había comenzado con el derrocamiento de Urano por Crono, de forma extremadamente cruel, mediante la simbólica castración del cielo. En la tercera generación, el destronamiento de Crono por Zeus no resultó tan sencillo. Zeus, después de derrocar a su padre y obligarle a vomitar a sus hermanos, que había engullido previamente, tendrá que afianzar su poder en la guerra más extraordinaria que haya tenido lugar jamás. La feroz Titanomaquia (o batalla de los Titanes, de *mache* [«batalla»], en griego). Además el nuevo rey de dioses habrá de enfrentarse a otras amenazas que provienen también de ese mundo primordial y salvaje que se relaciona con el caos y con las primitivas deidades de la naturaleza: así, entablará fiero combate con una criatura monstruosa, Tifón, hijo de la Tierra que se erige en vengador de los Titanes, y encarnación de las fuerzas naturales desencadenadas y fuera de control. Zeus, por el contrario, desde que toma las riendas del gobierno divino aparece como dios del orden celeste, del trueno, de la lluvia y el rayo, y de una naturaleza más benéfica.

Así, Zeus, tras liberar a sus hermanos gracias a la ayuda de Metis, que le dio a Crono una pócima para vomitarlos después de la piedra que había tragado por el engaño de Rea, comenzó la guerra generacional poniendo de su lado a varios dioses primordiales. Entre ellos estaba Estigia, que posteriormente tendría el privilegio de dominar mediante juramento a dioses y hombres. También algunos Titanes se alinearon con Zeus, como Prometeo y la Titánide Temis. En el caso de la segunda, que conocía la ordenación del cosmos, es natural que se uniera al bando de Zeus en contra de la violencia y brutalidad representadas por Crono y su generación primitiva. En cuanto a Prometeo, se puso de su lado y le ayudó después a repartirse el gobierno del mundo con sus hermanos. Aunque más adelante lo habría de lamentar, cuando desobedeció a Zeus para favorecer a los mortales con el fuego y acabó sometido a un cruel castigo. Pero esto se contará más adelante. Entre tanto, recordemos el célebre lamento que pone en boca de Prometeo el poeta trágico Esquilo (*Prometeo encadenado*, 225): «Y tras haber ayudado así al rey de los dioses, con esta cruel paga me ha recompensado; sí, pues de algún modo esto es un mal inherente a la tiranía: no tener confianza en los propios amigos»[6].

La lucha comenzó y los Titanes combatieron desde el monte Otris, mientras los dioses se defendían desde el monte Olimpo. La contienda era encarnizada, pero las fuerzas estaban parejas y tras diez años de combate la situación no había variado. Así, la antiquísima Gea profetizó que Zeus no obtendría la victoria hasta que no contara como aliados con los seres primordiales que su padre

---

[6] Hay una buena traducción castellana de esta tragedia en Esquilo, *Tragedias*, Madrid: Gredos, 2000.

Crono arrojó al Tártaro: los Cíclopes y los gigantes de cien manos. Zeus y sus hermanos los rescataron así de las profundidades y dieron muerte al monstruo que era su carcelero, Campe. Tras ello, les proporcionaron néctar y ambrosía, alimento de los dioses, para hacerles recuperar la fuerza. Seguidamente Zeus dirigió una arenga a los Centímanos (*Teogonía* 645ss.):

> Escuchadme, hijos ilustres de Gea y Urano, para que os diga lo que me dicta el corazón en el pecho. Por largo tiempo hemos estado ya enfrentados unos con otros, luchando día a día por la victoria y el poder los dioses Titanes y los que hemos nacido de Crono. Pero, ea, mostrad vuestra terrible fuerza y vuestros brazos invencibles contra los Titanes en funesto combate, recordando nuestra dulce amistad y cómo después de haber sufrido tanto bajo dolorosa cadena, salisteis de nuevo a la luz desde las oscuras tinieblas gracias a nuestra voluntad.

Los Cíclopes armaron a Zeus con lo que habría de ser su armamento propio y habitual a partir de ese momento: el rayo y el relámpago. También proporcionaron a Hades su yelmo, y a Poseidón su mítico tridente, equipándolos para la batalla. Durante ésta, el universo sufrió una gran catástrofe. (Se trata de una conflagración cósmica en la que el Olimpo se agita de raíz, y el mar y la tierra tiemblan: el orden se enfrenta al caos en combate decisivo, que afecta a todo el universo.) Las tropas auxiliares de Zeus, los Centímanos, arrojaron rocas con sus cien brazos. Zeus lanzó el rayo y abrasó la tierra y los montes, mientras en respuesta el titán Océano arrojaba sus aguas; era, en fin, una confusión cósmica semejante al caos primordial. Parecía, como dice el poema de Hesíodo, que «hervía toda la tierra».

Finalmente los dioses triunfaron y arrojaron a los Titanes, encadenados, al sombrío Tártaro, poniendo a los Centímanos como carceleros. Uno de los Titanes, Atlas (o Atlante), fue condenado a sujetar la bóveda celeste.

De nuevo, el viejo esquema del orden contra el caos, que inspira los comienzos de cualquier mitología, se hace notar aquí, en la lucha entre Zeus, capitaneando a los olímpicos, y la generación de los Titanes. Lo cierto es que el resultado final de esta guerra sin piedad es bien conocido. Zeus se convierte en soberano del universo, llamado «padre de los dioses y de los hombres». Hesíodo lo glorifica como rey de dioses y hombres con su trono en el Olimpo, la montaña sagrada para los griegos, que también designa por extensión el reino de los cielos. Zeus tomará como esposa a su hermana Hera, instalado en el trono celeste, siguiendo la costumbre de sus predecesores Urano y Crono. Entre sus hermanos reparte el mundo con cierta equidad. Mientras que él mismo conserva el gobierno del cielo, junto a su reina Hera, Poseidón (Neptuno para los romanos) empuñará el cetro de los mares, y Hades (o Plutón) se convertirá en el soberano del mundo subterráneo de los muertos, de donde nadie regresa. El cosmos queda así dividido para siempre entre tres grandes soberanos: Zeus, Poseidón y Hades. Así cuenta el reparto del poder entre los tres dioses Poseidón en Homero (*Ilíada* XV, 187ss.):

> Somos tres los hermanos nacidos de Crono, a los que Rea dio a luz. Zeus, yo mismo y el tercero Hades, soberano de quienes están en el mundo subterráneo. En tres lotes está todo repartido, así cada uno obtuvo un honor. A mí me tocó habitar para siempre en el canoso mar, tras haber echado las suertes; el tenebroso ocaso le correspondió a Hades, y a Zeus le tocó el anchuroso cielo en el éter y las nubes. La tierra en común pertenece todavía a los tres, así como el enorme Olimpo.

Los demás hermanos e hijos de Zeus, los llamados dioses olímpicos, obtienen el poder. Ellos tradicionalmente se agrupan en número de doce, número canónico y representativo —doce eran los dioses del altar helénico que se levantaba en el ágora de Atenas, según Heródoto (II 7)—: la enumeración tradicional es la siguiente (según su doble denominación griega-latina): Zeus-Júpiter, Hera-Juno, Poseidón-Neptuno, Deméter-Ceres, Hades-Plutón, Hefesto-Vulcano, Afrodita-Venus, Ártemis-Diana, Apolo-Febo, Hermes-Mercurio, Ares-Marte y Dioniso-

Baco. De ellos hablaremos con más detalle en las páginas siguientes.

Pero los dioses olímpicos aún hubieron de resistir un segundo asedio, feroz, de la ciudadela del Olimpo. Pues bien, la diosa Tierra, después de que los Titanes hubieran sido derrotados por el nuevo orden, lanzó contra los nuevos dioses otro ataque. Esta vez fueron los Gigantes, monstruos que procedían de la primera generación, la de Urano, los que trabaron batalla contra los olímpicos. A esta lucha, en paralelo con la Titanomaquia, se la denomina Gigantomaquia. Ambas contiendas tuvieron desigual resultado, pues mientras que los Titanes eran inmortales y tuvieron que ser apresados en una cárcel sobrenatural, los Gigantes podían morir. Así, en el primer caso, los Titanes fueron arrojados al infernal abismo del Tártaro. Algo semejante sucede en la Biblia cuando los partidarios de Luzbel son arrojados a las tinieblas infernales. En cambio, los Gigantes fueron aniquilados completamente de la faz de la tierra, por lo que nadie pudo verlos en lo sucesivo.

La tercera amenaza que tuvieron que afrontar Zeus y los olímpicos fue el ataque de Tifón, un ser monstruoso que engendró la Tierra para vengar la derrota de sus hijos en anteriores batallas. Gea lo concibió de unos huevos que le dio Crono; se cuenta que fecundados por el propio dios. Tifón era una criatura descomunal, mitad serpiente, con cien cabezas de dragón, y vivía en una cueva que la leyenda sitúa en Asia Menor. Se identifica, como sugiere su nombre, con un vendaval violento y simboliza como ningún otro ser la fuerza destructiva de la naturaleza. Su descendencia, según Hesíodo, son los cuatro vientos: Bóreas, Noto, Céfiro y Argesteo o Euro (que se corresponden con los cuatro puntos cardinales: Norte, Sur, Oeste y Este).

Es fama que Tifón atacó el cielo con sus enormes brazos, arrojando montañas enteras. Esta batalla, en consonancia con las anteriores, se conoce por Tifonomaquia, y la narra también Hesíodo. Se cuenta que los dioses, aterrados, huyeron a Egipto y allí se transformaron en animales para huir de Tifón: Apolo en milano, Ares en pez, etc. Sólo

Zeus le plantó cara, en el monte Casio. Mientras que Tifón le lanzaba montañas, Zeus, a su vez, le atacó con sus armas. Pero el poderoso monstruo logró arrebatárselas y blandir por un momento el famoso rayo del dios. Algunos cuentan que le robó los tendones a Zeus y que le llegó a apresar en una cueva en Cilicia. Sin embargo, gracias a un ingenioso ardid –que varía según la tradición: unas veces fueron Hermes y Pan quienes despistaron a Tifón con el aroma de un banquete de pescado– Zeus pudo reponerse, recuperar sus armas o tendones perdidos y vencer al monstruo, que acabó sepultado en las profundidades del Etna, en la isla de Sicilia. El mito griego de la lucha entre Zeus y Tifón tiene interesantes paralelos en un antiguo mito del oriente anatolio: el mito hitita de la lucha entre el dios de las tormentas y un monstruo terrible, Ullikummi, que capitanea una rebelión de las fuerzas primordiales. Como en el caso griego, el dios de las tormentas, equivalente a Zeus, somete a los rebeldes que representan esa otra época pasada.

Estas hazañas primeras fueron narradas en poemas heroicos de la Antigüedad, como la *Gigantomaquia* de Claudiano, en el siglo V. Pero el relato más célebre corresponde, como hemos visto, a Hesíodo, cantor de las antigüedades del universo. El viejo poeta, inspirado por la divinidad, como él mismo relata, compuso varias obras de dimensiones legendarias acerca de estos acontecimientos. Lo que sería el *Génesis* para la tradición cristiana. Hesíodo representa una narración de extrema importancia, pues en todo culto o religión el relato de los orígenes tiene tal relevancia. Así, llegados a este punto, hay que recapitular lo que ha sido este primer viaje a las antiguas profundidades del mito, narrado desde la perspectiva de lo cósmico, como en muchos otros casos de cosmogonías de los más diversos pueblos: egipcios, mayas, babilonios, etc.

En el caso de la antigua Grecia todo tiende a la dinámica de oposición entre orden y caos, que culmina en la ordenación cósmica, en la armonía definitiva para hombres y dioses, que proporciona estabilidad al universo. Hay que notar, además, que las divinidades del panteón grecorromano no son creadoras del cosmos, como sucede en otros casos. Ellas parten, por el contrario, de un caos primitivo y de unas fuerzas antiquísimas que dan los primeros pasos en el orden del universo. Restos de esas potencias quedarán en la mitología; así es el caso de los monstruos primordiales, que, junto con otras criaturas fabulosas, forman parte del imaginario de los mitos griegos.

6. Monstruos y criaturas de la naturaleza

En el mundo de la mitología hay una serie de criaturas sobrenaturales de difícil clasificación que no pertenecen estrictamente al ámbito de los dioses ni al de los hombres, sino que se mueven en una frontera difusa entre la divinidad y la mortalidad. Como si de un bestiario se tratase, pasaremos revista a alguno de ellos antes de proseguir la narración mítica de dioses y hombres, por hallarse a medio camino, en lo híbrido y lo monstruoso.

Algunos de ellos se han mencionado al hablar de los mitos de los orígenes: se trata de aquellas poderosas criaturas primordiales que, como los Titanes, los Cíclopes, los Centímanos o los Gigantes, habitaron el mundo en épocas lejanas. A menudo personifican a las fuerzas primitivas de la naturaleza, como en el caso de Tifón, que está encadenado en el fondo del Etna y de vez en cuando ruge con rabia asomando por el volcán. Pero entre estos seres los hay que tienen un poder ancestral e irresistible ante el que todos deben someterse. Veamos antes que nada algunas de estas criaturas.

Las Moiras o Parcas, Átropo, Cloto y Láquesis, son hilanderas del destino que, aunque hijas de Zeus y Temis, personifican la fuerza de lo predestinado, que deben obedecer hombres y dioses. Se ocupan de hilar, tejer y cortar el tiempo de vida de los hombres y los acontecimientos del porvenir, en un símil muy acertado para la vida mortal. Una de las diosas se encarga de cortar el hilo, determinando el momento de la muerte. Otro caso es el de Estigia, divinidad sobrenatural cuyo juramento obligaba tanto a dioses como a hombres. El Hades, donde reinaba el dios que lleva este nombre, es el territorio de los muertos, donde rigen leyes especiales y terribles que obligan a todos por igual. Ahí se halla la laguna Estigia, y el juramento por sus aguas era lo más sagrado en la antigua mitología.

Las Erinias o Furias, por su parte, persiguen a los que han cometido crímenes de sangre contra su propia familia. Se las conoce también por Euménides («benévolas»), un eufemismo para evitar pronunciar el nombre de estos seres horrendos. Nacidas de la sangre derramada por la mutilación de Urano, son criaturas ancestrales y poderosas. Son tres y se representan como genios con alas, cabellos de serpientes y un terrible látigo en la mano. Protegen el orden social y familiar, y posteriormente se convertirían en diosas infernales, que castigan a las almas malvadas en el más allá. Allí las representa Virgilio en la *Eneida*, castigando a los malvados a latigazos. El propio Virgilio, que habría de guiar a Dante por el infierno, se las muestras al poeta italiano en la *Divina comedia*: «Mira las feroces Erinias. La de la izquierda es Megera, de aullidos siniestros; la que llora a la derecha es Alecto, y la del centro, Tisífone.

»Después calló, las Furias se desgarraban el pecho con las uñas, se golpeaban con las manos y daban fuertes gritos [...]».

A continuación se han de mencionar algunos seres híbridos, compuestos por una mitad animal y otra humana, que proliferaron en la mitología griega configurando un peculiar grupo. Los mitos de los griegos fueron ricos en este tipo de criaturas mestizas que ponían de manifiesto el horror a las fuerzas salvajes de la naturaleza que sin duda representan. Todas ellas se oponen a hombres y dioses por ser extraños seres de figura mezclada. Aquí es donde la mitología griega se torna más atractiva visualmente, excitando la imaginación de los hombres en estas insólitas figuras. Veamos una lista breve, a modo de bestiario, pues los mitos que se narran en las páginas siguientes hacen referencia a ellos en muchas ocasiones.

Los centauros son, acaso, los más célebres de estos seres híbridos. Son humanos de cintura para arriba, pero la otra mitad es de caballo. La maldad es inherente a estos seres, que son por naturaleza odiosos y violentos. Se cuenta que son hijos del malvado Ixión, que deseó unirse con Hera, la esposa de Zeus; éste fabricó una nube con su forma, y de esta unión nacieron los siniestros centauros, fieros y peligrosos. Hay alguna honrosa excepción: el sabio centauro Quirón, maestro de héroes como Jasón o Aquiles, y benéfico medico. Folo es otro centauro benévolo que ayudó a Heracles.

El grifo, en segundo lugar, era un monstruo compuesto de cuerpo de león, alas, pico y garras de águila. Consagrados al dios Apolo, los grifos eran guardianes de los tesoros fabulosos que se depositaban en los templos del dios. Habitaban en las regiones inhóspitas allende el mundo conocido, en lugares lejanos como el desierto de Escitia, el mítico país de los Hiperbóreos o la India.

Citaremos también a las famosas harpías, monstruos alados cuyo nombre se deriva del verbo griego que significa «raptar» o «robar». Tenían rostro y pechos de mujer en un cuerpo espantoso con forma de buitre. Caían sobre los banquetes y destrozaban toda la comida, ensuciándola. Ladronas, sucias e indeseables, las harpías han pasado al vocabulario coloquial con muy siniestro sentido. Las sirenas guardan cierta similitud con ellas, en cuanto que son mujeres monstruosas. Tiene cuerpo de ave y se cuenta que desviaban a los marineros con su canto encantador y les hacían perder el rumbo y perecer en los escollos. La tradición posterior europea en la literatura ha cambiado la figura de estos seres por la de un híbrido entre pez y mujer, más amable y atractivo, la ondina, que nada tiene que ver con la peligrosa sirena griega. Es sabido que el único marino que pudo resistir sus cantos fue Ulises. El rey de Ítaca tapó las orejas de sus compañeros, con orden de atender sólo a la navegación, y se hizo atar al mástil para poder oír el mágico canto de las sirenas, sin riesgo para su embarcación.

Equidna es otra mujer híbrida, bella en su parte femenina, pero letal dragón en su parte monstruosa. Se cuenta que habitaba en Cilicia, en una cueva del lejano país de los arimos, y que tenía la costumbre de devorar a los caminantes que pasaban por allá. Como su nombre indica («víbora», en griego), tiene relación con las serpientes. No en vano, se dice que es uno de los seres primigenios del cosmos –hija de Forcis y Ceto, según Hesíodo, o de Tártaro y Gea, según otros–, posible madre de todas las serpientes. Lo cierto es que Equidna es el origen de otras criaturas horrendas. Unida con el también monstruoso Tifón, tuvo una prole de hijos terroríficos que pueblan el imaginario de bestias de la mitología griega (notablemente muchos de los que derrota Heracles en sus Doce Trabajos)[7].

Un tercio león, otro cabra y otro serpiente era la increíble Quimera, uno de los seres más extraños y aterradores del bestiario mitológico. En un ejercicio de imaginación, podemos representar a esta criatura con cabeza de león y busto de cabra, y piernas repartidas entre ambos animales. Tiene algo de serpiente, pues era hija de Equidna y Tifón, y arroja fuego por la boca. Ante tan extravagante figura no es de extrañar que hoy día su nombre evoque lo imposible, lo ficticio o lo fantástico. Pero en la edad mágica de los mitos, se cuenta que Belerofonte, con la ayuda de su alado caballo Pegaso, pudo dar muerte a este ser, por encargo del rey Yóbates, pues la Quimera amenazaba los territorios de su reino en Licia. Belerofonte empleó una treta para matar a la Quimera, puso en la punta de su lanza un pedazo de plomo y lo acercó a la bestia; entonces el plomo se derritió por el calor de las llamaradas que despedía su boca y mató al monstruo.

Pegaso, por su parte, también es una criatura extraordinaria. El célebre caballo alado era un ser inmortal sobre cuyo nacimiento se cuentan dos leyendas. La primera le considera hijo del océano, en consonancia con su nombre

---

[7] Véase el capítulo 11.

(*pege* significa «fuente»). La segunda afirma que nació del cuello de Medusa, otro monstruo que se cita más adelante, cuando fue segado por el heroico Perseo. En todo caso, el caballo celestial se puso al servicio de Zeus nada más nacer, y ayudó al héroe Belerofonte en sus hazañas. También ayudó a los dioses olímpicos en una ocasión, cuando un monte de Grecia, el Helicón, amenazó con hincharse hasta llegar al cielo. Pegaso lo golpeó con sus pezuñas para disuadirlo. Del golpe, brotó una fuente maravillosa, Hipocrene («manantial del caballo»). Otras fuentes, como la de Trecén, fueron creadas por Pegaso, una de cuyas plumas, caída desde los cielos, dio origen y nombre a la ciudad de Tarso.

La Esfinge es uno de los seres más famosos de la mitología griega. Tenía rostro de mujer, cuerpo de león y alas de buitre. Cobró celebridad gracias al episodio de Edipo: la Esfinge fue el castigo divino enviado contra la ciudad de Tebas, cuyos soberanos estaban manchados por crímenes de sangre y sexo que se narran en el ciclo tebano[8]. La Esfinge se plantó en una montaña cercana a la ciudad, desde donde asolaba el país, destruyendo cosechas y devorando a los caminantes. Planteaba un enigma aparentemente imposible a los viandantes: «¿Cuál es el animal que camina a cuatro patas por la mañana, a dos patas por la tarde y a tres por la noche?». A los que no daban una respuesta satisfactoria los despeñaba por la montaña o los devoraba. Sólo Edipo pudo resolver el enigma y acabar con la Esfinge, que, desesperada, se arrojó al vacío. Pero esto lo contaremos en su debido momento.

También se narrará más adelante el mito relacionado con el Minotauro, que merece aquí una breve mención. El monstruo, mitad hombre mitad toro, fue el hijo concebido por la reina de Creta, Pasífae, de un toro. Pasífae, como castigo divino, sintió una pasión irrefrenable por un hermoso toro y se unió a él gracias a un invento de Dédalo, artífice al servicio del rey de Creta, que fabricó una vaca de madera para que la reina, desde dentro, pudiera satisfacer su deseo del toro. Su esposo Minos, a la sazón rey de la isla, horrori-

---

[8] En la tercera parte del capítulo 11 se cuentan estos mitos.

zado por este nacimiento abominable, encerró al Minotauro en un laberinto que hizo construir también al arquitecto real en su palacio de Cnossos. Allí vivía el Minotauro, y como se alimentaba de carne humana, Minos, que gobernaba el Mediterráneo, exigía como tributo un número de jóvenes a las ciudades extranjeras para alimentar al monstruo.

De nacimiento algo más tardío en los bestiarios de la Antigüedad, hemos de saber que el basilisco estaba compuesto de partes de un ave y de una serpiente. Es otro de los monstruos que engendró la imaginación de los antiguos, avivada por los viajes más allá de las fronteras últimas del mundo conocido: África, Asia y el norte de Europa. Se decía que su sola mirada era capaz de matar a un hombre. Animal fabuloso que renacía de sus propias cenizas es el ave Fénix, un ser originario de la lejana Etiopía y relacionado con el culto al Sol. El primero de los griegos que lo mencionó fue Heródoto (II, 73). Tenía aspecto de águila, pero era de enorme tamaño y tenía un plumaje de gran colorido, nunca visto en ningún otro animal; se decía que podía vivir una vida larguísima, de quinientos a doce mil años, según diversas fuentes. Pero lo más maravilloso era que, al ser único en su especie, cuando sentía que llegaba el fin de su vida, preparaba una pira con plantas especiales y le prendía fuego. De las cenizas renacía el nuevo Fénix.

Este bestiario se podría prolongar aún más. Resumiendo, a modo de índice de monstruos para los mitos que se narran aquí, hablaremos de algunos otros seres sobrehumanos. Muchos de ellos son guardianes de tesoros o lugares prohibidos, cumpliendo el esquema del cuento popular: son monstruos que vigilan entradas o salidas del otro mundo, pasos peligrosos, princesas encantadas, etc. A ellos tendrán que hacer frente a menudo los dioses o héroes griegos, como Heracles o Ulises, en sus viajes por la geografía mítica del mundo antiguo.

En primer lugar, está Argos, un gigante de muchos ojos, que protagoniza uno de los mitos relativos a los amoríos de Zeus. Fue designado carcelero de Io, la amante de Zeus, por la celosa Hera. Io había sido transformada en vaca y Argos, como perfecto vigilante, la ató a un olivo y montó guardia día y noche, pues mientras algunos de sus ojos dormían, los otros podían quedarse en vela. Zeus, deseando rescatar a su amante, envió a su mensajero Hermes con la misión de liberarla. Hermes dio muerte a Argos y rescató a Io, en un momento que inmortalizó Velázquez. Hera, en pago a los servicios de Argos, trasladó sus muchos ojos después de muerto a la cola del ave que le es propia, el pavo real.

Otro monstruoso guardián fue Campe, que vigilaba en el averno a los Gigantes y Centímanos por orden de Crono. Pero el más famoso carcelero del infierno es Cerbero, el perro del Hades, hijo de Tifón y Equidna. Se trataba de un enorme perro con tres cabezas que guardaba la puerta del mundo de los muertos, impidiendo entrar y sobre todo salir a nadie. Además de sus tres cabezas se cuenta que tenía una cola formada por una serpiente y que otras muchas cabezas de víbora le salían de la espina dorsal. Es fama que Heracles, en uno de sus trabajos, tuvo que lidiar con Cerbero y vencerlo con sus manos desnudas.

Hay dos guardianes famosos del paso marino de Mesina, el estrecho que separa Italia y Sicilia —o al menos se les suele dar esta localización—; se trata de Escila y Caribdis, dos criaturas que hundían los barcos que pasaban por ahí. Escila era un malvado monstruo con seis cabezas y doce pies; aunque también se dice que era una mujer cuyo cuerpo estaba rodeado en la parte inferior por seis perros salvajes que devoraban a cualquier criatura que se pusiera a su alcance. Se cuenta que el barco de Ulises llegó a la cueva de Escila y que los perros de ésta devoraron a seis de los compañeros del héroe. En todo caso, parece que el origen de esta criatura se halla en una metamorfosis debida al desamor. Como cuenta Ovidio, era una bella mujer que fue transformada en monstruo por la maga Circe, al ser ésta despechada por su amante, que prefería a Escila.

Caribdis, que formaba destructiva pareja con Escila, era el remolino o maremoto, personificado como mujer monstruosa. Vivía en la roca que bordea el estrecho de Mesina y era hija de Gea, la Tierra, y Poseidón, dios de los mares, como corresponde a un ser que representa un peligrosísimo escollo. Se cuenta que, como Escila, antes había sido humana y, en su vida anterior, había mostrado gran voracidad. Como castigo, Zeus la convirtió en monstruo y la condenó a alimentarse tres veces al día de forma peculiar. Absorbía como un remolino el agua del mar, tragándose todo lo que flotara, peces o barcos; después, vomitaba cuanto había tragado. Ulises sobrevivió por dos veces a este monstruo, una en su navegación costera, y la segunda tras ser engullido entre sus fauces, algo así como lo que le pasó a Jonás con la ballena. Escila y Caribdis, una a cada lado del mar, en Italia y Sicilia, son dos peligros a cual más horrendo, de ahí que los haya recogido una expresión inglesa equivalente a nuestro «entre la espada y la pared».

Siguiendo nuestro improvisado catálogo de monstruos y extraños seres, Gerión, que reinaba al sur de la lejana Iberia, era un gigante con tres cabezas y tres cuerpos. Era inmensamente rico gracias a los rebaños que guardaba. Uno de los trabajos de Heracles consistió en robar los bueyes de Gerión, para lo que tuvo que enfrentarse a él y matarlo.

La nómina de seres serpentinos en la mitología griega no se queda en Tifón, Equidna y Cerbero, hay numerosos monstruos y dragones con apariencia de serpiente. Los mitos griegos abundan en dragones que guardan tesoros inefables, que aterrorizan un determinado territorio, o que aprisionan a una doncella indefensa para devorarla. En esto, se acerca el mito a la leyenda popular. Otra de las hazañas de Hércules cuenta acerca de la Hidra, vástago también de Tifón y Equidna, una serpiente acuática de múltiples cabezas. Heracles le dio muerte y usó su sangre venenosa para empapar sus flechas, pues la Hidra tenía veneno por sangre. De hecho, cuando esta sangre entraba en contacto con las aguas de un río, las emponzoñaba para siempre.

Pitón era una enorme serpiente que tenía el don de profetizar el futuro, como hija de la Tierra. Cuando Apolo se propuso crear un santuario en Delfos, supo que había una serpiente que devastaba el lugar desde su gruta. Era Pitón. Apolo la mató y heredó su poder adivinatorio. En el santuario de Delfos, la Pitia, sacerdotisa de Apolo nombrada en honor de esta serpiente, interpretaba la voluntad del dios y predecía el futuro a los fieles. Se cuenta que Pitón estaba enterrada bajo el punto central del culto de Apolo en Delfos, el llamado «ombligo» (*ómphalos*), centro también del mundo entero.

Ladón, hijo de Tifón y Equidna (o, según otros, de la Tierra, o de Forcis y Leto), era otro dragón guardián que custodiaba las manzanas de oro en el jardín de las Hespérides. Tenía cien cabezas y darle muerte fue una de las hazañas de Heracles. Se dice que Hera lo elevó al firmamento tras su muerte, convirtiéndolo en constelación.

Igualmente, se contaba que un dragón terrible guardaba el vellocino de oro, allá en la lejana Cólquide. Los argonautas, con Jasón a la cabeza, tuvieron como misión viajar hasta allí para hacerse con la mágica piel de un cordero volador[9]. La prueba principal que hubieron de pasar los argonautas fue vencer a este dragón. Semejante bestia tuvo que derrotar también Cadmo para fundar la ciudad de Tebas, y otro monstruo fue la serpiente marina que amenazaba con devorar a Andrómeda y a la que mató Perseo. Son muchas las serpientes monstruosas, guardianas de tesoros indecibles, que hay en la mitología griega, como en leyendas de otros lugares lejanos.

Además, entre los monstruos griegos, destacan varios grupos de mujeres cuyo nombre aterraba a los habitantes de la antigua Grecia. Las Ceres eran genios bebedores de sangre. Las Grayas, por su parte, eran tres hermanas que eran ancianas ya desde su niñez (de hecho, su nombre significa «viejas»). Las tres compartían por turno un mismo ojo, y vigilaban el camino que conducía a las Gorgonas, otras criaturas horripilantes, utilizando una el ojo mientras las otras dos dormían. Perseo se las ingenió para quitarles ese único ojo y poder llegar a las Gorgonas, que eran tres mujeres espantosas, Euríale, Medusa y Esteno, con horribles colmillos de jabalí, garras de bronce, alas de oro y cabello compuesto por muchas serpientes. Como las Grayas, eran personificaciones de los terrores del mar, como sus nombres indican. Dos de las Gorgonas, Euríale y Esteno, eran inmor-

---

[9] La saga de Jasón se narra más adelante, en los capítulos 8 y 11.

tales. Y sólo Medusa podía morir. Se cuenta, de hecho, que una vez Medusa fue una bella joven, de hermosa cabellera. Se preciaba tanto de su pelo que un día presumió demasiado y desafió a la propia diosa Atenea, quien la convirtió en monstruo, cambiando sus rizos por terribles serpientes. Sus ojos despedían un fulgor que dejaba a los que los contemplaban convertidos en piedra. Perseo quería matar a Medusa para cumplir su heroica misión, y para hacerlo y no quedar petrificado, usó el reflejo de su escudo para localizar al monstruo y le cortó el cuello mientras dormía.

Por último, está el más tradicional de los monstruos griegos: la Lamia. La Lamia era una mujer terrorífica que robaba a los niños. Es la típica criatura que se emplea para asustar a los niños y sobre ella se cuentan diversas leyendas. Una de ellas afirma que fue una hermosa mujer, amante de Zeus. Su esposa Hera, celosa, la castigó y cada vez que Lamia daba a luz a un hijo, Hera le daba muerte ocultamente. Transida de dolor, Lamia se refugió en una cueva y se convirtió en un monstruo que, desde entonces, roba y devora a los niños por las noches.

Hay, junto a los ya mencionados monstruos, una familia de divinidades menores, menos individualizadas, congregada en torno a Zeus y sus hijos y hermanos, que habitan el Olimpo y están relacionadas con la naturaleza. Encuentran fundamento en los cultos locales y frecuentemente se hallan integradas en grupos con un número más o menos fijo.

Así, tenemos a las Gracias o Cárites (según sus nombres latino y griego), que son tres: hijas de Zeus y Eurínome (hija de Océano) son divinidades de la belleza que habitan el Olimpo y pertenecen al séquito de Apolo, sus nombres son Eufrósine, Talía y Áglae. Las Musas son nueve, hijas de Zeus y Mnemósine (la Memoria), y también acompañan al dios Apolo como protectoras de los distintos saberes. Son divinas cantoras y su coro deleita a Zeus y a los inmortales en el Olimpo. Protegen e inspiran el pensamiento en todos sus ámbitos, aunque la música (cuyo nombre deriva precisamente de las Musas) es el más conocido. También se ocupan de la elocuencia, la persuasión, la ciencia, la historia, las matemáticas, la astronomía, etc. Se agrupan en dos coros según la montaña que frecuentan: las Musas de Tracia o Pieria habitan las laderas del Olimpo y son llamadas con frecuencia Musas Piérides; las Musas de Beocia viven en torno al monte Helicón. Mientras que las primeras se relacionan con el mítico poeta Orfeo, las segundas, las del Helicón, son servidoras directas de Apolo, que dirige sus coros en la famosa fuente Hipocrene, de la que ya hemos hablado. Veamos brevemente sus nombres en la lista de nueve Musas que se ha hecho canónica a lo largo de los siglos: Calíope es la primera, que se ocupa de la poesía épica y es célebre por ser madre de Orfeo; después vienen Clío (historia), Polimnia (pantomima), Euterpe (flauta), Terpsícore (poesía lírica y danza), Erato (lírica coral), Melpómene (tragedia), Talía (comedia) y Urania (astronomía). Así son las nueve Musas.

Las Horas, por su parte, son hijas de Zeus y Temis y hermanas de las Moiras. En número de tres, Eunomía, Dike y Eirene, protegen las cosechas de los hombres y rigen sus destinos; son como las estaciones, medida de tiempo, de justicia y de agricultura a la par. En el Olimpo guardan las puertas y sirven también al Sol, unciendo sus caballos al carro dorado antes de que parta a recorrer su curso diario. Acompañan ora al festivo Dioniso, ora a la hermosa Afrodita y son deleite para mortales e inmortales.

Las ninfas son multitud: doncellas que pueblan la naturaleza, en sus diversos reinos, son divinidades menores, espíritus amables del mundo natural a los que se elevan plegarias, pues a veces pueden resultar temibles. Un trasunto de las hadas de la mitología celta. Se dice que todas son hijas de Zeus. Hay unas marinas, como las Oceánides, otras fluviales, como las Náyades, y otras arbóreas, como las Mélides o las Dríades. Las de los bosques sagrados se dicen Alseides (de *alsos*, «bosque») y las Oréades son las ninfas montaraces, cuyo nombre mismo alude a las montañas. Se dice de las Mélides, ninfas de los fresnos, que son las más antiguas, y que nacieron de Urano, no de Zeus. Relacionadas con las anteriores, las Nereidas, otras divinidades marinas, son hijas de Nereo, el «viejo del mar», primordial divinidad marina hijo de Ponto (el mar) y Gea (la Tierra). Nereo era una vieja divinidad folclórica de los griegos, capaz de transformarse en cualquier ser (así se cuenta que eludió las preguntas de Heracles sobre cómo llegar a las Hespérides). Engendró de Dóride, hija del Océano, a multitud de hijas, las cincuenta Nereidas, que son como él benefactoras de los marineros.

Un ser híbrido interesante, más benévolo y burlón, es el sátiro, mitad hombre mitad cabra, que acompaña a Dioniso-Baco, dios del vino y los excesos, en festivas procesiones. Los Vientos y los Ríos son otros de estos seres divinos que están integrados en la naturaleza y que aparecen a menudo en la literatura y las artes plásticas.

7. Los dioses olímpicos

Los dioses olímpicos forman la familia perfecta de divinidades helénicas, en número tradicional de doce, aunque se suele ampliar a quince. La generación de Zeus, sus hermanos y sus hijos, conforma el orden universal definitivo, la armonía del cosmos tras las muchas turbulencias de las épocas pasadas[10]. Ellos son los guardianes del orden establecido, representan el buen gobierno del mundo, en sus múltiples facetas, y su número perfecto da buena cuenta de ello. Son dioses antropomórficos y se alejan ya definitivamente de los confusos orígenes del universo para adoptar una figura igual a la de los hombres, modelados a su imagen. Se oponen así a las criaturas de edad primordial y a las divinidades que representan potencias naturales o cósmicas (Gea, Urano, Ponto y los antiguos seres de la creación): los olímpicos griegos ejemplifican la tendencia a dotar a los dioses no sólo de figura y voz humanas, sino también de humanas pasiones: amor, odio, engaño y más bajos deseos. De ahí que se

---

[10] Como se veía en los capítulos iniciales sobre la creación del mundo y de los dioses.

caractericen por tener trato con los humanos e interferir directamente en sus vidas.

Los dioses olímpicos, que habitan en el legendario monte Olimpo, sagrado en la antigua Grecia, disfrutan de vida eterna y felicidad, ingieren alimentos maravillosos, el néctar y la ambrosía, y son llamados los bienaventurados. Sin embargo, como decimos, su caracterización como figuras antropomórficas los hace presa de dolores y sentimientos muy humanos, lo cual es en cierto modo una contradicción con la inmortalidad y la dicha eterna. En esto se diferencia el panteón de dioses griegos de otras mitologías, en la cercanía entre los dioses y los hombres, en su gran humanización, por oposición a otras mitologías de la Antigüedad.

Las divinidades y seres monstruosos o primordiales que se han visto en páginas anteriores, híbridos entre bestias o grandes potencias indeterminadas, que se dan en Egipto o en la India, quedan relegadas en la mitología griega a los primeros tiempos del universo, son como una extraña reliquia, un bestiario de seres fabulosos pero aislados del nuevo orden —los Gigantes, los Centímanos o los Cíclopes—, a menudo presos en mazmorras abismales. El dios de la Grecia clásica es un humano de extraordinaria belleza y pureza. En tiempos posteriores se desarrollará una concepción más abstracta de la divinidad, un dios que es puro pensamiento, en las teorías de los pensadores griegos que, como Platón, partieron de la religión tradicional con sus dioses antropomorfos para criticarlos y plantear un sistema religioso de índole más filosófica.

Lo cierto es que la religión tradicional griega, y su mitología, presenta desde antiguo claras menciones al conjunto de los dioses olímpicos o los «doce dioses», en el número proverbial. Ya hemos mencionado el altar dedicado a los doce dioses en el ágora de Atenas; característico del helenismo fue ese número y esos dioses que llegaron tan lejos como el pueblo griego, a las remotas costas del sur de España, por un lado, y a los legendarios parajes de la India, en los confines del mundo, por otro, donde Alejandro de Macedonia erigiría altares para honrar a la familia olímpica (como cuenta Diodoro, XVII, 95). El número es, pues, convencional y consagrado, pero no hay un elenco fijo de dioses, sino que el panteón de las grandes divinidades de la Grecia clásica oscila entre quince grandes dioses, que se turnan en la clasificación de olímpicos. Algunos son de nuevo cuño, posteriores a los tiempos legendarios de la sucesión divina, pero han ganado el cielo por derecho propio.

La lista que ofrecemos es la siguiente. Los descendientes de Crono, y por tanto los dioses más antiguos, son seis: tres dioses, Zeus, Poseidón y Hades, y tres diosas, Hera, Deméter y Hestia, diosa del hogar. A continuación están los hijos de Zeus y Hera, la pareja real del Olimpo y sucesora del antiguo orden; éstos son dos: Ares y Hefesto (el último habido en circunstancias excepcionales). Zeus, además, tiene por su cuenta a otros hijos que se convierten en parte de esta familia: con Leto engendra a la pareja de hermanos Apolo y Ártemis; y con la ninfa Maya, a Hermes. Atenea brota espontáneamente de la cabeza de Zeus después de que éste se tragara a la diosa Metis, la Inteligencia. De la princesa tebana Sémele, Zeus tendrá a Dioniso; y de Alcmena, al héroe Heracles, que acabará divinizado. Afrodita, diosa de la belleza y el amor, es independiente y anterior, pues nace del semen de Urano y la rara espuma que formó al caer al mar, según Hesíodo (o de Zeus y Dione, según Homero).

Hay que notar que dos de estos dioses, Dioniso y Heracles, fueron hijos de bellas princesas y, por tanto, de estirpe mortal, pero los dos se convirtieron en dioses. Dioniso fue dios desde su nacimiento, aunque hay tradiciones que hablan de una apoteosis tardía; Heracles, por su parte, fue deificado después de llevar a cabo hazañas formidables, sus famosos Doce Trabajos.

Es el panteón de dioses olímpicos que los romanos adaptaron y conservaron con sus propios nombres en latín y que conviene no olvidar, pues a menudo en el mundo cultural de habla española se citan por esta denominación. Veámoslos en un breve resumen (los nombres latinos equivalentes aparecen en cursiva):

LOS GRANDES DIOSES

Hijos de Crono (= *Saturno*) y Rea (= *madre de los dioses*)	Hijos de Zeus (= *Júpiter*) y diversas diosas	
Zeus = *Júpiter*	Apolo = *Febo*	Ártemis = *Diana*
Hera = *Juno*	Hefesto = *Vulcano*	Atenea = *Minerva*
Poseidón = *Neptuno*	Ares = *Marte*	Afrodita = *Venus*
Deméter = *Ceres*	Hermes = *Mercurio*	Perséfone = *Proserpina*
Hades = *Plutón*	Dioniso = *Baco* (hijo de mortal)	
Hestia = *Vesta*	Heracles = *Hércules* (hijo de mortal)	

Las dos columnas del cuadro suponen una jerarquía por antigüedad, entre los dioses que descienden del orden anterior, de Crono y Rea, y los que han surgido como nueva generación de Zeus, quien es llamado «Padre de los dioses y de los hombres» y asume el papel que Crono, el mal padre que devoraba a sus hijos, nunca tuvo. Los amoríos de Zeus sembrarán el mundo de la mitología griega de dioses, héroes y hombres y darán lugar a estirpes legendarias, genealogías, fundaciones de pueblos y ciudades. Como Rea, que es madre de dioses, Zeus adopta una función única. Nótese que de su consorte legítima tendrá pocos hijos. Hesíodo recuerda en la *Teogonía* (886ss.) algunos de esos hijos de Zeus en unos versos memorables que conviene citar aquí:

> Zeus, el rey de dioses, tomó como primera mujer a Metis, la más sabia de los dioses y los mortales hombres. Mas cuando faltaba poco ya para que naciera la diosa Atenea de ojos glaucos, engañando taimadamente su espíritu con astutas palabras, Zeus se la tragó por indicación de Gea y del estrellado Urano. Así se lo aconsejaron ambos para que ningún otro de los sempiternos dioses obtuviera la dignidad real en lugar de Zeus.
>
> Pues estaba decretado por el destino que nacieran de aquélla hijos muy inteligentes: primero la doncella de ojos glaucos Tritogenia[11], que posee tanto coraje y sabia decisión como su

---

[11] Sobrenombre de Atenea, diosa de la sabiduría, de oscuro origen. Quizá hubiera significado la «tercera nacida».

padre, y después era de esperar un hijo que habría de ser rey de dioses y hombres con arrogante corazón. Pero Zeus la introdujo en su vientre antes para que la diosa desde allí le avisara de lo bueno y lo malo.

En segundo lugar, desposó a la brillante Temis que dio a luz a las Horas, a Eunomía[12], Dike[13] y la floreciente Eirene[14], que protegen las cosechas de los hombres mortales, y las Moiras, a las que Zeus otorgó la mayor distinción, a Cloto, Láquesis y Átropo, que conceden a los hombres ser felices o desgraciados.

Eurínome, la hija de Océano, de encantadora belleza, engendró de él a las tres Gracias de hermosas mejillas: Áglae, Eufrósine y la amable Talía.

Luego subió al lecho de Deméter, criadora de muchos. Ésta parió a Perséfone, la de blancos brazos, a la que Edoneo[15] arrebató del lado de su madre, con el permiso del próvido Zeus.

También amó a Mnemósine, la de hermosos cabellos, y de ella nacieron las nueve Musas de frente dorada, las cuales gustan de las fiestas y el placer del canto.

Leto dio a luz a Apolo y a la arquera Ártemis, prole más deseable que todos los descendientes de Urano, tras tener contacto amoroso con Zeus, el portador de la égida.

Y por último tomó a la floreciente Hera por esposa. Ésta parió a Hebe, Ares e Ilitía, en su amorío con el rey de dioses y de hombres.

Y, de su cabeza, dio a luz a Atenea, la de ojos glaucos, terrible, belicosa, conductora de ejércitos, invencible y soberana, a la que deleitan los tumultos, las guerras y los combates.

Hera dio a luz, sin contacto amoroso –pues estaba furiosa y resentida con su esposo– a Hefesto, que sobresale entre todos los descendientes de Urano por la destreza de sus manos. [...] También de Zeus parió la hija de Atlante, Maya, al muy ilustre Hermes, heraldo de los Inmortales, fruto de su sagrada unión.

Y la hija de Cadmo, Sémele, dio a luz a un famoso hijo, el muy risueño Dioniso, que era inmortal, pese a ser ella una mortal. Ahora ambos son dioses.

---

[12] El Buen Gobierno.
[13] La Justicia.
[14] La Paz.
[15] Sobrenombre de Hades, dios del mundo de los muertos.

Y Alcmena parió al fornido Heracles en trato amoroso con Zeus amontonador de nubes.

Así nos refiere el poeta Hesíodo el elenco de los hijos de Zeus, las principales divinidades de la mitología griega. A continuación se esbozarán las características fundamentales de los doce dioses olímpicos y los principales mitos relacionados con ellos. Tal vez las pocas páginas que siguen no sean suficientes para hacer justicia a estos grandes dioses y honrar su memoria. En caso de que el lector pensara así y quisiera ahondar en su enorme riqueza de matices e historias, tras el primer paso –la lectura de las obras de Homero y Hesíodo– puede consultar alguna de las obras o de los manuales de mitología al uso[16]. Lo que seguidamente se presenta es una nueva evocación de estos dioses que, de alguna manera, siguen aún presentes en nuestras vidas.

1. *ZEUS*, PADRE DE DIOSES Y HOMBRES

Zeus es el máximo dios del panteón helénico y su figura paterna, que reina en los cielos, hunde sus raíces en la divinidad mayor del cielo, de claro origen indoeuropeo. En este sentido, tiene notables paralelos en otros pueblos germánicos, iranios y de estos ámbitos lingüísticos. Su nombre griego y latino (Zeus, genitivo *Dios*, y Júpiter) tiene que ver con la raíz indoeuropea que significa «cielo» (*dyeu-), presente también en el dios védico Dyaús.

Zeus es un dios que engloba varias facetas diferentes. Como rey de los cielos, tiene poder sobre las tormentas, el rayo y el relámpago. Él es «el amontonador de nubes», según

---

[16] Pues hay muchos y muy completos. Aquí citaremos sólo algunas obras que nos han sido de utilidad: el *Diccionario de mitos* de C. García Gual (Barcelona: Planeta, 1997) o su *Introducción a la mitología griega*, el *Diccionario de la mitología griega y romana* de P. Grimal y el libro de A. Iriarte y J. Bartolomé, *Los dioses olímpicos*, todos ellos mencionados en la bibliografía. Destacamos también la célebre recreación de Robert Graves en *Los mitos griegos*.

el adjetivo homérico, o «el que gusta del rayo». Zeus es el poderoso soberano celeste que destronó a Crono y venció a los primitivos Titanes y Gigantes y a Tifón, que desafiaban su poder y obtuvo el mando supremo sobre dioses y hombres. Pero se le llama también «Padre de dioses y hombres», pues, como veíamos, es la figura paterna del mundo indoeuropeo. No es que todos los hombres y dioses desciendan de él, sino que es padre de hombres y dioses en el sentido de que protege y gobierna a unos y otros. Entre los dioses, es rey y árbitro y preside las reuniones de la asamblea de los dioses en el Olimpo. Entre los humanos, es el garante del orden del mundo, asistido siempre por Metis (la Inteligencia), a la que un día se tragó para tener divino discernimiento del bien y el mal. Es llamado también «próvido», «prudente» y demás adjetivos que señalan que conoce el recto sentido del universo y decide cómo guiarlo. No en vano le asiste también la propia Dike (la Justicia). En esto se opone a la generación anterior, la de Crono y los Titanes, a quienes combatió, pues éstos eran violentos y no conocían la justicia, la equidad y el buen gobierno. Estas cualidades llegan al mundo, y por ende a los hombres de ahora, gracias al sabio Zeus.

En un tercer momento, estas características de ordenador del cosmos y equilibrado dios que todo lo prevé y lo dispone, posibilitaron que su figura fuera conceptualizada. Se tornó un dios más abstracto, con lo que fue posible para filósofos o teólogos teorizar acerca de su naturaleza como dios supremo, en momentos de la antigüedad tendentes al monoteísmo.

El comienzo del himno homérico a Zeus da una buena idea del dios tradicional helénico. Dice así: «A Zeus he de cantar, al mejor de los dioses, al más grande...». Con el pasar del tiempo, Zeus se convirtió en una figura más filosófica y mística. Hay un himno órfico dedicado a él que es como sigue: «Oh, Zeus muy honrado, oh, Zeus imperecedero [...], portador del cetro, lanzador del rayo, de robusto corazón, tú que engendras todas las cosas, principio de todos y final de todos [...]. Escúchame, oh, tú de variadas formas, y concede la salud sin tacha y la paz divina y la fama irreprochable de la fortuna». El poeta astrónomo Arato habla de Zeus ya como un dios total, de forma casi panteísta, presente en todo, principio y fin de todo: «Llenos están de Zeus todos los caminos, todas las asambleas, todos los hombres, lleno el mar y llenos los puertos. [...] Pues todos somos descendencia suya [...]. A él siempre se le adora al comienzo y al final».

Hay pues una evolución en su figura que parte del primitivo dios indoeuropeo de las tormentas hasta llegar al dios padre de la justicia. Hace de árbitro en las disputas entre los dioses, y su palabra calma las tumultuosas asambleas de éstos. Media entre Apolo y Heracles en su disputa por el trípode de Delfos, entre Atenea y Poseidón en su lucha por Atenas, entre Afrodita y Perséfone, que se disputan el amor de Adonis. Se le atribuirán multitud de funciones mediante distintas advocaciones. Él es Zeus Horkios, que cuida de que se cumplan los juramentos; Zeus Xenios, que se ocupa de que se dispense la hospitalidad –sagrada para los griegos– a los extranjeros, y muchas más cosas: «el portador de trofeos», Victorioso, «el que gobierna en las alturas», etc.

Vela por la justicia, para que los crímenes de sangre sean expiados. Y es vengador de las ofensas sacrílegas de los criminales. Tántalo e Ixión sufrieron dos suplicios muy conocidos. El primero, que sirvió a su hijo en un banquete para que los dioses se lo comieran, tenía hambre y sed eternas, y estaba condenado a no poder saciarlas sumergido en un estanque y rodeado de aguas y frutales inalcanzables (aunque otra versión habla de una piedra que pendía sobre su cabeza siempre en equilibrio). Ixión trató de violar a Hera, pero por mediación de Zeus acabó uniéndose con una nube que luego pariría centauros, y como castigo por su osadía, estaba atado a una rueda en llamas que giraba sin cesar, aunque nunca moría. Otro ejemplo de castigo por parte de Zeus se encuentra en las historias de Salmoneo y Capaneo son ejemplos de insolencia contra los dioses, en concreto, contra Zeus. Salmoneo, rey de la Élide, quiso imitar torpemente el rayo y el trueno de Zeus y pagó cara su osadía. Capaneo, hijo de Hipónoo, es uno de los jefes de la expedición de los Siete contra Tebas, que narra Esquilo en su tragedia homónima (versos 422ss.). Murió también fulminado por Zeus cuando escalaba los muros de la ciudad de las Siete Puertas. Zeus, como se ve, cuida de que se respete el orden establecido, el de los reyes y los súbditos, de la jerarquía de la sociedad. Un dios aristocrático que sin embargo no es tiránico.

Zeus está sometido, como todos los demás dioses y mortales, a los dictados del destino. Al ser el paladín de la justicia, no puede permitirse la iniquidad. Así, obedece los hilos de las Moiras, que tejen el destino de mortales e inmortales. Y respeta la palabra dada: cuida de que el juramento terrible por Estigia se cumpla. Interpreta los hados y ofrece prodigios y señales celestes a los hombres. En la *Ilíada* de Homero, por ejemplo, Zeus es partidario de los griegos, pero se cuida mucho de ser injusto en sus intervenciones. Envía señales a los guerreros, sopesa el destino de Aquiles y Héctor en una balanza justiciera, actúa con nobleza y respeta el honor del guerrero. Cuenta Homero también que está por encima de las pasiones humanas, de las parcialidades de otros dioses que, como Hera, ayudan descaradamente a uno de los bandos. La diferencia es que mientras otros dioses intervienen para salvar a los suyos del combate (así hace Afrodita rescatando a su hijo Eneas cuando va a morir, como en la *Ilíada* V, 297ss.), Zeus contempla con gran dolor cómo muere su hijo Sarpedón en la lucha, pero no hace nada para evitarlo: ése es su papel, y ha de dejar que se cumpla lo que está escrito.

No en vano, Zeus dispensa a los mortales las cosas buenas y malas que les habrán de ocurrir en su vida. Aunque son las Moiras, diosas del destino las que «conceden a los hombres ser felices o desgraciados», como decía Hesíodo, también Zeus tiene parte en el destino de los mortales. Homero refiere en la *Ilíada* que Zeus tenía en su palacio celestial dos jarras, una contenía los bienes y otra los males: normalmente saca alternativamente una y otra para cada hombre. Pero en ocasiones saca sólo bienes o sólo males, con lo que el destino del mortal puede ser maravilloso o completamente funesto.

Los símbolos de Zeus son el águila, su animal consagrado, en el que se transforma en ocasiones –como cuando raptó a su amado Ganimedes–, y el trono del olimpo, donde se le representa sentado con regia dignidad (pensamos en el lienzo de Ingres, donde Tetis aparece implorándole). Blande en todo momento el rayo, a modo de cetro que prueba su poder. Tiene también como atributo la égida, esa divina armadura que, como cuenta Calímaco (*Himno* I, 46ss.) formó con la piel de la cabra Amaltea, que lo crió.

Su nacimiento, como referíamos antes, fue maravilloso: el mito de cómo escapó de su padre Crono, devorador de sus hermanos, gracias a la treta de su madre Rea. Extraordinaria es también su infancia, como refiere el *Himno a Zeus* de Calímaco, así como su carrera hacia el reinado de los cielos: Zeus gana con gran esfuerzo el trono tras derrotar a monstruos y enemigos con ayuda de Metis, de la que luego tendría a Atenea de una manera más bien extraña.

Los mitos más celebrados sobre Zeus son sus amoríos con mortales e inmortales, de los que resultan infinidad de hijos, dispersos por doquier en la geografía mítica de la antigua Grecia. No había ciudad o región que no pudiera presumir de tener un rey o un héroe local cuya estirpe remontara al gran Zeus, en una de sus escapadas amorosas. También en la propia Roma, Júpiter presidía el Capitolio con su templo y protegía la vida de la gran urbe. Así, el soberano Zeus es padre de muchos dioses y de grandes héroes, como Heracles y Perseo. Pese a que su esposa legítima es Hera, que le da hijos como Hebe o Ares, tiene muchos otros amoríos. Sus amores provocan la cólera de su esposa Hera, que a menudo castiga o se venga de las amantes y de la descendencia de éstas, persiguiendo a una estirpe entera en su implacable ira. De hecho, por causa de estos numerosos adulterios, los primeros padres de la Iglesia cristiana criticaron la mitología y la antigua religión griega, acusándola de inmoral. Sin embargo –y aunque no lo comprendieron–, se trataba de una manera mítica de explicar los orígenes de los héroes, del mundo y de los pueblos a través de la descendencia de este «padre de dioses y hombres». Pero dejaremos el relato de los fecundos amores de Zeus y de sus maravillosas transformaciones para otro lugar, concluyendo aquí una semblanza general del mayor dios del panteón griego.

2. *POSEIDÓN,* SEÑOR DE LOS MARES

El barbado Poseidón, hijo de Crono y Rea, el dios que agita la tierra, es una divinidad de terrible poder. Como quedó establecido en el reparto con sus hermanos Zeus y Hades, a Poseidón le tocó el dominio de los mares. Allí ejerce su reinado, en las insondables profundidades marinas. Casado con Anfitrite, una ninfa, hija de Océano, Poseidón gobierna los mares desde un maravilloso palacio en el fondo del mar, que alterna con su paso por el Olimpo. Es padre de grandes héroes, como Teseo, el ateniense, y de otros héroes locales, como Neleo y Pelias, pero también de numerosos y horrendos monstruos marinos. Su más famoso hijo es el cíclope Polifemo.

Pero además de gobernar sobre las aguas, Poseidón –el Neptuno latino– provoca los terremotos y maremotos. De ahí su cercana relación con la tierra, por lo que se le llama en la poesía antigua «el que sacude la tierra» (*ennosígaios,* por ejemplo, en *Ilíada* VII, 455; VIII, 201, 440), el «abrazador de la tierra» y otros muchos epítetos. Uno de los más hermosos es «el de azulada cabellera» (*kyanochaites,* en *Ilíada* XII, 563, XIV, 390, etc.). Se le imagina con largo cabello y barba del color azul y canoso que tiene el mar; aunque para un pueblo marino como el griego, ya desde Homero, la intensidad y variedad de matices que tiene el mar en el mundo antiguo nos fascina: ora es de color del vino, ora grisáceo, negro o verdoso.

Así, Poseidón es como el propio mar, hermoso, inabarcable, fecundo y a la vez terrible y mortífero. En una tierra volcada al mar, como la Grecia de mil islas, Poseidón tenía un culto antiguo y sagrado en célebres santuarios como el de Corinto, ciudad del famoso istmo, o el del cabo Sunion, desde donde se avistaban los barcos que llegaban a la Grecia continental. Es un dios que da y quita, implacable como las olas del mar. Su animal simbólico es el caballo, que representa su poder en tierra firme, aunque viaja por el mar en un carro tirado por tritones. Su atributo principal es el gran tridente que empuña como arma. Con él agita la tierra y los mares.

Poseidón es un dios más irascible y tremendo que su hermano Zeus. Es menos equilibrado que éste, y, aunque es capaz de conceder bienes, el mortal debe tener cuidado con él. Su cólera es de temer y es un dios menos querido que los otros, aunque se le debe respetar por precaución y nunca se le ha de descuidar. Se cuenta que asoló pueblos enteros por una ofensa o una falta en su culto: parece que exterminó a los Flegios por su maldad. Murieron por haber inundado la isla de Ceos con aguas de la laguna Estigia, y Poseidón salvó sólo a una mujer que le había dado hospitalidad.

El resentimiento de Poseidón puede durar años. Es fama que su cólera contra Ulises impidió al rey de Ítaca volver a su patria durante diez años. Ulises había burlado y cegado a Polifemo, por eso desató la cólera de Poseidón. Polifemo, hijo de Poseidón y la ninfa Toosa, es un cíclope bien distinto a los cíclopes primigenios Arges, Brontes y Estéropes, que aparecen en los primeros tiempos del mundo (véase Hesíodo, *Teogonía*, 139ss.). Más bien es un inmenso pastor asilvestrado, que cobró gran fama por causa de su encuentro con Ulises en el canto noveno de la *Odisea*. También sus amores con Galatea son célebres, y Góngora les dedicó el poema emblemático del Barroco español, la *Fábula de Polifemo y Galatea*, en la que narra la historia de aquel descomunal cíclope que «un monte era de miembros eminente».

Poseidón puede ser también generoso y recompensar a quienes le rinden culto o le ayudan. Se dice que elevó a las estrellas al Delfín porque le ayudó a encontrar a su esposa Anfítrite. Nicolás Poussin reflejó en un bello lienzo de 1634, que se encuentra en el Museo de Arte de Filadelfia, el triunfo de la pareja real de los mares, Poseidón y Anfítrite. De ella, se dice, Poseidón tuvo otro hijo, Tritón, una divinidad marina que suele aparecer junto a Nereo y las Nereidas. Era mitad hombre y mitad pez, muy parecido a Nereo, como cuenta Hesíodo (*Teogonía*, 930ss.).

Pasó la infancia en la isla de Rodas, como Zeus en Creta, criado, según algunos, por los Telquines. Otros dicen que estos Telquines, unos genios del mar no tan benévolos, eran sus hijos. Siendo hermano mayor de Zeus, según algunas tradiciones, una vez participó en una conspiración para arrebatarle el poder junto a Hera y Atenea, que quería encadenar al dios padre, pero los Centímanos salvaron una vez más al «padre de dioses y de hombres». Poseidón se parece mucho al dios supremo en apariencia, fuerte y solemne.

También se cuenta que participó en la construcción de la muralla de Troya junto con Apolo y un hijo de Zeus, Éaco. Pero al terminar, el troyano Laomedonte se negó a satisfacer el salario acordado y Poseidón hizo surgir del mar un terrible monstruo que asoló la ciudad. Su resentimiento contra los troyanos le hará ponerse del lado griego en la guerra de Troya, aunque siempre es ambiguo e irascible.

Es famosa su disputa con Atenea por Atenas. En los tiempos primeros, cuando los hombres se organizaron en ciudades, tenían que elegir un dios protector para honrarlo. Poseidón se disputó muchas ciudades, pero perdió casi siempre (Corinto con el Sol, aunque conservó poder sobre el istmo; Naxos con Dioniso; Egina con el propio Zeus; etc.); ya hemos señalado que no es el dios más querido, y los mortales prefieren siempre a otro patrón más amable. Él y Atenea, con Zeus como mediador, se peleaban por ver cuál sería el patrón de Atenas y su región. Cada dios ofrecía un regalo a la ciudad, Poseidón hizo brotar un lago salado en la Acrópolis y Atenea un olivo. La ciudad y los dioses finalmente prefirieron a Atenea, y Atenas quedó consagrada a la diosa, por lo que su árbol, el olivo, es símbolo de la ciudad. También se peleó con Hera por Argos, que prefirió a la diosa. Enfurecido, Poseidón maldijo toda la región de Argos y secó sus fuentes y ríos. Suerte que, poco después, se enamoró de una doncella del lugar, Amimone, y aplacó su dañina cólera. Con ella engendraría al héroe Nauplio. Y tuvo otros hijos, algunos monstruosos. Los gigantescos alóadas, Efialtes y Oto, por ejemplo, nacieron de su amor con Ifimedia. Eran tan poderosos que llegaron a encerrar al dios de la guerra, Ares, en una tinaja (*Ilíada* V, 385-391). Se cuenta también que en su soberbia intentaron alcanzar el cielo, por lo que fueron castigados.

Así era el irascible Poseidón, el gran soberano de los mares que viajaba en su carro tirado por criaturas abisales. Recordaremos, para terminar, su majestuosa figura en la fuente neoclásica de Neptuno, en Madrid, proyectada por Villanueva en el eje del paseo del Prado.

3. *HADES,* REY DEL MUNDO DE LOS MUERTOS

Hades es el rey del mundo infernal, que le correspondió en el antiguo reparto con sus dos poderosos hermanos, Zeus y Poseidón. Completa así la trinidad de grandes dioses hermanos, cuyos dominios son el amplio mundo. Hades posee el misterioso y oscuro reino de los muertos, allí donde van a parar las almas y de donde nadie regresa. El mundo que no se ve y que nadie conoce, de ahí el origen probable de su nombre, que se refiere a lo invisible. Es monarca absoluto de un reino que sólo algunos héroes privilegiados llegaron a conocer y volvieron para contarlo.

Hades fue devorado al nacer por su padre Crono, como los demás dioses, y como ellos participó en las guerras primeras contra los Titanes. Su condición de dios sombrío e invisible ya se notó entonces, cuando obtuvo de los Cíclopes un casco mágico para el combate que lo hacía desaparecer de la vista de sus enemigos.

Hades tiene un sobrenombre, que se corresponde también con su denominación latina, Plutón, el rico, y que está relacionado con las riquezas enormes que alberga su reino bajo tierra, al otro lado de los terroríficos límites que lo separan del mundo de los vivos; estas fronteras horribles son, entre otras, la laguna Estigia y el río Aqueronte, y sus monstruosos guardianes, o el perro de tres cabezas, el can Cerbero, y el sombrío barquero Caronte, que lleva a las almas al más allá. También están allí las aguas del olvidadizo Leteo, a las que Dante se refiere diciendo: «Verás el Leteo [...] allá donde las almas van a lavarse cuando, arrepentidas de sus culpas, son perdonadas».

El oscuro reino de Hades es a la vez fascinante y aterrador. En sus dominios tenebrosos se sitúa su palacio, donde se sienta en un trono junto a su esposa Perséfone, hija de Deméter, a la que él mismo raptó. Los tres grandes dioses que se han repartido el mundo, Zeus, Poseidón y Hades, reinan así, desde sus respectivos tronos, sobre el cielo, el mar y los infiernos.

Es, como decimos, rey absoluto y tiránico del inframundo. No conoce la justicia como Zeus, sino que reina despóticamente sobre los infiernos y las almas de los que allí están, al lado de su esposa Perséfone, también dura de corazón. Se cuenta que un día la raptó, mientras era doncella y recogía flores en los campos de Sicilia junto a otras muchachas. Lo hizo porque Zeus no había consentido su matrimonio con ella, a pesar de que él estaba enamorado de esta diosa, su sobrina, la hija de Deméter. Además, a Deméter, diosa del cereal, no le parecía bien la unión de su hija con el dios infernal. Así que Hades la raptó y se la llevó a los infiernos, donde la hizo su esposa. Deméter protestó y el justiciero Zeus ordenó a su hermano que devolviera inmediatamente a Perséfone al mundo de los vivos. Pero el astuto Hades se había precavido contra toda posibilidad, y le había dado a Perséfone un grano de granada –fruto infernal– para que comiera, pues aquellos que ingieren alimentos del mundo de los muertos jamás pueden volver al mundo de los vivos. Deméter se encolerizó y en su ira provocó tremendas hambrunas, por lo que Zeus intervino de nuevo. Al final se llegó a un acuerdo satisfactorio entre Hades y su suegra y hermana Deméter: Perséfone pasaría una tercera parte del año junto al dios del mundo de los muertos, que se corresponde con el invierno, y el resto junto a su madre. Así se explican los ciclos de la naturaleza, la vegetación y la agricultura.

Hades no participa en las guerras y conflictos de los hombres, y no tiene ninguna relación con ellos, al contrario que la mayoría de los dioses, pues él reina sobre los muertos y nunca abandona su palacio de tinieblas. Por ello, no hay muchos mitos referidos a él. Y, de hecho, los antiguos se cuidaban mucho de pronunciar su nombre y lo llamaban con eufemismos. Dudamos de que alguno de los que hemos dado sea en verdad el de este dios de mal agüero, ya que Hades («invisible»), Edoneo o Plutón («rico») más bien suenan a advocaciones para no evocar su inefable presencia, pues la muerte siempre es de temer.

Sin embargo, sí se cuentan mitos acerca de los osados héroes que llegaron a marchar al otro mundo. No son muchos quienes se atrevieron, y los que llegaron hasta el Hades —pues el mundo de los muertos se conoce, por extensión, por el nombre de su dios rey— lo hicieron por un mandato o una misión excepcional.

Así le sucedió al mítico cantor Orfeo, que fue a buscar a Eurídice, o a Ulises, que bajó para consultar al alma del adivino Tiresias. Más tarde iría al infierno Eneas y siglos después se cuenta que el poeta Dante llegó a las tenebrosas riberas del Aqueronte guiado por Virgilio.

Sabemos también que el valiente Heracles llegó al otro mundo para apresar a Cerbero. Esto lo cuenta Homero, quien afirma en la *Ilíada* que a su llegada el propio Hades intentó impedirle la entrada. Heracles, el audaz, se enfrentó a él y le hirió en un hombro con su flecha. El dios de los infiernos tuvo que ser llevado entonces al Olimpo —ésta es una de las pocas veces que salió de su morada— para ser curado por el milagroso Peán mediante un fármaco mágico. También cuenta Dante, al inicio del séptimo canto del *Infierno*, que Plutón le intentó impedir la entrada gritando palabras de conjuro.

Poco más se dice del dios Hades. Pero mucho de su reino, que nos fascina aún hoy y se describe en la literatura como un lugar horrendo. El Hades aparece descrito en la *Odisea* con tres ríos de infausto recuerdo: el Aqueronte, el Piriflegetonte (o río ardiente) y el Cocito (río de los lamentos). El Aqueronte es el río que tienen que cruzar las almas en su peregrinación al más allá. El barquero, Caronte, debe cobrar una moneda, y por ello se enterraba a los muertos con un óbolo en la boca. Caronte es un viejo de aspecto harapiento y sombrío, que deja remar a las pobres almas mientras guía el timón. Cuando Heracles bajó al infierno, obligó a Caronte, a fuerza de golpes, a cruzarle sin pagar. Allí en el infierno, tres jueces hijos de Zeus, Éaco, Minos y Radamantis, se encargan de juzgar a los muertos. Además separan nuestro mundo del más allá los otros ríos, la vigilancia de Cerbero, la laguna Estigia y las aguas del olvido del Leteo. Terminemos con los versos de John Milton, quien describió así los ríos del infierno en el *Paraíso perdido*.

> Las márgenes de los cuatro ríos infernales que desembocan en el ardiente lago con sus funestas corrientes, el aborrecido Estige, manantial de odio letal; el negro y profundo Aqueronte, con su tristeza; el Cocito, llamado así por los gritos llorosos que se oyen dentro de sus aguas penosas; el feroz Flegetonte, que en torrente de fuego exhala su encendida rabia. Lejos de éstos fluye la corriente lenta y muda del Leteo, el río del Olvido, que arrastra su laberinto de agua y a quien bebe de sus aguas hace olvidar enseguida su primitivo estado, y con él la alegría y la tristeza, los placeres y dolores.

4. *HERA,* REINA CONSORTE DEL OLIMPO

Hera, perteneciente también a la generación de hijos de Crono, es hermana y esposa de Zeus y, por ende, la señora del Olimpo. De él engendró algunos hijos célebres, como Hefesto, que es especialmente devoto de ella, y Ares, el violento dios de la guerra. También son fruto de su unión con Zeus dos diosas menores: Hebe, diosa de la juventud, e Ilitía, divinidad protectora de los partos, como aparece ya en Hesíodo (*Teogonía,* 922). Su infancia se desarrolló en compañía de Océano y Tetis, a los que tiene gran aprecio. Pronto se casó con Zeus en unas bodas espléndidas. Fue la tercera mujer que tomó el gran dios, después de Metis y Temis (la Inteligencia y la Justicia). La unión amorosa de la pareja gobernante del universo es cantada por Homero, de forma espléndida, como una fiesta de toda la naturaleza.

Tiene Hera dos animales simbólicos: la vaca y el pavo real. La vaca se relaciona con su epíteto «la de ojos bovinos» (*boopis*). Como vimos, cuenta la leyenda que a la muerte de

Argos el pavo real recibió de Hera los muchos ojos del gigante. La granada, un fruto afrodisíaco además de sobrenatural, se atribuye también a Hera, diosa del matrimonio, que comparte este alimento con Hades. La flor de Hera, la Juno romana, es el lirio.

A Hera la llaman de muchas maneras, como, por ejemplo, «la diosa de los blancos brazos», pero es por excelencia Hera Ziguía o «la del yugo», pues es patrona del matrimonio. Y precisamente por esta función protectora del legítimo vínculo conyugal y a la vez por ser reina consorte de Zeus, disputa a menudo con éste a causa de sus amoríos, mostrando su irresistible cólera.

En efecto, como es sabido, Zeus es muy enamoradizo, y gracias a ello en época legendaria se pobló el mundo de héroes. La cólera de Hera es proverbial, y se centra sobre todo en las amantes de Zeus y los hijos que tiene éste con ellas. Así, tanto Heracles (hijo de Zeus y Alcmena) como la bella Io (amada por Zeus) padecieron sus iras. Hera es una madre augusta y severa, y su cólera es de temer. Persigue implacable a Heracles, cuyo nombre etimológicamente –y en cierto modo con ironía– podría significar «gloria de Hera». Se dice que desde niño intentó acabar con él. Le envió unas serpientes a la cuna, pero el prodigioso Heracles las mató cuando aún era un bebé. Incluso se cuenta que una vez Hera lo amamantó por error, a petición de Atenea, sin darse cuenta de quién era aquel retoño. Cuando estaba dándole el pecho, se percató de que era su aborrecido Heracles y le apartó violentamente de su seno. Las gotas de leche que salieron despedidas se convirtieron en la Vía Láctea.

Hera es dura y obstinada en sus odios. Defiende en la guerra de Troya a los griegos, porque aborrece a los habitantes de la ciudadela desde una cierta ocasión. Hera estaba resentida con los troyanos desde que una vez el príncipe Paris eligió a Afrodita como la más bella. Se cuenta que con ocasión de las bodas de Tetis y Peleo (los que habrían de engendrar al gran Aquiles) se organizó un gran banquete y todos los dioses fueron invitados. También había muchos héroes legendarios, pues era esa edad mítica en la que hombres y dioses aún andaban mezclados por el mundo. Como representación de Troya, llegó el príncipe Paris y al plantearse la pregunta de cuál de las diosas era más bella, Hera, Afrodita o Atenea –cada cual simboliza un tipo distinto de mujer–, Paris le otorgó el premio, una manzana de oro, a la hermosa Afrodita. Y ello a pesar de que Hera le prometió al juez el poder absoluto sobre todo el mundo conocido. Paris se negó, y sobre él y todo su pueblo cayó la ira de Hera. Fue el comienzo de la desgracia de Troya. La poderosa diosa propició el enamoramiento de Paris, que raptó a Helena de Esparta y se la llevó a Troya. E incluso desató tremendas tormentas en el camino de la expedición troyana de vuelta a casa. Terrible es la cólera de Hera.

Cuenta Homero en la *Ilíada* (XV, 18ss.) que una vez Hera fue demasiado lejos en su fiera cólera contra Heracles. Zeus se lo había advertido, y al perseverar en su inquina, en una ocasión Hera fue atada de pies y manos por su esposo y suspendida sobre el Olimpo con un yunque colgado de cada pie. Ningún dios era capaz de liberarla. Hefesto, su amante hijo, lo intentó, pero sufrió el enfado de Zeus, que lo arrojó desde el Olimpo por haberle desafiado. Se dice que los famosos doce trabajos de Heracles fueron idea de Hera, que lo persiguió implacable hasta que éste fue convertido en dios. Después tuvieron ambos, una vez cumplidos los trabajos, una solemne reconciliación; la diosa accedió incluso a que el héroe desposara a su hija Hebe.

Hera, como diosa del matrimonio, entra en liza con la virgen Ártemis, a la que desprecia. En Homero, Hera insulta y amenaza a la doncella Ártemis de manera cruel. Así habla la orgullosa reina del Olimpo (*Ilíada* XXI, 481ss.):

¿Cómo pretendes, perra atrevida, oponerte a mí? Difícil te será resistir mi fortaleza, aunque seas portadora del arco y Zeus te haya hecho leona entre las mujeres y te permita matar a la que te plazca. Es mejor cazar en el monte fieras agrestes o ciervos que luchar esforzadamente con quienes son más poderosos que uno. Y si quieres tentar el combate, empieza pues, para que te enteres de cuánto más fuerte soy yo que tú, ya que contra mí quieres emplear tus fuerzas.

Hera es una diosa de carácter difícil y representa a una esposa celosísima a la que es complicado llevarle la contraria. Hay dos historias que pueden ilustrar muy bien su modo de ser. La primera tiene que ver con el culto de Hera en la antigua Grecia, pues es una de las diosas más antiguas y contaba con importantes santuarios, como el Hereo de Micenas y sus templos en Argos y Samos. Se dice que una vez Zeus y Hera se pelearon más que de costumbre, de forma terrible. La reconciliación no parecía posible ya, pues Hera estaba más enfadada que nunca y se había escapado del Olimpo. Zeus deseaba hacer las paces y se le ocurrió una treta. Construyó una muñeca de madera que se movía, la vistió de novia y anunció a los cuatro vientos que iba a tomar nueva esposa en vista de los problemas que tenía con Hera. Entonces, como oyera esto, Hera llegó corriendo desde el monte Citerón, donde se había escondido, para acabar con la nueva novia. Descubierta la farsa, se reconciliaron y volvieron a vivir juntos, pero la muñeca fue quemada. Pues bien, en Beocia, patria de Hesíodo, en la Grecia central, había un curioso ritual relacionado con Hera, el Festival de las Daidala que se celebraba en ciclos de cuatro años. Las *daidala* eran muñecas de madera que se llevaba en procesión al monte cercano a Tebas, el Citerón, y se quemaban allí; se hacía esto en conmemoración de la leyenda.

Se le atribuye también el origen de la ceguera del famoso adivino Tiresias, según recoge el erudito Apolodoro. Al parecer, Hera y Zeus tuvieron una de sus acostumbradas riñas, y el motivo de la disputa, en esa ocasión, no era ningún posible adulterio de Zeus, sino la discusión de cuál de los dos sexos, hombres o mujeres, disfrutaba más en el acto amoroso. Zeus sostenía que la mujer, y Hera, por el contrario, decía que el hombre. Al saberse que el mágico Tiresias se había transformado en mujer ocasionalmente (había sido hombre, mujer y, según algunos, serpiente), Hera y Zeus le llamaron al Olimpo para resolver su querella y le preguntaron cuál de los dos sexos gozaba más al hacer el amor. Tiresias afirmó que si el placer de la unión sexual eran diez unidades la mujer disfrutaba de nueve y el hombre de una sola.

Hera se enojó muchísimo y lo volvió ciego, y Zeus, en compensación, le otorgó el don de adivinar el futuro, ya que no podía ver la luz del sol.

Así se comportaba Hera, la reina consorte de los cielos.

5. *DEMÉTER,* DIOSA DE LOS CULTIVOS, DIOSA DE LOS MISTERIOS

Deméter, o Ceres en Roma, era la diosa de los cultivos y, sobre todo, del trigo y los cereales, sobre cuyos ciclos regía. Diosa primitiva y de gran poder, el mito más célebre sobre ella habla de sus peregrinaciones en búsqueda de su hija Perséfone o Core («la Muchacha»), que fue raptada por Hades. Además, Deméter funda un importantísimo culto religioso, los misterios de Eleusis, en el santuario de esta ciudad sagrada, cercana a Atenas. Deméter es la diosa maternal de los cereales. Hija de Crono y Rea, representa a la tierra, pero es muy diferente de la ancestral Gea, que es la tierra en cuanto materia prima del cosmos. Deméter es la diosa de la tierra en cuanto tierra de cultivo, fecunda nodriza de los hombres, pues les otorga el alimento. De ahí que sus mitos estén relacionados con el culto de la diosa primordial de la agricultura y con los ciclos de los cultivos. Le pertenecen como lugares propios Eleusis y Sicilia, donde era muy venerada. Sus atributos son la espiga, el narciso y la adormidera; su animal simbólico, la grulla. Se la representa a menudo sentada con antorchas —en busca siempre de su hija raptada— o con una serpiente.

Según la conocida leyenda, Deméter tenía una hermosa hija, Perséfone, quien, un día que estaba recogiendo narcisos en la llanura de Sicilia, Nisa o Enna, fue arrebatada por Hades, que la hizo su esposa en el más allá, como vimos anteriormente y como supo pintar Rubens en un lienzo de 1619-1620. Así lo narró en la Grecia antigua el *Himno homérico a Deméter* (siglo VII a. de C.), que recoge este mito, que es el centro del culto de Deméter: los misterios de Eleusis. La diosa madre buscó a Core durante nueve días y lloró su desaparición ayunando en todo momento y apesadumbrada. De hecho, en el himno homérico dedicado a esta diosa se la llama «la que no ríe». Finalmente averiguó que aquello era designio de Zeus –aunque hay versiones, como veíamos, que no dicen así– y, dolida, abandonó sus quehaceres y anduvo errabunda, disfrazada de anciana, hasta llegar a Eleusis con paso triste. Es fama que allí el rey Céleo y la reina Metanira la acogieron como nodriza de su hijo recién nacido, Demofonte. Deméter estuvo seria, velada y sin probar bocado hasta que la criada Yambe logró hacer reír a la afligida diosa con sus bromas groseras, al enseñarle sus partes íntimas.

Finalmente, tras rechazar el vino, Deméter pidió una especie de puré de cereales, el místico *kykeon*. Como nodriza de Demofonte, le daba al niño ambrosía, el alimento de los dioses, y lo bañaba en fuego para hacerle inmortal. Metanira lo descubrió y frustró la inmortalidad de su hijo. Deméter, sin embargo, estableció su culto en la ciudad. Al final, para evitar su dañina cólera –que había provocado una gran carestía–, Zeus prometió que le traería a su hija Perséfone de los infiernos. Pero Hades, antes de dejarla partir, le había dado de comer a su esposa un grano de granada, fruto infernal. Una astuta treta, pues quienes prueban los alimentos del más allá nunca salen de ahí, como hemos visto anteriormente. De este modo, Perséfone habría de pasar una parte del año con su madre, en el mundo de los vivos, y la otra junto a su marido, en el de los muertos. Se cumplía así la cíclica muerte y regeneración de la naturaleza, en un esquema mítico conocido por la humanidad desde hace milenios.

Y durante unos dos milenios, desde época prehistórica hasta que los bárbaros de Alarico arrasaron Eleusis en 395 d. de C., los griegos cumplieron religiosamente la peregrinación a la ciudad sagrada de Eleusis, situada a unos veinte kilómetros de Atenas. Allí se ejecutaban los ritos enseñados por las dos diosas –Deméter y Perséfone– a tres figuras míticas bastante enigmáticas: Triptólemo, Eumolpo y Cérix. Triptólemo, el «héroe triple», a veces es hijo de Céleo y Metanira. Sófocles dedicó una tragedia, hoy perdida, a este personaje fundamental. Él es el legendario descubridor del cereal y quien lo difundió entre los hombres montado en su carro de dragones, regalo de Deméter. Eumolpo y Cérix serían por su parte los ancestros de las dos familias de sacerdotes de Eleusis, que custodiaban los misterios: los Eumólpidas y los Cérices. (Véanse el *Himno homérico a Deméter*, 75ss., o el *Himno* VI de Calímaco, para la narración de estos mitos sobre Deméter). También se relacionan estos misterios con los de Dioniso, que era, en sus muchas advocaciones (Zagreo, Iaco, etc.), ora cónyuge sagrado de Perséfone, ora su hijo. Conviene ahora hablar brevemente del culto de la diosa:

Los grandes misterios de Deméter se desarrollaban en el mes de *boedromion* (septiembre-octubre), precedidos de los llamados misterios menores, una preparación purificadora para los iniciados. Éstos habían de recorrer la Vía Sacra hasta Eleusis en procesión. Pasaban simbólicamente del mundo al inframundo, pues Eleusis, rodeada de campos de cereal, era un trasunto del más allá, y el viaje iniciático por aquel camino sagrado transportaba al peregrino al mundo de los muertos, en imitación de la experiencia de Perséfone. Emperadores, hombres ricos y esclavos, matronas y prostitutas recorrían el mismo camino, siendo insultados por hombres enmascarados, hasta llegar a la divina Eleusis. El único requisito para ser iniciado era hablar griego —pues los ritos se ejecutaban en esta lengua—, y no había límites de edad, sexo o condición. Solamente se exigía el tributo de un lechón para el sacrificio, los gastos de los sacerdotes y la estancia en Atenas. La otra condición era callar sobre lo visto en los misterios, que eran inefables bajo pena de muerte. El carácter secreto de estos ritos y su insondable antigüedad les otorgaba solemnidad y prestigio entre los griegos.

El culto de Deméter en Eleusis se remonta así a una época antiquísima, al segundo milenio antes de Cristo. En el edificio central de los misterios, el Telesterion, estaban las estancias secretas de la iniciación. Llegados allá, la revelación sagrada, bajo la guía de los sacerdotes, incluía tres elementos: palabras recitadas, objetos rituales y acciones; todo ello acompañado de la ingesta de una poción mística, remedo de la que toma Deméter en el mito. La experiencia mística eleusina era de índole visual: las palabras *mystes* («iniciado»), y *mysterion* se relacionan con el verbo *myo* («cerrar [los ojos]», después de haber visto, se entiende), y el iniciado, después de haber contemplado el misterio, se convertía en «uno que ha visto» (*epoptes*). Se trataba, a todas luces, de una visión extática, de una experiencia de misticismo, compartida por un grupo de personas que asistían a una crucial revelación religiosa, relacionada con la continuidad entre la vida y la muerte y centrada en el ciclo natural de los cereales y la vegetación en general[17].

Una vez cumplidos los misterios, el ciudadano regresaba a su vida cotidiana y participaba en la vida política y religiosa de la *polis* con total normalidad. Pero algo había cambiado, un profundo vínculo místico —después de haber experimentado la indecible visión— le unía con los otros iniciados y con la divinidad. Aunque nunca podría hablar de ello en público, esa iniciación le daba la tranquilidad vital de saberse elegido para el más allá, de tener una suerte de pasaporte especial para el mundo de los muertos, en el que sería tratado con especial deferencia. Como decía el poeta Píndaro, «¡Bienaventurado el que ha contemplado aquello antes de marchar bajo tierra, pues conoce el final de la vida, pero también el divino comienzo!».

Deméter, en fin, es una divinidad de suma importancia en la mitología griega. Y mucho más aún en la religión de la Antigüedad. Sus viajes en busca de su hija Perséfone, su contacto con el más allá, la difusión de sus cereales y su culto por toda la tierra la convierten en una figura mítica de enorme relevancia. Su mito es el mito fundacional de los misterios de Eleusis. Se afirma que el misterioso héroe Triptólemo fue elegido por la diosa para transmitir su legado a los mortales, el cultivo del cereal y su culto. En los misterios órficos, tan relacionados con los eleusinos, se asocia a la diosa Deméter con el mundo de los muertos y sus viajes a

---

[17] Para más información sobre qué eran y qué podrían ser estos misterios, véanse K. Kerényi, *Eleusis*, Madrid: Siruela, 2003, y R. Gordon Wasson, A. Hofmann y C.A.P. Ruck, *El camino a Eleusis. Una solución al enigma de los misterios*, México: Fondo de Cultura Económica, 1980.

ambos lados. Platón incluye al eleusino Triptólemo entre los jueces del Hades.

6. *PERSÉFONE,* MUCHACHA MÍSTICA Y DIOSA DEL MÁS ALLÁ

Perséfone es la hija por excelencia. Su sobrenombre es Core, la «Muchacha» –Proserpina es su nombre en latín–. Ella es la hija de Deméter, la hija de la tierra de cultivo y, por tanto, simboliza al fruto que nace en primavera y muere en invierno. Su mito, que ya se ha narrado, refleja esta doble condición, mortal e inmortal, este ciclo de muerte y resurrección que propició hondas reflexiones religiosas y cultos místicos en torno a su figura y a la de su madre Deméter. Veamos algunos detalles más sobre ella.

Cuando fue raptada por el dios del mundo de los muertos, Perséfone estaba recogiendo flores, en una escena que evocaba Milton de esta forma: «No era tan delicioso el Enna, donde Proserpina iba recogiendo flores cuando ella, flor aún más hermosa, fue robada por el tenebroso Plutón y causó a su madre el dolor de buscarla por el mundo entero». Ese bello campo varía de nombres, y las flores también. Se dice que fue exactamente en el momento en que cogió un narciso o un lirio, flores de ultratumba para los antiguos. Fue entonces cuando se abrió la tierra y apareció Hades, que se llevó a la hija de los cultivos para apresarla una temporada en su oscuro reino y privar así a los mortales del sustento durante tres fríos y crudos meses.

Por ello tiene doble condición: por un lado, representa la idea de la comunicación misteriosa entre dos mundos; pero, por otro, es la diosa que reina en los infiernos, tenebrosa como su cónyuge Hades. Perséfone es hija de Zeus y Deméter y su leyenda principal es ésta. Pero hay también un mito de origen órfico acerca de la unión de Perséfone con Zeus, que dio un vástago sobrenatural, relacionado con el culto de las dos diosas en Eleusis y que va más allá, pues entronca con los mitos de sucesión divina. Se trata de una historia de ecos místicos, que nada tiene que ver con la tradición mayoritaria, pero que demuestra cómo los cultos mistéricos griegos —órfico, eleusino y dionisíaco— estaban indisolublemente asociados en sus orígenes míticos.

Cuentan fuentes tardías que una vez Zeus deseó unirse incestuosamente con su propia hija Perséfone, y para evitarlo, Deméter, siempre celosa de la doncellez de su hija, la escondió en una gruta de Sicilia. Aun así, Zeus se transformó en serpiente y penetró en la cueva donde Perséfone pasaba el tiempo esperando que se cumpliera su destino, mientras tejía un telar que representaba el cosmos. Esta vez no fue Hades el robador de la virgen Perséfone, sino el propio Zeus. El dios padre engendró con Perséfone a Dioniso Zagreo, que estaba destinado a suceder a Zeus en el gobierno de los cielos y a convertirse en el cuarto dios en la sucesión divina. De hecho, llegó a empuñar el rayo paterno y a sentarse en el trono. Pero siendo aún niño fue atacado por los primitivos Titanes, en una regresión al orden preolímpico. Los Titanes, a instancias de Hera o por su propia voluntad, según versiones, atrajeron al dios niño, hijo de Zeus y Perséfone, mediante juguetes y lo mataron, lo trocearon, e hirvieron y asaron su corazón para comérselo. Sobre este mito órfico, de atractivo simbolismo y extraña intención, se volverá más adelante.

Terminaremos estas líneas sobre Perséfone recordando unos versos de un himno órfico dedicado a ella. En ellos se puede notar su figura ambivalente, benefactora, como origen de los frutos de la tierra, y terrorífica, como señora del infierno: «Perséfone, hija del gran Zeus, acude, oh, feliz diosa de nacimiento único, y acepta estas ofrendas complacida, oh, muy estimada esposa de Plutón [...]. Oh, Perséfone, vida y muerte única para los mortales de gran penar. Pues tú alimentas siempre y luego destruyes todas las cosas. Escúchame, bienaventurada diosa, y haz brotar las cosechas desde la tierra, floreciendo en paz».

7. *HESTIA,* EL FUEGO DEL HOGAR

La Vesta romana y la Hestia griega comparten, además del nombre de común etimología, un escaso protagonismo en la mitología. Casi no existen historias de grandeza o mitos aventureros sobre esta diosa. Y no es de extrañar, pues como diosa protectora del hogar no sale del Olimpo. Guardiana del hogar, en su más recóndito centro, el fuego hogareño, Hesta es una diosa virgen y pacífica que representa la tranquilidad del interior de la casa. Su función es cuidar de la familia y de que el fuego sagrado del hogar esté siempre encendido. El propio nombre de Hestia, en griego, significa el lugar íntimo del hogar donde se enciende el fuego en honor de los dioses que los antiguos denominaban domésticos: los Lares de los romanos.

Es la diosa que no sale de casa, por oposición a los otros dioses, que tienen constantes aventuras en los más diversos rincones del mundo. Pensamos en divinidades como Hermes o Iris, mensajeros de los dioses, que se caracterizan por sus continuos viajes.

Hestia es una antigua personificación del fuego del hogar y se la considera hija mayor de Rea y Crono. Su relación con otros dioses es, así, la de hermana mayor hogareña. Su simbolismo se fue extendiendo desde el ámbito del hogar, en su centro más íntimo –el fuego–, al propio centro de la tierra. En este sentido sería también personificación del fuego que habría en las entrañas de la tierra. Por ello otras veces se sitúa su morada en el centro del mundo, que se hallaba en Delfos, en el santuario donde profetizaba la sacerdotisa de Apolo: era el *ómphalos* u «ombligo del mundo». Se cuenta que allí había determinado Zeus que estaba el centro del mundo, una vez que dejó volar dos águilas desde el oriente y el occidente de la tierra. Las aves se habían encontrado en Delfos, que quedó designado como centro del mundo.

Hestia tiene que ver, de una manera u otra, con el fuego. Su misión más importante es mantener siempre vivo el fuego sagrado del hogar. El hogar era fundamental en la Antigüedad, como si se tratara del centro de la tierra; el fuego del hogar era en la vida antigua símbolo de vitalidad y fuerza, y si llegara a apagarse, supondría un terrible presagio de desgracias. Así se explica que Hestia permaneciera siempre en el interior de la morada, custodiando este fuego sagrado, y también que renunciara a la vida amorosa, pues debía ser pura y virginal por encima de todo, libre de las pasiones. Hestia tuvo numerosos pretendientes entre los dioses, como Apolo y Poseidón, que la requerían de amores. Pero se mantuvo firme con ayuda del próvido Zeus, que comprendía en su fuero interno la importancia de que Hestia se quedara en el hogar, siempre virgen.

En Roma, Vesta tuvo mayor importancia todavía, a causa de las famosas vírgenes vestales y su templo en el Foro Romano. Las vestales eran sacerdotisas de Vesta, descendientes legendarias de los primeros reyes de Roma, y su sagrado deber se correspondía con el de la deidad a la que estaban consagradas: la custodia del fuego sagrado en el templo de Vesta y su propia virginidad. La primera vestal fue elegida, cuenta la leyenda, por el propio Rómulo, fundador de Roma (aunque otros dicen que fue el sabio rey Numa, famoso por sus conversaciones nocturnas con una divina ninfa que le aconsejaba cómo gobernar).

Eran las únicas sacerdotisas de la antigua Roma, y eran elegidas de entre las más distinguidas familias patricias, hermosas niñas de edades entre los seis y los diez años. Una vez en el templo, pasaban diez años como novicias, diez como vestales y diez como supervisoras. Servían así a la diosa Vesta un total de treinta años, transcurridos los cuales volvían al mundo y podían incluso casarse, lo que era un honor para cualquier romano. La cofradía sagrada de las vestales era dirigida por la mayor, la *Virgo Vestalis Maxima*. Inviolables y sagradas, no se podía derramar su sangre, pues esto significaba terribles males. Tenían una serie de privilegios, como administrar sus propios bienes, un lugar especial en el circo, etc. Se las consideraba de buen agüero, de suerte que si un condenado a muerte se cruzaba con una de ellas era automáticamente indultado. Y los romanos pensaban que tenían poderes mágicos, como refiere Plinio el Viejo, «incluso hoy día creemos que nuestras vírgenes vestales pueden detener en el lugar a los esclavos huidos con un hechizo, siempre que no hayan abandonado Roma».

Si rompían su voto de castidad, el castigo era terrible: las enterraban vivas —así se evitaba derramar su sangre— fuera de los muros de la ciudad, en el llamado *Campus Sceleratus* o

Campo del Crimen, mientras que el amante era azotado hasta la muerte (autores como Plinio el Joven atestiguan algún caso dramático). Esta severidad era por el bien de la propia Roma, pues las vestales, como la propia Vesta, basan sus poderes protectores en su pureza.

8. *ÁRTEMIS,* SEÑORA DE LAS BESTIAS

Muy hermosa descendencia tuvieron Zeus y Leto, la mejor que se puede tener, según Hesíodo: dos bellos hermanos, Ártemis y Apolo, rubios, atléticos, eternamente jóvenes y bienaventurados. Ambos nacieron en la isla de Delos, lugar sagrado para los griegos, que tras andar errante quedó fijada en el mar después de este nacimiento. Ártemis es la doncella cazadora, diosa del mundo de la naturaleza. Es la diosa virgen que protege la castidad femenina. Como salvaje señora de las fieras y patrona de la caza, recorre los montes armada con su arco y flechas. Diosa lunar, es poco propensa al contacto con los humanos, como la cierva, su animal simbólico. Así, ella no quiere amores y desconoce las artes de Afrodita. Sólo le interesan los montes y los frondosos bosques que recorre con paso ligero blandiendo su mortífero arco. Ningún blanco, humano o animal, escapa a la certera mirada de la Flechadora, sobrenombre de nuestra Ártemis, la Diana de los romanos.

Es la Doncella que rechaza el amor; no quiere ni oír hablar del matrimonio, y pobres de los que se acercan a ella para enamorarla. De muy joven le pidió a Zeus que le otorgase la eterna virginidad, y causa la desgracia de sus enamorados, pues solamente entiende de caza, no de casamientos. Muchas veces la pretendieron. Los gigantes Oto y Orión se prendaron de ella e intentaron unirse a la diosa virgen. Acteón la vio desnuda por azar y esto fue su desgracia. Todos fueron blanco de su furia de hirientes flechas. Uno de ellos, Orión, fue picado por un escorpión que le envió la diosa, y después de muerto, se convirtió en la constelación que lleva su nombre. Aún hoy, allá entre las estrellas, huye de Escorpio, su matador.

Ártemis es dulce y cruel a la vez. Su belleza está inspirada en la dulzura de la naturaleza, de los campos y del aire libre. Pero también la naturaleza es cruel y no perdona. Es la doble condición de esta diosa, que por un lado es baluarte de todos los castos y puros de corazón, y auxilia a las jóvenes mujeres que dan a luz por vez primera (no en vano su madre Leto, hija de Titanes, alumbró sin dolor en Delos, y la propia Ártemis, nada más nacer, ayudó a salir al mundo a su hermano gemelo), pero, por otro lado, hay que guardarse de sus favores, que a veces son de doble filo. La vengativa Ártemis es implacable con aquellos que han de ser cazados, como corresponde a la encarnación de las leyes de la naturaleza. Ella es la Señora de las Bestias, y a una señal suya los animales la obedecen sin dudarlo y se lanzan a la caza. Dueña de los bosques y de los animales, a Ártemis también se la identifica con la Luna.

Un mito relacionado con Ártemis es el de la desventurada Níobe. La insolencia fue su desgracia, pues se le ocurrió desafiar a un dios. Eso es lo que los antiguos llamaban *hybris* «soberbia», que tantos males ha causado al género humano desde su creación. Níobe fue una madre afortunada, con doce hijos hermosos como soles, de belleza y cualidades extraordinarias. Pero se atrevió a decir en voz alta que su progenie aventajaba a la de Leto, y los dioses olímpicos no le perdonaron la insolencia. Al punto llegaron los dos hijos de Leto, Apolo y Ártemis, armados cada uno con su arco, e implacablemente mataron a todos y cada uno de los hijos de Níobe con sus flechas; él a los seis muchachos, ella a las seis doncellas. Vaciaron de saetas sus pulidas aljabas ante la aterrada Níobe, que se quedó sin ninguno de sus hijos para su vejez. La desconsolada madre lloró tanto que se convirtió en una roca con un manantial, y aún hoy, como dice Pausanias, errabundo escritor griego, se puede visitar la roca en que se transformó, que no deja nunca de llorar... Parece que lloró tanto que en la Edad Media y en Bizancio su nombre fue sinónimo de las lágrimas de aquellas fuentes artificiales que adornaron los sombríos jardines.

Otra es la historia de Acteón, que señala de nuevo la dureza de corazón de Ártemis. Acteón, joven cazador de la familia de Cadmo, se complacía en recorrer los bosques, flechas y carcaj al hombro, en su montería, acompañado de sus perros, a los que había criado él mismo. Acteón era de famosa estirpe, emparentado con dioses y héroes tebanos, mas de nada le sirvió en su desgracia. El joven siempre presumía de su habilidad en la caza, en compañía de su fiel jauría de perros. Pero he aquí que un día, de cacería por el monte Citerón, encontró un frondoso y apartado lugar bañado por un manantial, e interrumpió la montería para acercarse a esa umbría gruta en medio de la floresta, atraído por las voces que de ella salían y por su propia sed. Al retirar las ramas que le cerraban el paso, ¡qué visión! Nada menos que la hermosa Ártemis, que había hecho un descanso en su jornada de caza, se bañaba allí, desnuda, en compañía de sus doncellas (mucho tiempo después, solamente un divino mortal, Tiziano, supo captar aquel momento de esplendor en los ojos de Acteón al descubrir a Ártemis –en el Museo del Prado hay copia de este lienzo–).

Enfurecida, la diosa le arrojó agua al rostro y entonces Acteón empezó a transformarse en ciervo. Una prominente cornamenta le brotó de forma espontánea de la cabeza, sus extremidades se convirtieron en patas y todo su cuerpo quedó cubierto por un jaspeado pelaje. Sus perros, que ya no reconocían al amo, saltaron de inmediato sobre el desdichado Acteón y lo hicieron pedazos. Así se vengó Artemis de quien osó verla desnuda. Algunos poetas, como Ovidio, que cantó el mito en el libro tercero de sus *Metamorfosis*, afirman que fue ésta la razón, otros dicen que Acteón presumía de ser mejor cazador que ella.

El séquito de ninfas que siempre acompaña a Ártemis en sus monterías está compuesto por muchas jóvenes doncellas, que han de ser puras y cazadoras. Ellas también fueron sorprendidas por Acteón en compañía de la diosa. La más famosa de estas ninfas fue Calisto, cuya belleza era tal que una vez Zeus se enamoró de ella. Pero ¿cómo acercarse a la esquiva muchacha? El astuto dios resolvió disfrazarse de Ártemis para seducir a Calisto. Y así, bajo un disfraz virginal, el taimado Zeus, siempre dispuesto para el amor, dejó encinta a Calisto. Cuando la verdadera Ártemis, supo lo que había pasado, montó en cólera y expulsó de su cortejo a la ninfa Calisto, que dio a luz a un niño. Hera, celosa consorte de Zeus, se vengó de ella convirtiéndola en osa, pero entonces Zeus, el padre de los dioses y de los hombres, puso a Calisto a salvo de las iras de Hera elevándola al firmamento junto con su hijo, transformándolos a ambos en estrellas. Celebraron esto los poetas y los astrónomos de la Antigüedad. Desde entonces, Calisto es la Osa Mayor, y su pequeño cuida de ella allá en la bóveda celeste.

9. *ATENEA*, SABIA GUERRERA

La última de las diosas vírgenes es la augusta Atenea, que también se muestra inmune a las flechas de Eros y las artes de Afrodita. Es a la par patrona de la inteligencia y de la guerra, y protege especialmente la ciudad de Atenas, que lleva su nombre. El nacimiento de esta diosa fue excepcional y señala su carácter extraordinario. Cuenta la leyenda que Zeus se había unido a Metis, la Prudencia, en los primeros tiempos de su reinado, cuando aún no se había convertido en esposo de Hera. Metis quedó encinta muy pronto, pero a Zeus le fue profetizado que el hijo varón que tuviera sería más poderoso que él. Entonces el rey de los dioses, asustado ante la idea de perder el trono, como les había pasado a sus predecesores, devoró a Metis estando embarazada de él.

Al cumplirse el tiempo fijado, nació Atenea de la cabeza de Zeus, en un parto maravilloso. Zeus comenzó a notar fuertes dolores de cabeza, no sabiendo que en realidad eran de parto y que la causa de ellos era Atenea. Hefesto, el divino artesano, le asistió en tan extraño trance. Con su hacha le abrió una brecha en la cabeza, y de ella surgió Atenea. Salió al mundo impetuosa, ya como una bella joven armada con el casco, la lanza y el escudo de los soldados griegos, profiriendo el grito de guerra. Desde entonces es la favorita de su padre, que la adora, la respeta y consulta siempre. Sin embargo, una vez Atenea participó en una conjura para destronar a Zeus junto a Hera y Poseidón: así acaso amenazaba cumplirse la antigua profecía.

El sobrenombre de Atenea es «la diosa de ojos glaucos» (*glaucopis*) y su animal simbólico es la lechuza. Estas dos características representan en cierto modo su inteligencia, que es su mayor virtud: tanto los ojos brillantes como la lechuza, el ave nocturna de grandes ojos, simbolizan el anhelo de saber. También es la patrona de la guerra, dominio en que rivaliza con Ares. Atenea, sin embargo, no representa la guerra en su lado más oscuro y brutal, como Ares, sino la táctica y la destreza bélicas. Bajo su protección están asimismo los artesanos, y se le atribuye también el patronazgo de la labor más típicamente femenina en Grecia: el telar.

Su árbol consagrado es el olivo. Ya narramos cómo disputó con Poseidón por el dominio del Ática: la virgen Atenea ganó en el juicio para el patronazgo de Atenas al hacer brotar un olivo en la colina de la Acrópolis. Los dioses y los ciudadanos prefirieron el saber de Atenea, y Cécrope, mítico rey ateniense, fue juez inapelable. Desde entonces los atributos de Atenea lo son también de Atenas, unidas diosa y ciudad en un destino inseparable. La lechuza aparece en las antiguas monedas de la ciudad, como el olivo, que también es propio de Atenas. A ella dedicaron los atenienses su templo más famoso y característico en la Acrópolis, el Partenón, o, propiamente, el templo de Atenea, la virgen (*parthenos*).

Es protectora de los héroes más astutos, pues gusta de la inteligencia y la promueve en los hombres. Protege al héroe ateniense por excelencia, a Teseo, y también al taimado Ulises. Es muy apreciada por sus sabios consejos. En la *Odisea* asiste bajo disfraz a Ulises a su llegada a Ítaca y le guía por el buen camino para cumplir sus propósitos. En la *Ilíada* impide que a Aquiles le pierda su ira y cometa un regicidio cuando se le aparece por detrás y, reteniéndole, le tira de los cabellos, una escena muy celebrada al comienzo del gran poema de Homero.

En la *Odisea* es donde más veces interviene la diosa en ayuda de su mortal favorito, Ulises, tan astuto como ella. Hasta cuatro veces se aparece la diosa enmascarada para intervenir en los asuntos de los humanos. La primera vez se disfraza de hombre para convencer a Telémaco a partir de viaje y después adopta la apariencia del itacense Mentor y se ocupa de todos los detalles del viaje y de reclutar marineros. Con esta forma humana guía los pasos de Telémaco. Pero después se viste de mortal de nuevo para llevar a Nausícaa al encuentro de Ulises. Por último, se presenta ante éste a su llegada a Ítaca y le revela su identidad; incluso llega a ayudarle a matar a los pretendientes que esquilmaban su hacienda.

Se dice también que Atenea, como diosa de los artesanos, contribuyó a desarrollar la técnica de varios inventos. Se le atribuye en concreto la invención de la flauta. Al parecer, la diosa quiso aprender a tocar este instrumento y se aplicó a ello, pero se dio cuenta de que al soplar se le hinchaban los carrillos y se le afeaba el rostro de belleza divina. Al ver la cara que se le ponía, Hera y Afrodita se rieron de ella y la diosa de la guerra se enfadó tanto que arrojó la flauta y lanzó una maldición contra aquel que la recogiera y la tocara. La maldición recayó sobre un pobre sátiro, Marsias, que dominó pronto el instrumento y se atrevió a desafiar al propio Apolo para su desgracia. Pero esto lo veremos más adelante.

10. *AFRODITA,* DIOSA DEL AMOR

La diosa Afrodita, muy conocida por su nombre romano de Venus, representa el amor y el impulso generador que lleva a la unión amorosa. Como diosa antiquísima, tiene un enorme poder y nadie, ni hombre ni dios, ni siquiera el más ínfimo ser de la naturaleza, puede escapar a sus órdenes. Se cuenta que su nacimiento fue extraordinario, no como el de los otros dioses, pues nació de la espuma que se formó en el mar cuando cayeron en él los genitales de Urano, castrado por su hijo Crono. Tras nacer, fue llevada a varios lugares, según las tradiciones. Uno sería la isla de Citera (de ahí que se la llame Citerea), otro Chipre (se la conoce también por Cípride o Cipria), donde la recibieron las Horas, las hermosas estaciones que la suelen acompañar, para escoltarla al divino Olimpo. Homero da una versión diferente de su nacimiento, presentándola como hija de Zeus y Dione, divinidad poco conocida. Pero en todo caso es una diosa ancestral, presente en otras culturas del Mediterráneo y de Oriente Próximo, como la fenicia Astarté o la Istar babilónica: una fuerza viva de la naturaleza que incita a la generación de la vida[18].

La diosa Afrodita es, pues, enormemente poderosa. Pero en Grecia posee una especial sensualidad y gracia. Así lo reflejan los mitos que se refieren a ella. Se representa como una mujer de extraordinaria belleza, con un cuerpo bien torneado, hecho para excitar el deseo amoroso y la procreación. Algún artista de la Antigüedad supo captar toda esta gracia en su exaltación, y seguramente la más hermosa representación de esta diosa es la celebrada Venus de Milo. En ella se encuentra una combinación de todos los elementos que conforman a la Afrodita helénica, sublimación de la mujer como objeto de amor y de veneración, y es necesario acercarse brevemente a ella, pues su apariencia se nos antoja la de la propia divinidad. Elevada sobre una base, la estatua hallada en Milo casi respira entre la tenue iluminación del Louvre. La bella diosa lleva la túnica caída hasta las caderas, dejando al descubierto sus pechos. Su mirada ausente parece sabedora de los misterios de la vida y el amor: un perfil prominente, nariz rotunda, peinado rizo recogido hacia atrás, que cubre exactamente media oreja en cada lado. El moño de su sencillo tocado deja escapar un leve manantial de cabellos, un bucle ondulado que cae sobre la nuca y se derrama sobre el inicio del cuello. Desnuda de cintura para arriba, su carnoso vientre está coronado por un ombligo que surge de entre sus pliegues de carne bien labrada. Nos faltan solamente, como es bien sabido, sus brazos bien torneados y sensuales, que completarían el retablo formado por sus pechos, casi carne, y la túnica plegada. Así

---

[18] Sobre este tipo de diosa, entre otras, se ha publicado recientemente en español una gran obra de referencia: A. Baring y J. Cashford, *El mito de la diosa*, Madrid: Siruela, 2005. En las páginas 401ss. se encuentran los capítulos dedicados a las deidades griegas femeninas.

es la Venus de Milo, la más hermosa representación de Afrodita que alguna vez hicieran las manos del hombre, una
bellísima estatua hallada en aquella isla griega en el siglo XIX
por unos atónitos marinos franceses.

Su animal simbólico es la paloma y su flor, como no
podía ser de otra manera, es la rubicunda rosa. De ese color
fueron, las mejillas y los pechos de Afrodita. La diosa está
casada con Hefesto, pero a menudo tiene otros amantes. La
lista está compuesta por diversos tipos de dioses, desde el
fiero Ares, la masculinidad más violenta, hasta el hermoso
Adonis o el sagaz Hermes. Alguna vez, se cuenta, un afortu-
nado mortal tuvo el privilegio de yacer con ella.

También se le atribuye en la tradición literaria un hijo
más famoso, un niño arquero de encantadora belleza, raudas
alas y flechas hirientes: es Eros, el Cupido («deseo») latino.
Seguramente este Eros no tiene que ver con el Amor primordial que apareció en los primeros tiempos del mundo, o
bien es una advocación menor. Además se cuenta que de
ella tuvo Hermes a Hermafrodito.

Sus sobrenombres son varios y aluden, en general, a su
prodigioso nacimiento de entre las olas del mar. Así, se la
denomina también Ciprogenia o «nacida en Chipre», pues
se dice que frente a las costas de esta isla cayó la semilla divina de Urano. Y asimismo es conocida como «la nacida de la
espuma», Afrogenia, o si se quiere, en una castellanización
del nombre, la «Espumígena».

Platón, el filósofo, creó un bello mito sobre la existencia
de dos Afroditas, la vulgar y la celeste (Pandemo y Urania),
en su diálogo *Banquete*. En ese libro sobre el amor, los
comensales reunidos en torno a una buena mesa y una char-
la aun mejor atienden a la distinción entre el amor intelectual y superior, representado por Afrodita Urania, y el más
vulgar, de la Pandemo.

Antiguas leyendas le atribuyen un esposo más bien feo,
como vimos, el dios Hefesto. Y es célebre el relato de sus
amores adúlteros con Ares, dios de la guerra, que relata
Homero en la *Odisea* (con ese terrible dios tuvo a Fobo y
Deimo, sanguinarios guerreros que acompañan a su padre).
Pero dejemos la narración de este conocido episodio para

más adelante, pues Afrodita tiene fama de haber dispensado dones amorosos sin cuento, entre otros al troyano Anquises, que engendró al noble Eneas, prófugo de la guerra de Troya y fundador de Roma.

Ahora conviene hablar de su verdadero amor, que fue el bello Adonis. Tan guapo era el jovencito que aún hoy usamos su nombre para designar a un hermoso varón. Adonis nació de la princesa siria Mirra, que lo había engendrado incestuosamente de su propio padre, el rey de Siria. Durante doce noches engañó a su padre para yacer con él, poseída por un deseo irracional que provocó –dicen– la propia Afrodita; pero a la duodécima noche el padre se dio cuenta y quiso matarla con un cuchillo. Mirra pidió ayuda a los dioses y quedó al punto convertida en el árbol que lleva su nombre. Poco después nació el bello Adonis. Afrodita lo vio tan hermoso que decidió cuidar de él, y le encargó su crianza a la diosa Perséfone, que se enamoró del niño y no lo quiso devolver a Afrodita, por lo que Zeus tuvo que intervenir y regular una parte del año para cada diosa. Este mito, similar al de la propia Perséfone, explicaba también el advenimiento de la primavera y la vegetación, en la parte del año que Adonis estaba en brazos de Afrodita. Igualmente, mientras estaba con la fúnebre Perséfone, el invierno se abatía sobre la triste tierra.

Cuenta la leyenda que Adonis fue el gran amor de Afrodita, y que ésta sufrió sobremanera cuando, bien por celos de Ares, que se transformó en mortífero jabalí, o bien por envidia de Ártemis, el jovenzuelo fue muerto por una bestia en los bosques del Líbano. Afrodita, diosa de muchas flores y extraordinaria belleza, lloró a la muerte de su amante y varios mitos explican diversos nacimientos vegetales a raíz de este dolor. Primeramente, la madre de Adonis, Mirra, derramó lágrimas que se tornaron mirra, preciada materia. Pero se cuenta también que las rosas eran sólo blancas hasta el día de la muerte de Adonis, pues cuando la diosa Afrodita acudió corriendo para ayudar al joven, se clavó la espina de una rosa y la enrojeció con su sangre, por lo que desde entonces hay rosas también de este color. Las más preciadas. Otros dicen que fue la propia sangre de Adonis la que coloreó las rosas, la que hizo brotar las anémonas. Tanto dolor causó que desde entonces las mujeres sirias conmemoraron una vez al año la muerte de Adonis plantando flores y deshaciéndose en lágrimas[19].

11. *APOLO,* LAS ARTES Y LA LIRA

Hermano de la virginal Ártemis, Apolo es un joven rubio, de belleza deslumbrante, diestro arquero de arco de plata y flechas letales. Es el patrón de las artes, la música serena y los cantos corales. Acompañado de su lira, el instrumento que le está consagrado, camina por la campiña que rodea el monte Helicón o el Olimpo rodeado por su séquito de Musas. La música que tocan y cantan es celestial, armónica, en un coro cuya perfección no pueden concebir los mortales. Apolo, por su serenidad y su porte es la imagen de dios griego por excelencia.

Apadrina también el arte de adivinar el futuro, y tiene una extremada importancia en la religión griega, como divinidad de las profecías y las purificaciones. Su gran santuario estaba situado en Delfos, donde su sacerdotisa pronunciaba los oráculos del dios. Otro famoso lugar del culto de Apolo fue también su isla natal, Delos. En este sentido, Apolo es una divinidad de gran importancia entre los griegos, pues contesta las preguntas de los hombres acerca del futuro y les proporciona sabios consejos. Aunque en ocasiones sus mensajes son ambiguos y difíciles de interpretar.

Muy a menudo es identificado como dios del Sol, como el antiguo dios Helios, y su hermana Ártemis como diosa de la Luna, en lugar de la antigua Selene. Ambos hermanos, hijos de Leto y Zeus, son bellísimos jóvenes de eterna juventud. No es de extrañar que el par Apolo-Ártemis se identifique con los dos hermosos hermanos del firmamento –masculino y femenino–, el Sol y la Luna. La advocación

---

[19] Marcel Detienne ha escrito un célebre libro, *Los jardines de Adonis* (nombre de estas plantaciones rituales de flores), que analiza la festividad instaurada por Afrodita en honor del joven muerto.

de Apolo como Febo da fe de esta luminosidad solar, el brillo que caracteriza al dios. Además, es el sobrenombre que adopta en el mundo romano este dios solar de la belleza y la sabiduría.

Sus símbolos son variados, pero destaca el trípode, que representa su arte adivinatorio en Delfos. Hay un trípode en el templo de Apolo donde la Pitia, sacerdotisa del dios, adivina el futuro. Sus armas son el arco y las flechas, pues Apolo, como su hermana Ártemis, es el dios flechador por excelencia, y también es quien promueve las guerras divinas y cualquier acto violento de los dioses para castigar a los mortales por sus actos impíos o blasfemos. Es el dios de las epidemias. Es célebre la peste que Apolo extiende entre los griegos en el sitio de Troya. Su animal simbólico es el Lobo, y se le llama, en recuerdo de éste, Apolo Licio. Su planta es el laurel (Dafne en griego). Éste es el árbol que le está consagrado y guarda íntima relación con el dios, en el mito y en los rituales adivinatorios. Por otro lado, Dafne es el nombre de uno de los amores más célebres de Apolo. Se cuenta que Dafne, de enorme belleza, era hija del dios río Peneo, en Tesalia. Eros quiso vengarse de Apolo porque se había burlado de él cuando estaba aprendiendo a usar el arco, y le lanzó una de sus flechas para provocar en él una gran pasión por esta joven, mientras que hizo que Dafne no correspondiera a ese amor y huyera a las montañas. Apolo la persiguió, y cuando iba a darle alcance, Dafne imploró a su padre Peneo que la metamorfoseara para escapar del dios. Su padre la convirtió en laurel, árbol que desde entonces lleva su nombre (así cuenta Ovidio en *Metamorfosis* I, 452ss., o la hermosa narración de Partenio de Nicea en los *Sufrimientos de amor*, XIV. Bernini, siglos más tarde, esculpiría el momento de la persecución y transformación en una obra de 1622-1625, conservada en la Galería Borghese de Roma). Desde entonces, la Pitia, que interpreta la voz profética de Apolo en el santuario de Delfos, mastica una hoja de laurel cuando está en trance inspirada por la divinidad.

Los animales relacionados con Apolo son el corzo (que también es de Ártemis), el cisne y otras aves como el milano, el buitre y el cuervo. De hecho, otra manera de interpretar el futuro era observar el vuelo de los pájaros, inspirado por Apolo. En la antigua Roma, como en Grecia, los adivinos se servían de diversos métodos muy certeros para augurar lo que habría de suceder. En ocasiones bastaba con contemplar el vuelo de los pájaros para presagiar el éxito de cualquier guerra o negocio. Los romanos, también bajo el signo de Febo, escrutaban en el horizonte el vuelo de los pájaros. Este tipo de sacerdotes era conocido como arúspices o vigías del vuelo de las aves, una disciplina de origen etrusco. Otras veces, en cambio, se abrían las vísceras de un animal consagrado y sacrificado para adivinar el porvenir. El adivino veía en los órganos internos el éxito o el fracaso de la empresa. Todo ello inspirado por un mismo dios, el que protege el éxtasis poético y adivinatorio: Apolo.

La poesía es otra de las actividades protegidas por Apolo, que preside los coros de las Musas poéticas en el Monte Parnaso. Así, la inspiración de los poetas –como la de los adivinos– procede de esta divinidad límpida y noble. Como dios pastoril, Apolo está también relacionado con la vegetación y la naturaleza y así lo sugieren sus muchos amores que acaban con metamorfosis en flores o árboles.

Sobre su nacimiento, se cuenta una historia que es común a su cruel hermana Ártemis, pues ambos son hijos de Leto y Zeus. La celosa Hera, tras saber del embarazo de Leto, persiguió a ésta por doquier, decidida a que no hallara ningún lugar para dar a luz. Leto, desesperada porque nadie quería acogerla, por temor a Hera, llegó al fin a una isla, de nombre Ortigia, que era libre y flotaba en el medio del mar. La isla le permitió quedarse para dar a luz. Allí sólo había un árbol, una palmera, y Leto esperó el parto durante nueve noches y nueve días al lado de ella. Hera había retenido a la diosa de los partos, Ilitía, para que no asistiese a Leto y por eso se retrasaba el alumbramiento. Finalmente, ante los ruegos de todas las diosas para que permitiera el parto, Hera dejó que Ilitía ayudase a Leto, y nacieron primero Ártemis y después Apolo. Al nacer éste unos cisnes dieron siete vueltas alrededor de la isla, pues era el séptimo día del mes. Desde entonces el cisne es un animal consagrado al dios.

Apolo, en agradecimiento, detuvo el deambular de Ortigia, la isla errante, y la dejó fija en el centro del mundo, bautizándola con un nuevo nombre esplendoroso, en consonancia con el luminoso dios, pues la llamó Delos, la brillante. Desde Delos, Apolo tenía destinado dirigirse a su otro gran santuario en la Antigüedad, Delfos. Así lo había previsto Zeus, que le envió a su nacimiento un carro tirado por cisnes para viajar a Delfos (antes pasó un tiempo entre los hiperbóreos, un pueblo del norte, y desde entonces vive allí los tres meses de invierno, durante los cuales no funcionan sus oráculos). En Delfos habría de establecer su culto más célebre, el oráculo que todos los griegos consultaban para recibir los consejos del dios. Se cuenta que cuando Apolo llegó a Delfos, habitaba allí cierto dragón, llamado Pitón, que guardaba los secretos del oráculo y el arte adivinatorio. Apolo le dio muerte y recibió su poder, y en recuerdo del dragón estableció unos juegos fúnebres, los Juegos Píticos que, como los Olímpicos, reunían al pueblo griego y eran cantados por sus poetas. Pensamos especialmente en Píndaro, el poeta de las victorias. Además, la sacerdotisa de Apolo en Delfos se llamó Pitia, honrando así la memoria del dragón profético. Desde el interior del tempo, en su parte vedada (el *ádyton*), la Pitia pronunciaba los oráculos de Apolo sentada sobre el trípode que el dios había consagrado en el santuario. Era una mujer de más de cincuenta años, elegida tras una vida dedicada al dios. Los griegos, ricos y pobres, poderosos y campesinos, que acudían a consultar sus decisiones con el oráculo, debían ser antes purificados en la fuente Castalia, cuyas aguas cantarinas estaban también inspiradas por Apolo. Sin embargo, los oráculos del dios eran famosos por su ambigüedad y a veces dependían mucho de las interpretaciones.

Cuenta Heródoto que el rey Creso, monarca de Lidia famoso por su riqueza, le preguntó una vez a la Pitia si debía franquear el río Halis y atacar con sus tropas al rey de Persia, Ciro el grande. La respuesta fue típicamente oscura: la Pitia respondió que si cruzaba el río Halis un gran imperio se derrumbaría. Creso entendió que se refería al imperio persa y, animado por el oráculo del dios, se lanzó al ataque.

Sin embargo, y para desgracia de Creso, la respuesta se refería al imperio de Lidia. Cuando fue capturado, Creso le pidió al victorioso Ciro que enviara sus grilletes a Delfos, un regalo desencantado e irónico después de los muchos dones que había enviado al santuario.

En Delfos se celebraba el triunfo de Apolo cantando el peán, un himno característico en honor del dios. Se cuenta también que este dios tuvo que defender su oráculo de Heracles, una vez que éste quiso saquear el templo y fundar un oráculo en otro lugar al ser despreciado por la Pitia. Zeus medió en la disputa entre sus dos hijos y puso paz.

Otro mito que se cuenta de Apolo es su participación en la construcción de las murallas de Troya. Fue obligado a trabajar en ello junto a Poseidón, como castigo por participar en la conjura urdida contra Zeus. Tras cumplir el encargo, como se recordará, Laomedonte se negó a pagarles. Y si la venganza de Poseidón fue terrible, Apolo, por su parte, envió contra la ciudad una peste devastadora.

Recordaremos más adelante la divertida aventura de sus rebaños, robados por Hermes cuando todavía era niño. De esta peripecia obtuvo Apolo su lira, que había inventado el ingenioso Hermes, y la flauta, que le cambió por el famoso caduceo. Sobre la flauta se cuenta aún otro mito relacionado con Apolo, dios de la música. Como se ha dicho, la doble flauta pastoril fue invento de la diosa Atenea, que la despreció y la maldijo al ver cómo se afeaban sus mejillas al soplar. Pues bien, es fama que fue a parar a manos de Marsias, un sileno que se hizo famoso por su pericia tocando ese instrumento. Creyendo que su música era inigualable, Marsias se atrevió a desafiar a Apolo en un concurso musical: la flauta contra la lira. Por supuesto, el dios de las artes derrotó al sileno y, como castigo, éste fue colgado de un árbol y desollado.

Apolo, un dios hermoso, tuvo muchos amores con mujeres mortales, si bien no todos exitosos. Además de la célebre historia de amor con Dafne, se enamoró de Corónide, princesa tesalia, de quien tuvo a su hijo Asclepio, Esculapio para los romanos, dios de la medicina. Se cuenta que Corónide quedó embarazada de Apolo, pero amó a un mortal, y el dios, advertido de ello por un cuervo –que en la época era un ave de color blanco–, se vengó matando a la joven. Mientras el cuerpo de Corónide ardía en la pira, Apolo arrancó de su seno a su hijo niño, vivo aún. El dios maldijo al cuervo que le dio la mala noticia y desde entonces estas aves son negras y portan malas noticias. Su hijo Asclepio fue educado por el centauro Quirón (educador de héroes como Aquiles o Jasón), que le enseñó el arte de la medicina, en la que avanzó tanto que llegó a resucitar a los muertos. Zeus, al ver sus grandes habilidades, tuvo miedo y lo mató con su rayo; en venganza, Apolo mató a su vez a los Cíclopes, forjadores del rayo. Como consecuencia, Asclepio, que era mortal, fue divinizado como dios de la medicina.

Otro famoso amor de Apolo fue con Cirene, princesa de los lapitas y brava luchadora, de la que se enamoró al ver cómo derrotaba con sus manos desnudas a un león que atacaba a sus rebaños. La raptó y la llevó a Libia, donde le concedió el gobierno de la provincia que lleva su nombre (la que bajo el poder romano sería conocida como Cirenaica). De su unión con ella nació el héroe Aristeo, al que se refiere Píndaro en los poemas dedicados a los Juegos Píticos (concretamente en la *Pítica* IX, 62ss.). Las habilidades más notorias de este hijo de Apolo fueron la caza y la apicultura, aunque también heredó de su padre el arte de curar y adivinar el futuro tras una completa educación en manos de las Musas y del centauro Quirón. El mito de Cirene, hija de Hipseo, rey de los lapitas, lo hizo poesía Píndaro (en la misma *Pítica*).

Apolo se unió amorosamente con algunas Musas de su cortejo: la cómica Talía, de la que tuvo a los Coribantes, y la astrónoma Urania, con la que engendró a Lino y Orfeo, dos músicos legendarios. Y algunas otras mujeres fueron cortejadas por el dios, como Marpesa, por la que disputó con un mortal; finalmente la joven optó por su pretendiente humano, pues temía ser abandonada por Apolo –eternamente joven y bello– cuando fuera una anciana. Ser un dios griego no era, como se ve, garantía de éxitos amorosos. Ejemplo de ello fue también su relación con Casandra, hija de Príamo, el rey de Troya. Apolo se prendó de ella y le prometió enseñarle el arte de adivinar el futuro a cambio de su amor. Casandra aceptó en principio, pero una vez hubo aprendido no quiso unirse con el dios. En castigo, Apolo la condenó a que nadie creyera sus profecías. Triste condena, pues profetizaba la verdad.

Mala suerte tuvo Apolo en sus amores masculinos, que se le escaparon o se le murieron como Dafne, el ejemplo más característico de la suerte de Apolo. Así, se cuenta que el dios se enamoró de Jacinto, un bello joven de Amiclas, en las cercanías de Esparta. Pero también Céfiro, el viento de poniente, se prendó de él. Al preferir al primero Jacinto, el viento se vengó. Mientras el joven jugaba lanzado el disco, Céfiro sopló e hizo que el disco lanzado le golpeara y le matara. De su sangre, se cuenta, brotó la flor que lleva su nombre, lo que cuenta Ovidio en su *Metamorfosis* (X, 162-219). Otro amado del dios, Cipariso, murió por su propia mano y se transformó en ciprés (de nuevo *Metamorfosis,* X, 106-142).

Apolo es, así, el más hermoso dios helénico. Bello, armónico y artístico, pero también terrible y vengativo, es un dios cuya suerte no escapa a los hilos del destino. Ya sea en amores, en trabajos o en oráculos, está igualmente sujeto a ellos. Su destino era, como el de los otros dioses del paganismo antiguo, apagarse y quedar sólo vivo en las leyendas. Se cuenta que el último oráculo de Apolo en Delfos fue pronunciado bajo el mandato del emperador Juliano el Apóstata, que intentó revigorizar el culto a los dioses antiguos en pleno siglo IV, ante el pujante cristianismo. Fue todo en vano, los dioses paganos ya estaban destinados a extinguirse. Y el último mensaje del oráculo de Apolo desde Delfos, en plena decadencia, decía lo siguiente: «Dile al emperador que el labrado salón ha caído al suelo; Febo no tendrá por más tiempo su escudo ni su profético laurel, ni su fuente locuaz; el agua del discurso se ha secado».

12. *HEFESTO,* ARTESANO DE LOS DIOSES

Hefesto es el Vulcano de Roma, que trabaja sin descanso en su fragua, en el fondo de un volcán, asistido por los

Cíclopes. Allí fabrica los artificios más refinados, pero también las armas más mortíferas. Según Homero, Hefesto, el divino cojo, es hijo de Zeus y Hera, aunque la versión que recoge la *Teogonía* de Hesíodo afirma que Hera tuvo a Hefesto sola, pues estaba resentida con su esposo Zeus, porque él había dado a luz a Atenea a sus espaldas. En cualquier caso, Hefesto tiene gran devoción por su madre Hera y la asiste en todo trance.

Es el divino artífice, el artesano de los dioses, y a él acuden todos cuando se trata de fabricar los más diversos objetos y utensilios. Es el dios de la fragua y el trabajo de los metales, sobre los que tiene el patronazgo.

Por otro lado, Hefesto es un poco contrahecho y cojo. Sobre esto se cuentan dos mitos. El primero afirma que nació ya cojo y deforme, por lo que su propia madre Hera lo arrojó del Olimpo y fue a caer al mar, donde lo crió Tetis. Allí pasó nueve años, y en agradecimiento forjó para las divinidades marinas joyas sin cuento. Pronto se vengó de su madre Hera, y lo hizo de la siguiente manera: envió un trono de oro como regalo al Olimpo, cuyo secreto era que aquel que se sentara en él quedaría preso por unas cadenas invisibles. Hera se sentó y quedó atada, y como ninguno de los dioses pudo liberarla, hubo que llamar al cojo Hefesto y convencerlo de que lo hiciera. Se cuenta que Dioniso aplacó su enfado por medio del vino y que Hefesto entró triunfalmente en el Olimpo montado en un asno, tras lo cual desató a su madre Hera.

Pero otra versión cuenta que Hefesto no era cojo de nacimiento, sino que quedó así tras ser arrojado del Olimpo por Zeus. Éste, que había tenido una discusión con Hera, como hemos visto, por culpa de Heracles, acabó aprisionando a su esposa. Al intervenir Hefesto en ayuda de su madre, fue arrojado desde el cielo y cayó en la isla de Lemnos, que le es propia desde entonces.

Pese a su deformidad, Hefesto es un dios importante y poderoso. Luchó con el fuego, que es su atributo, contra Gigantes y troyanos y forjó armas increíbles para los mejores héroes en su fragua volcánica. Tetis, por ejemplo, a quien Hefesto estaba muy agradecido, le pidió que forjara las célebres armas de su hijo Aquiles, el mejor de los griegos. Hefesto no sólo realizó inventos maravillosos, como los autómatas o Pandora, la primera mujer, sino que también asistió a Zeus en el parto de Atenea y en el castigo de Prometeo, al que clavó a una roca.

Se cuenta además que, a pesar de ser feo, Zeus le concedió la mano de la hermosa Afrodita, la más bella diosa. Sin embargo, este matrimonio le trajo más pesares que satisfacciones. Pronto consiguió Afrodita un amante, el dios de la guerra, el terrible Ares. El Sol, a cuya vista nada escapa, vio a los amantes yaciendo sobre el lecho, uno junto al otro, y fue a contárselo al marido Hefesto. El momento en que bajó de su carro dorado y se metió en la fragua del dios para darle esta mala noticia fue reflejado por Velázquez en *La fragua de Vulcano* (Museo del Prado). Hefesto tramó una venganza como la de Hera. Fabricó un artilugio para atrapar a los amantes, una red invisible que tendió en torno a Ares y Afrodita, y los atrapó, desnudos. Luego llamó a todos los dioses para que los vieran, pero se cuenta que a estos el espectáculo les pareció tan ridículo que rompieron a reír con las inagotables y resonantes carcajadas que les atribuye Homero en la *Odisea*.

La descendencia de Hefesto es también de gran importancia, pues Erictonio, el mítico rey de los atenienses, nació de él, aunque de manera un tanto peculiar. Hefesto es también enamoradizo —se dice que tuvo hermosas mujeres, como dos de las Gracias—, y una vez se enamoró de la virgen guerrera, de Atenea, cuando ésta fue a su taller para encargarle armas. Como intentó unirse con ella en vano —pues la diosa se escabulló tras resistirse—, parece que el semen de Hefesto cayó en la tierra de Atenas y que de allí nació el héroe Erictonio. Atenea, sin embargo, adoptó al niño como su protegido y lo introdujo en una cesta que confió a las hijas del primer rey de Atenas, Cécrope, diciéndoles que no la abrieran. Ellas, por supuesto, destaparon la canasta y vieron allí al niño Erictonio, que era mitad hombre mitad serpiente. Aterrorizadas, saltaron desde la Acrópolis y se despeñaron. Erictonio gobernó en Atenas sabiamente y de él procede la dinastía de antiguos reyes de la ciudad, como Erecteo y otros. También es hijo de Hefesto el argonauta Palemón y algunos célebres escultores y artífices.

13. *HERMES,* DIOS INTERMEDIARIO Y MERCADER

Hermes es el intermediario por excelencia. Mercader, viajero, ladrón, fenicio y astuto negociante. Mayordomo privado de Zeus para asuntos delicados en los que la razón de estado requiere delicadeza y sutileza. Ése es Hermes-Mercurio. Hijo de Zeus y de la ninfa Maya, vuela velozmente por todo el mundo como mensajero de los dioses, y es el patrón de los heraldos, embajadores, mensajeros, comerciantes y, también, de los ladrones.

Hermes es el dios que viene y va, el que viaja por los confines del mundo. Tanto es así que otra de sus funciones es guiar a las almas en el último viaje, la travesía que las llevará al tenebroso Hades. Por ello, uno de los epítetos de Hermes es «conductor de almas» o *psicopompo,* pues pastorea las procesiones de las almas de los muertos. Y también es dios de los ganados, *crióforo* o *moscóforo,* nombres que aluden a que es representado a veces como pastor con un corderillo sobre los hombros. Como conductor de almas al más allá, deja a los difuntos en la ribera del infernal río Aqueronte, allí donde el barquero Caronte las embarca hacia el otro lado, el más allá. Hermes deja a las almas en la frontera entre ambos mundos, pues él es el dios de fronteras y límites; no en vano las lindes de caminos en la antigua Grecia estaban flanqueadas por bustos con la imagen del dios. Su efigie en un pilar con rostro humano y falo se levantaba, protectora, en las encrucijadas, primero como un montón de piedras (*herma,* en griego) al borde del camino, luego como el pedestal de su busto. La historia, ya en parte leyenda, recuerda que una vez, en el año 415 a. de C., aparecieron mutilados todos los pilares de Hermes en las calles de Atenas en las vísperas de una expedición militar a Sicilia, para escándalo de las gentes de bien. Varios ciudadanos fueron acusados, entre ellos el famoso Alcibíades, que era jefe de la expedición. Éste acabó exiliado y la expedición resultó en una gran derrota. Muchos cuentan que fue la venganza de Hermes.

Sus atributos son las sandalias aladas, el pétaso, sombrero igualmente alado, y el caduceo, un bastón especial en torno al cual se enroscan dos serpientes, que es a la par báculo de viajero y varita de mago. En estos símbolos –que con el tiempo pasaron a ser los de comerciantes, magos y demás profesiones que él protege, como los boticarios– se puede ver el poder de Hermes, su astucia y su velocidad alada.

Como dios del comercio, favorece también los intercambios de toda clase y las comunicaciones. Es la divinidad de los caminos, de los viajes y las ganancias, y patrocina las embajadas y la diplomacia –en la *Ilíada* escoltó de noche al viejo rey Príamo cuando fue a entrevistarse con Aquiles–. Pero también apadrina la astucia –clave en todos sus negocios–, por lo que se considera protector del robo. Se encarga de la preparación del festín de los olímpicos, inspira a los oradores y a los comerciantes, como dios del ágora (*agoraios*), y se cuida también de los atletas. Curiosa divinidad, polifacética, que protege la elocuencia, el ágora, el estadio y la palestra, los pastores y rebaños, los caminos y a los viajeros. Parte de sus mitos se narra en el himno homérico a Hermes, del siglo VI a. de C.

Se cuenta que su madre Maya, la más joven de las Pléyades (hijas del gigante Atlante y de Pléyone), lo engendró por obra de Zeus en plena noche, mientras dormían los dioses y los hombres; así se formó parte de su carácter sibilino. Su nacimiento tuvo lugar en Arcadia, agreste región de pastores, el cuarto día del mes, que quedó consagrado a él. Aún hoy le rendimos homenaje con el «día de Mercurio» (*Mercuri dies*, «miércoles»). Ya desde entonces realizó hazañas que dieron prueba de su carácter taimado, pues el mismo día de su nacimiento se libró de sus pañales y ataduras y escapó a Tesalia, donde Apolo guardaba rebaños. Mientras éste andaba distraído por el amor del joven Himeneo, Hermes le robó doce vacas, cien terneras y un toro, y se los llevó por toda Grecia hasta Pilos, de lo que fue testigo el anciano Bato, al que prometió una ternera si guardaba silencio.

Cuando Hermes hubo sacrificado algunas reses a los dioses (en lo que constituyó el primer sacrificio) y puesto a buen recaudo las otras, cambió de forma y fue a poner a prueba al anciano, preguntándole por el rebaño y prometiéndole una recompensa. Bato habló y Hermes lo convirtió en roca.

Volvió a la gruta de su nacimiento para envolverse en los pañales de nuevo y allí encontró una tortuga, la vació y le puso a su caparazón las tripas de los bueyes que había sacrificado, así nació la primera lira, que sería el instrumento de Apolo. Éste, entre tanto, descubrió el escondite de su rebaño, y fue a quejarse a Maya de los robos de su hijo Hermes. Maya le enseñó al niño aún envuelto en pañales y le dijo que su acusación era imposible. Apolo, no obstante, llamó al justo Zeus para quejarse ante él, y el padre de los dioses y los hombres que todo lo sabe, ordenó a Hermes devolver el ganado. Pero Apolo, que había visto la hermosa lira, la prefirió al ganado y se la cambió a Hermes, precoz mercader y cambista, por las reses. Muchos más tratos realizó Hermes con Apolo, pues se cuenta que algo más tarde, mientras guardaba su rebaño, inventó la flauta. Apolo quiso tenerla también y le ofreció a cambio su cayado de oro, el mágico caduceo que, desde entonces, pasó a ser atributo de Hermes. Pero el astuto dios le pidió también a Apolo que le enseñara a adivinar el futuro.

Hermes se convirtió en el patrón de los intérpretes y los traductores (la hermenéutica, el arte de traducir e interpretar, está obviamente relacionada con él), y Zeus, que se dio cuenta de su valía, lo tomó a su servicio personal y lo nombró mensajero. Desde entonces pasó a ser su fiel ayudante y por ello aparece en los mitos como auxiliar en los más diversos asuntos: se mostró heroico en la Gigantomaquia, liberó a su hermano Ares de la prisión en que lo habían metido los Alóadas, hijos de Poseidón y de Ifimedea, y ayudó a Zeus a recuperar sus tendones, que le habían sido arrebatados por Tifón. Dios mágico, hizo regalos excepcionales a héroes y hombres de la mitología, e intervino a favor de sus preferidos. Así, regaló a la madre de Frixo y Hele el carnero alado de piel de oro —que sería el famoso vellocino de oro—, que habría de salvarlos cuando iban a ser sacrificados por su padre Atamante. (Hele y Frixo montan en el carnero volador, pero Hele muere al caerse al mar en el estrecho que se llama Helesponto por su causa, como narra, por ejemplo, Higino en *Fábulas,* 3), y proporcionó la lira a Anfión, hijo de Zeus y de Antíope, y constructor de Tebas. A Heracles le regaló la espada, y a Perseo el casco de Hades, que da la invisibilidad, cuando iba a matar a Medusa. Pero su héroe protegido y predilecto es Ulises, con el que comparte el adjetivo de *polýtropos*, «el de muchos engaños». Por dos veces le ayudó en la *Odisea*, una al librarle de Calipso y otra cuando impidió que la maga Circe le transformase en cerdo, como a sus compañeros de navegación.

Entre las hazañas de Hermes se cuentan, como se ve, muchas liberaciones, por ser el dios de los hallazgos y encuentros afortunados (*hermaion*). En cuanto a las liberaciones, cabe mencionar la de la amante de Zeus, Io, a la que salvó de su monstruoso carcelero, Argos, como pintó Velázquez. Hermes provocó el sueño de cincuenta de los cien ojos que tenía Argos, mientras los otros cincuenta ya estaban durmiendo y luego le dio muerte. De ahí que se le llame Argifonte o «matador de Argos». En cuanto a los hallazgos y encuentros afortunados, hay que recordar cuán afortunada fue la creación de Pandora, la primera mujer, a la que Hermes otorgó cierto cinismo y una seductora persuasión. Hermes se asocia a Afrodita y a la Gracia y la Persuasión, que le acompañan. Y como patrón de los buenos encuentros, tiene otra benéfica función en las bodas, pues acompaña a la novia de una casa, la de los padres, a la otra, la del marido. De nuevo, he aquí su faceta de dios de los intercambios, los límites y los umbrales (de hecho, guarda el umbral de la casa según su epíteto *strophaios*, «el del gozne de la puerta»).

Como sucede con Apolo, Hermes tiene una relación especial con Dioniso, a quien cuidó de niño. Con Apolo, el dios alado, tuvo sus desavenencias por el robo de sus rebaños, pero pronto se reconcilió amablemente con él, dándole en pago la lira, y fue admitido entre los dioses. Los hermanos Apolo y Hermes se diferencian en sus métodos: el primero emplea la rectitud y el segundo el engaño. Con

Dioniso tiene también una relación de gran cercanía, pues ambos son dioses muy populares y transgresores, y a los dos les gustan los disfraces y las fiestas.

Es dios de muchas figuras, tantas como sus muchos oficios, y si en el himno homérico es un travieso niño con pañales, en época arcaica aparece como un dios barbado y más tarde como un hermoso y pícaro jovencito. Más adelante, en época helenística, aparecerá de nuevo con barba, a la manera de un sabio mago, como Hermes Trimegisto, «tres veces grande», asimilado al dios egipcio Thoth. Hermes se convierte así en dios de la magia y de lo misterioso, patrón de la alquimia y de los esotéricos textos del llamado *Corpus Hermeticum*. «Hermético» pasa a ser un adjetivo que representa lo cerrado, lo misterioso. En la Edad Media, Hermes Trimegisto será el inspirador de los alquimistas, el mágico mediador entre los mundos. Su figura en el mundo cristiano y musulmán equivale a personajes como san Antonio o el arcángel Gabriel, en la Anunciación y en el Viaje de Mahoma a los cielos.

Su descendencia es variada, e incluye al dios Pan, con pies y cuernos de cabra, al que tuvo de una ninfa en la agreste Arcadia de Hermes. Pan se representa siempre tocando la flauta pastoril, instrumento propio de su padre, acompañando a Dioniso en su cortejo y persiguiendo a las ninfas por los valles y bosques. También se le atribuye la paternidad de Autólico, el abuelo de Ulises, que recibió de Hermes la astucia y la capacidad de engañar. Y otro de sus hijos más célebres, que tuvo de Afrodita, es Hermafrodito. De él se cuenta una hermosa leyenda, según la cual era un hermoso muchacho que fue criado en los bosques de Frigia por las ninfas. Al llegar a la pubertad, una ninfa de un lago de Caria, de nombre Salmacis, se enamoró de él, pero Hermafrodito la rechazó. Así que, una vez que Hermafrodito se tiró al agua del lago para refrescarse, la ninfa lo abrazó tan fuertemente que ya no pudo librarse de ella. Salmacis rogó a los dioses que unieran sus cuerpos para siempre, y desde entonces Hermafrodito es mitad hombre, mitad mujer, un híbrido de gran hermosura y eterna melancolía.

14. *ARES,* SANGRIENTO DIOS DE LA GUERRA

El cruel Ares es uno de los hijos de Hera y Zeus, que apadrina la guerra, como Atenea. Pero, a diferencia de Atenea, que se identifica con la guerra noble y táctica, Ares encarna los terrores y brutalidades de la batalla en su aspecto más duro. No en vano se cuenta que va escoltado por sus dos fieros hijos, el Miedo y el Espanto (Fobo y Deimo), que lo acompañan como aurigas de su carro de combate. Es el espíritu de la guerra que se complace con el derramamiento de sangre y con el dolor de las víctimas. Como es natural, sus animales simbólicos son carroñeros: el perro y el buitre, y se le representa siempre armado como un gigante espantable y fiero, aunque Velázquez lo pintó en 1640 con gesto sereno, en rara pose que atesora el Museo del Prado.

Para los griegos, ya desde Homero, Ares es la guerra no deseable, la que causa luto y dolor. La guerra heroica no debe ser de Ares, sino de Atenea. Por ello, no es un dios al que se le rinda culto voluntariamente y son los pueblos más belicosos los que le veneran. Así, los romanos, cuyo ejército era de temer, rendían culto a Marte, su equivalente a Ares. En Roma, los ciudadanos se ejercitaban desde jóvenes en el Campo de Marte en los más diversos ejercicios guerreros: la lucha con espada, arco, lanza y a manos desnudas. Los ejercicios marciales (como es sabido, el adjetivo proviene del nombre de este dios) hicieron del pueblo romano una maquinaria bélica que conquistó todo el mundo conocido.

Pocos mitos se refieren a Ares, por su faceta poco amable. Aparte de sus amores adúlteros con Afrodita, el dios de la guerra no aparece a menudo en la mitología. Sus menciones, junto con el Miedo y el Espanto, no son agradables y se producen en el fragor de la sangrienta batalla. También es adorado por pueblos bárbaros y extraños, como los de la península arábiga o los de Escitia, muy dados a la vida guerrera y nómada. Se cuenta que habita en Tracia, una región semisalvaje del norte de Grecia, donde se dice también que viven las Amazonas, descendencia de Ares; alguna tradición considera hijo suyo también al cruel Licurgo, rey tracio que se enfrentó a Dioniso.

Descendencia suya es también la familia de Cadmo, fundador de Tebas, donde Ares tenía un culto. Allí, antes de la fundación de la ciudad, había un manantial guardado por un monstruoso dragón que pertenecía a Ares. Cadmo le dio muerte, y como penitencia tuvo que servir al dios guerrero. Pero al final, se casó con Harmonía, hija del dios de la guerra y de Afrodita, y fundó la celebrada estirpe protagonista de todos los mitos del ciclo tebano.

Lo acompañan también Enío, una divinidad guerrera y espantosa, y Éride, la Discordia, que siembra la semilla de las guerras. Pero no siempre tiene éxito en el combate, pues la astucia o la maña muchas veces superan a la fuerza bruta, que Ares representa. Así, en la *Ilíada*, se cuenta que fue herido en combate por Diomedes, protegido por Atenea. Esta diosa, que simboliza la sagacidad guerrera, lo venció alguna otra vez de una simple pedrada, o bien ayudando a Heracles a luchar contra Cicno, hijo de Ares, que estaba destinado a morir a manos del héroe, y al que su padre intentó defender en vano. Heracles hirió a Ares en un muslo y el dios de la guerra se retiró al Olimpo. Otra derrota significativa de este dios es su aprisionamiento por los Alóadas, los enormes hijos de Poseidón, de nombre Oto y Efialtes, que le metieron en una vasija por la fuerza y le dejaron un buen tiempo allí, como sabemos, hasta que fue liberado por Hermes.

En Atenas, Ares daba nombre al Areópago, la colina donde se reunía el consejo también llamado Areópago, encargado de juzgar los crímenes más crueles. El mito que refiere su fundamento es el siguiente: había al pie de la colina una fuente, y un hijo de Poseidón intentó violar allí a una hija de Ares. Éste mató al vástago de Poseidón, por lo que el dios de los mares convocó un tribunal para juzgarle allí mismo, pero Ares salió absuelto.

Por su parte, Roma tenía mucha más fe en su dios Marte, y además de dedicarle el tercer día de la semana –como aún hoy lo hacemos nosotros, descendientes de los latinos–, le consideraban padre de Rómulo y Remo, los míticos fundadores de la ciudad. El dios Marte era un antiguo dios itálico al que se veneraba antes de marchar al combate, pero la asimilación con el Ares griego dejó pocos restos de leyendas originales romanas. El planeta Marte recibirá el nombre de este dios latino, rojo de sangre como él mismo, y toda campaña guerrera de los hombres ha ido asociada al nombre de esta detestable divinidad. Recordemos, finalmente, cómo Lope de Vega, embarcado en la Armada contra Inglaterra, se duele en estos versos de su suerte, que le lleva a morir junto al dios de la guerra y lejos de la diosa del amor:

> *Marte me lleva a su peligro opuesto;*
> *por eso en el discurso de su historia*
> *vuelvo a buscar a Marte, procurando*
> *dejar al blando amor lugar más blando.*
> *No es tiempo de cantar, Lucinda mía,*
> *tus bellos ojos y mi largo llanto,*
> *que en medio de la mar del Norte fría*
> *la sirena de amor suspende el canto.*
> *Voy por la mar, donde a morir me envía*
> *la envidia de mi bien, que pudo tanto.*

15. *DIONISO*, DIOS DEL ÉXTASIS Y LA EMBRIAGUEZ

Éste es uno de los dioses más cercanos y a la vez más ajenos que tiene el panteón griego. Más cercanos porque él mismo nace de una mortal, Sémele, y sirve de nexo entre el hombre y los dioses con sus salvajes rituales... Es acaso el dios más sugerente. No nos quedemos en la consideración simplista de «dios del vino» o de la embriaguez. Dioniso es mucho más, es el lado salvaje, irracional. Es la fuerza de la naturaleza cíclica, de la regeneración vegetal[20], y por ello es el más ajeno. También saca a los hombres de sí mismos, les conduce a su faceta animal, extraña, a lo otro. Él representa

---

[20] El antiguo libro de Walter Otto, *Dioniso. Mito y culto*, que se recomienda en la bibliografía, sigue siendo hoy referencia imprescindible para comprender la figura de Dioniso.

el gran misterio de la vida, siempre como intermediario cercano y placentero, pero también peligroso. No en vano va y viene del mundo de los vivos al mundo de los muertos y era en origen un primitivo dios de la vegetación que cumplía el ciclo natural de vida y muerte. Sus símbolos son la vid, la piel de ciervo (*nebris*), el tirso (un bastón místico recubierto de enredadera), el mirto y la hiedra.

Dioniso es hijo de Zeus y la mortal Sémele, princesa tebana hija de Cadmo. Su extraño nacimiento lo hace surgir como un dios de una mortal; no ha tenido que ser héroe y pasar por la divinización, como le ocurrió a Heracles. Así, se contrapone a los otros olímpicos por esta característica y, en especial, al sereno Apolo por la música extática que le acompaña, de percusión y ritmos orgiásticos, frente a la serenidad de la lira apolínea. Dioniso es el dios del entusiasmo báquico y místico, el inventor de la vid y del vino, de las danzas salvajes, el que llega del misterioso Oriente con su cortejo festivo de bacantes y sátiros invitando a la celebración nocturna y frenética, liberadora e inquietante.

Se cuenta que Zeus se unió a la tebana Sémele y la dejó embarazada, pero la celosa Hera descubrió esta unión y decidió causar su desgracia. Aprovechó que la joven princesa desconfiaba de la naturaleza divina de su amante, para, disfrazada de mortal, incitarla a pedir pruebas de que su amado era en verdad un poderoso dios. Así, la joven, una noche que Zeus llegó, le pidió que se presentara con todos sus atributos divinos. El dios de dioses le preguntó si estaba segura de querer tal cosa, pues sabía que si cumplía el deseo de la muchacha ésta moriría sin remisión. Pero Sémele persistió en su exigencia, y como Zeus le había prometido concederle cuanto pidiera, se mostró como dios del rayo. Al punto Sémele ardió en llamas. El dios padre pudo salvar al retoño de seis meses que tenía Sémele en el vientre, al futuro Dioniso, y lo cosió a su muslo. Tras cumplirse el período de gestación normal, Dioniso nació de la pierna de Zeus, en un parto quizá menos complicado que el de Atenea. Por eso se le llama «el dos veces nacido». Una vez divinizado, rescató a su madre del Hades y la convirtió en diosa con el nom-

bre de Tione. Así lo canta el coro de la inmortal obra de
Eurípides *Bacantes*:

Venid, bacantes, venid, bacantes, vosotras que a Bromio,
niño dios, hijo de un dios, a Dioniso, traéis en procesión desde
los montes de Frigia a las anchurosas calles de Grecia, a Bromio, a quien antaño, en la necesidad de los dolores del parto,
quien lo llevaba dentro de sí, su madre, lo dio a luz como fruto
apresurado de su vientre bajo el estallido del trueno de Zeus,
mientras perdía la vida fulminada por el rayo. Y enseguida lo
recogió Zeus, hijo de Crono, en la cámara del parto y, tras
ocultarlo en su muslo, allí lo cosió con broches de oro a
escondidas de Hera. Y lo dio a luz cuando las Moiras cumplieron el plazo fijado, al dios de cuernos de toro. Y fue coronado con guirnaldas de serpientes. Desde entonces las Ména-
des, salvajes nodrizas de bestias, se las ciñen sobre sus cabellos.

Así, hay que llamar la atención sobre la doble naturaleza
de Dioniso, entre el mundo de los dioses y el de los hombres. La doble vertiente de este dios de muchos nombres:
Baco, Dioniso, Sabacio, Bromio (el bramador), Lisio, Lieo o
Líber (el que libera), el dios de cuernos de toro, Irafiotes, el
cabritillo ritual, Zagreo, cazador y cazado, Ditirambo, el que
ha cruzado dos veces la puerta de la vida y de la muerte; ora
barbado adulto y ora femenil adolescente de trazos delicados; el que tiene doble naturaleza, mortal y divina; el dos
veces nacido.

No es de extrañar la oposición entre lo apolíneo y lo
dionisíaco, el contraste con el recto Apolo (*hekebolos*, «el que
flecha de lejos»), como dios lejano y perfecto, que ya nota-
ra Nietzsche. Apolo manda la peste a los Aqueos en la *Ilíada* disparando sus flechas desde la distancia sacra que le es
propia. Dioniso, en cambio, es cercano e íntimo, para bien y
para mal: goce y dolor se aúnan en su figura.

Tiene carácter liberador y su gran regalo a la humanidad
es el vino que libra de las penas (*lysiponos*) y la danza extática, que saca fuera de sí a los que bailan, inspirados por la
manía, la locura divina. No hay vínculo capaz de apresar la
fuerza de la naturaleza que representa Dioniso. Ni las pri-
siones de Penteo en las *Bacantes* de Eurípides, ni el barco de

los piratas tirrenos en las *Metamorfosis* de Ovidio...; nada retiene a Dioniso, que es fuerza desencadenada y vital de la naturaleza. También libera, cómo no, a sus fieles de sus ataduras espirituales mediante la comunión orgiástica. Marcha a la cabeza del tíaso de las bacantes acompañado de todo su séquito místico: Pan, los sátiros, y varios animales que le son propios. En su caravana triunfal, llega desde el salvaje y lujuriante oriente para conquistar y subyugar nuestros sentidos.

Sus símbolos son la vid, el vino y la hiedra, planta que medra ascendiendo y atravesando lo que sea preciso. Poderoso es el empuje de Dioniso, que se zafa de cualquier cadena y cualquier impedimento que lo aleje de su objetivo, penetrar en lo más profundo del ser humano, en una intimidad primitiva y ancestral que despierta la fuerza de la naturaleza en él. Su culto es salvaje y selvático, pues se celebra en el monte y por la noche, con los ritos y danzas de las bacantes, que cazan y descuartizan con sus manos un animal y devoran su carne cruda, en un delirante éxtasis. Canta el coro de las *Bacantes* de Eurípides a este respecto: «¡Qué gozo en las montañas, cuando en medio del cortejo se lanza a la carrera y cae al suelo, con la piel de ciervo, sagrado hábito, rastreando la sangre del cabrito sacrificado, delicia de la carne cruda, mientras va impetuoso por los montes frigios y lidios! ¡He ahí a nuestro jefe, Bromio, *evohé!*».

En estos versos casi parece resonar aún la música dionisíaca y los gritos rituales de *¡evohé!* a cuyo son van los coros festivos a bailar al monte (la *oreibasía*, parte básica de esos ritos); en los bosques se celebran las danzas frenéticas, en medio de la naturaleza exultante, mientras mana leche y vino de la tierra. Las bacantes salen de sus hogares, de lo cotidiano, van al monte a cazar animales salvajes siguiendo al sacerdote inspirado, personificación del mismo dios, que dirige los frenéticos ritos, la carrera, la caza, el descuartizamiento de la presa (*sparagmós*) y el banquete de carne cruda. Así es la fiesta báquica, opuesta a otros rituales más serenos.

Dioniso es el dios de lo otro y de la enajenación. Por ello se encarga también del teatro y de la máscara. Se cuenta que la tragedia tiene relación en su origen con la fiesta del macho cabrío (*tragos*) apadrinada por Dioniso.

Son muchos los mitos sobre este dios, el favorito en distintas épocas, ya desde la edad micénica hasta el final del paganismo. Se dice que después de su extraordinario nacimiento, Dioniso fue confiado a Hermes, que le encargó su cría al rey de Orcómeno, Atamante, y a su esposa Ino. Allí le vistieron con ropas de niña, para que escapara de la celosa Hera, pero ésta les volvió locos: Atamante mató a uno de sus hijos tomándolo por un ciervo e Ino acabó con su hijo Melicertes. Afortunadamente, luego fueron salvados por las divinidades marinas. Entonces Zeus transformó a Dioniso en cabrito y lo envió a la mítica Nisa para que fuera criado por las ninfas de aquellas tierras que no tienen una situación definida.

Cuando creció, descubrió su gran don para la humanidad: el cultivo de la vid y su producto, el vino. Hera lo enloqueció también a él y acaso en ese estado de locura experimentó el éxtasis de las danzas, en sus viajes sin rumbo por Oriente. En Frigia lo purificó la diosa Cibeles y pronto se marchó a Tracia, donde su rey Licurgo combatió contra él. Cuenta Homero, en su única referencia al dios (*Ilíada* VI, 135-136), que capturó a las bacantes mientras Dioniso escapaba al mar. Después éste las liberó y enloqueció a Licurgo, que creyendo cortar la vid de Dioniso, se cortó las piernas y las de su hijo. Después una sequía asoló el país, y Licurgo fue despedazado por sus súbditos para conjurarla.

Es célebre la expedición de Dioniso a la India, que conquistó con sus dones en una campaña muy peculiar, cuyas armas fueron el vino y la danza. Regresó en cortejo triunfal de carro tirado por panteras y adornado con pámpanos y hiedra, escoltado por sátiros, silenos, bacantes y otras divinidades. Se cuenta que arrostró todo tipo de peligros y salió victorioso de las guerras con los pueblos más salvajes. No en vano Dioniso ya había mostrado sus fuerzas en la lucha contra los Gigantes, cuando mató a Éurito de un golpe de tirso, o cuando dio muerte al oscuro gigante Alpo.

Tras su estancia en Asia, narrada por algún poeta griego tardío, Dioniso vuelve a la ciudad de su madre, Tebas, para ser reconocido como dios en ella. «Llego a esta tierra tebana yo, Dioniso, hijo de Zeus», comienza la citada tragedia de

Eurípides (trepidante es la versión alemana que hizo el poeta Hölderlin). Seguidamente, su primo, el rey Penteo, se opone a la introducción de su culto y sufre un destino parecido al de Licurgo: recibe la muerte descuartizado por las enloquecidas mujeres de su ciudad, entre ellas su propia madre Ágave, que lo toman por una fiera mientras va a espiar los ritos de su enemigo. Ágave entra en procesión en la ciudad con la cabeza de Penteo, su hijo, clavada en un tirso como trofeo, creyendo que era la de un león.

Allá donde va, Dioniso extiende su culto y su don del vino. Pero a veces, como vemos, no es bien recibido. En Argos enloqueció a las hijas del rey porque se negaban a aceptar su culto. No fue así en Atenas, donde enseñó el cultivo de la vid al anciano Icario, que lo acogió con hospitalidad. Pero unos pastores, a los que Icario ofreció vino puro, se emborracharon y lo mataron, y entonces su hija Erígone se suicidó ahorcándose al descubrir a su padre muerto. Como venganza del dios, las jóvenes de aquellas familias enloquecieron y fue necesario que, para aplacar su ira, fundaran un culto para honrar a Icario y Erígone. Así se evitó que las muchachas atenienses, en lo sucesivo, participaran de la locura suicida infundida por Dioniso.

En Argos se encontró con la negación de los habitantes a aceptar su culto, pues le oponían al héroe local, Perseo. Según una tradición, el propio Perseo se enfrentó en combate con Dioniso. Se cuenta unas veces que triunfó Perseo y ahogó a Dioniso en el lago de Lerna y otras que ganó Dioniso gracias a sus muchos poderes. En todo caso parece que ambos se reconciliaron por mediación de Hermes y que este episodio allanó el camino de Dioniso hacia el Olimpo.

Otra aventura en Grecia que se cuenta, por ejemplo, en el himno homérico dedicado al dios es la de los piratas tirrenos, procedentes de Etruria. Bien fuera porque Dioniso los contratara para una singladura, o bien porque éstos lo secuestraran directamente, lo cierto es que unos piratas se llevaron rumbo a Asia al dios, con apariencia de joven afeminado e indefenso, para venderlo como esclavo. Pero Dioniso desató pronto su poder en la nave y el barco se llenó de una vegetación exuberante. Los remos y los cabos se transformaron en serpientes, la hiedra y las hojas de vid también serpentearon en torno al mástil, cubriéndolo todo como un emparrado; resonó por doquier la música dionisíaca y, al fin, los piratas tirrenos, enloquecieron y se arrojaron al mar, donde, cuenta Ovidio, entre otros, que se transformaron en delfines. Así se explica la inteligencia humana de estos animales, que son piratas arrepentidos y siempre escoltan y asisten a los navegantes.

Se le conocen muchos amoríos en la tierra, con ninfas de todo tipo y doncellas cazadoras. Hay muchas leyendas de fundaciones de ciudades que se originan con una unión de Dioniso y la ninfa local. Muchas veces se trata de doncellas cazadoras, devotas de Ártemis, que desdeñan el amor y son conquistadas por Dioniso gracias al vino. Sin embargo, se le conoce un solo gran amor: Ariadna. La joven Ariadna era hija de Minos, rey de Creta, y ayudó al héroe ateniense Teseo a dar muerte al Minotauro, pues se había enamorado de él. Sin embargo, el cruel Teseo la abandonó en Naxos mientras dormía y Ariadna se desesperó. Pero pronto llegó Dioniso, con su cortejo triunfal, en un carro tirado por fieras, y se prendó de la joven, casándose con ella y divinizándola. Este feliz encuentro lo musicó el exquisito Claudio Monteverdi en el siglo XVII, y mucho más tarde Richard Strauss le dedicaría una ópera al tema (*Ariadne auf Naxos*). En estas obras, Ariadna aparece llorosa y abandonada, pero pronto cambia su suerte cuando Dioniso la encuentra.

Después de éstas y otras hazañas, su poder fue reconocido, y aunque nació ya dios, Dioniso tuvo entonces su apoteosis y ascendió al cielo. El retraso en unirse a los demás dioses del Olimpo se debe acaso a la sagrada misión que tenía en la tierra: extender su culto por todas partes, así como el vino y la danza, que serán delicia para los mortales.

Dioniso es uno de los pocos que conoce los dos mundos, el de los vivos y el de los muertos, y se cuenta que descendió a los infiernos a través del lago de Lerna, para pedir a Hades que liberase a su madre Sémele, muerta por el rayo de Zeus, pues quería subirla al firmamento. Hades accedió y

Dioniso le dio a cambio el mirto, que desde entonces es también una planta de los difuntos.

Como se ve en los mitos relacionados con él, Dioniso es un dios extraño y fascinante. Su relación con los hombres es distinta a la de los otros dioses, más cercana e íntima. El culto de Dioniso significa entusiasmo colectivo, locura extática, pérdida de conciencia individual en la comunión con la divinidad y con la naturaleza; una especie de festiva y santa embriaguez. Esto se pone de manifiesto especialmente en otros ritos más oscuros de las diversas sectas dionisíacas: Zagreo es el Dioniso órfico, hijo de Zeus y Perséfone, que se encuentra en los textos sagrados de estos misterios. Él estaba destinado a suceder a Zeus como cuarta generación en el gobierno del cosmos, pero fue despedazado y devorado por los Titanes, parte crudo y parte cocido, bien a instancias de Hera o bien por envidia. Zeus, encolerizado, los redujo a cenizas con su rayo. Cuenta una tradición órfica que de esas cenizas nace el género humano, que, como veremos seguidamente, se origina en los Titanes, pero participa también del principio divino, pues éstos se comieron a Zagreo. El extraño Dioniso es, en fin, un dios fascinante y lleno de contrastes, salvador y peligroso, extático y salvaje, nacido dos veces, asesinado y vuelto a la vida. Es sombrío, antiguo y sagrado, pero también, como en un verso de Dryden, es «Baco, siempre hermoso y siempre joven». Las dos caras de un dios que renueva a sus fieles tanto como a sí mismo.

8. La creación de los hombres: héroes y semidioses

Los orígenes de la humanidad son también materia para la mitología, y en el caso de la griega se encuentran curiosamente relacionados con los tiempos de Crono y sus Titanes; es decir, la lejana época anterior a la estirpe olímpica. Aquella época brillante, prestigiosa y legendaria de los primeros hombres que rememoran las historias de los héroes es una lejana Edad de Oro en la que vivieron éstos y que se sitúa incluso antes de la aparición de Zeus y los dioses olímpicos. Hay varios mitos al respecto que conviene narrar, según los cuales los hombres tienen una relación originaria —en algunos casos una suerte de pecado original, salvando las distancias— con los Titanes y su tiempo. Bien bajo el gobierno del cruel Crono, bien por la ayuda de Prometeo o incluso a partir de la propia materia orgánica de los Titanes, lo cierto es que el nacimiento de los hombres enlaza de una u otra forma con los hijos de la Tierra, cuando no son los propios hombres originarios de ésta. Hay, en efecto, otras historias fabulosas acerca de la aparición del hombre sobre la tierra que tienen que ver con nacimientos espontáneos, a partir de la propia Tierra —madre, no lo olvidemos, también de los Titanes–, desde semillas y árboles hasta otras extrañas maneras.

El cantor de mitos fundacionales por excelencia, el viejo Hesíodo, escribió aún otra obra poética que debe ser mencionada en estas páginas. Se trata de *Los trabajos y los días*. En ella, dedicada a los ciclos de la agricultura, el poeta hace referencia al llamado mito de las edades, acerca de la primitiva raza humana, de su nacimiento y extinción y de las otras estirpes que siguieron.

EL MITO DE LAS EDADES

El mito de las edades que recoge Hesíodo es un *leitmotiv* que ha sido utilizado en infinidad de ocasiones en la poesía posterior. Si Néstor lamenta en Homero que ya no haya «hombres como los de antes», en muchas otras recreaciones posteriores encontraremos el tema de las edades como símbolo de la decadencia de la raza humana. Las edades son clasificadas con nombres de metales, comenzando por el oro: una jerarquía que ha quedado en el imaginario colectivo y se ha convertido en un tópico, por ejemplo, para el estudio y clasificación de la literatura. La idea mítica de las edades es recurrente en varias culturas, cuyos mitos hablan de una sucesión de estirpes humanas, en paralelo con las estirpes divinas. De hecho, el mito de las edades es de origen oriental y sirve para ilustrar el progresivo declive de las razas que pueblan la tierra desde la etapa legendaria en que los hombres vivían cercanos a los dioses, y la felicidad era un tesoro común. En la *Bhagavad-gita*, por ejemplo, se habla de estas edades: la edad presente, el Kali-yuga, se puede comparar con la edad de hierro de Hesíodo. Por supuesto, los hombres de las primeras edades eran más fuertes, grandes, nobles y felices que los actuales. En ello reside el prestigio de la Edad de Oro, cuyo nombre sigue evocando el paraíso en la tierra hoy día.

Así aluden los mitos griegos a las estirpes de los primitivos héroes y a sus hazañas. Aunque son mortales como los hombres de épocas posteriores, los héroes, hombres de la edad antigua, los mismos a los que añora Néstor en la *Odisea*, nos superan en nobleza, coraje y fortaleza. «De oro fue la primera raza de hombres mortales que crearon los inmortales, habitantes del Olimpo. Sucedió en tiempos de Crono, cuando aún reinaba en el cielo». Así comienza Hesíodo su relato de las edades (*Trabajos y días*, 109-111), afirmando que la primera raza de bienaventurados héroes nació precisamente bajo el reinado de Crono. Se podría pensar que es paradójico que el tiránico Crono, devorador de sus hijos, sea considerado el dios de una época feliz, de la Edad de Oro. Pero es que, según algunos poetas, y notablemente Píndaro, de Beocia como Hesíodo, Crono tuvo, después de ser destronado por Zeus, un dorado exilio en un lugar paradisíaco: las islas de los Bienaventurados.

Los héroes nacieron así en una edad anterior a la última edad de los hombres, la del Hierro. La Edad de los Héroes para Hesíodo se sitúa entre la Edad del Bronce, de extrema violencia, y la oscura Edad del Hierro, que es la nuestra, en la que Hesíodo, como el mítico Néstor, lamentaba vivir (*Trabajos y días*, 156-176):

> Y después, cuando también esta raza –la de bronce– fue sepultada bajo la tierra, de nuevo ahora sobre el fértil suelo Zeus Crónida creó otra cuarta, más justa y más noble, la divina raza de los héroes, que son llamados también semidioses, la estirpe anterior a nosotros en la tierra inabarcable.
>
> También a éstos los aniquiló la guerra maldita y el feroz combate, a los unos en torno a Tebas, la de las Siete Puertas, en el país de Cadmo, pues luchaban por los rebaños de Edipo, y a los otros llevándolos en naves por encima del inmenso océano hasta la costa de Troya, en busca de Helena, la de hermosa cabellera.
>
> Ciertamente a ellos los envolvió el manto de la muerte. Pero a algunos el padre Zeus Crónida les concedió vida y moradas lejos de los humanos, en los confines de la tierra. Así que éstos habitan con corazón libre de pesares en las islas de los Bienaventurados, a orillas del océano de profundos remolinos; dichosos héroes a los que la tierra fecunda ofrece una dulce cosecha que florece tres veces al año a instancias de los Inmortales.

Crono reina sobre ellos, ya que el propio padre de hombres y dioses lo liberó, y ahora mantiene su gloria para siempre, como es de justicia. Otra vez Zeus estableció una nueva raza de hombres de voz articulada sobre la tierra fértil: son los que viven ahora. Yo no habría querido habitar entre los hombres de esta quinta generación, sino más bien morir antes o nacer más tarde. Pues la de ahora es la raza del hierro.

Vemos que en Hesíodo también Crono reina en las felices islas de los Bienaventurados. Allí es donde van a parar las almas de los justos, salvadas del infierno común para habitar con los legendarios héroes de la edad mítica. Según las doctrinas de las religiones mistéricas, como el orfismo, al alma del iniciado le esperaba una dicha parecida. Un filósofo tan respetable como Platón se hará eco de estas islas afortunadas en las que reinaba Crono sobre los felices habitantes de este lugar. Y siglos más tarde la mejor descripción de este mundo idílico la daría don Quijote en el discurso que dirige a los cabreros, y que merece renovada lectura:

Dichosa edad y siglos dichosos aquellos a los que los antiguos pusieron nombre de dorados, y no porque en ellos el oro, que en esta nuestra edad de hierro tanto se estima, se alcanzase en aquella venturosa sin fatiga alguna, sino porque entonces los que en ella vivían ignoraban estas dos palabras de tuyo y mío. Eran en aquella santa edad todas las cosas comunes; a nadie le era necesario para alcanzar su ordinario sustento tomar otro trabajo que alzar la mano y alcanzarle de las robustas encinas, que liberalmente les estaban convidando con su dulce y sazonado fruto. Las claras fuentes y corrientes ríos, en magnífica abundancia, sabrosas y transparentes aguas les ofrecían. En las quiebras de las peñas y en lo hueco de los árboles formaban su república las solícitas y discretas abejas, ofreciendo a cualquiera mano, sin interés alguno, la fértil cosecha de su dulcísimo trabajo.

Aquí Miguel de Cervantes refiere el mito con un cierto sabor hesiódico, como en una auténtica cosmogonía. También Luis Buñuel, como Cervantes, haría honor a esta época dorada en una película. Era un mito que iba a tener gran repercusión en la cultura española ya desde el Siglo de Oro.

Pero volviendo a Hesíodo, la novedad que introduce la mitología griega en el mito de las edades, con respecto a las mitologías orientales de las que toma este tema, es que la decadencia no es imparable y total. En la lista de las edades se ha intercalado una cuarta edad, la de los héroes, que supone una mejora. Después de la Edad de Oro, vienen la de Plata y Bronce, como era de esperar, pero entre la del Bronce y la del Hierro (la nuestra), el poeta sitúa la raza de los héroes, aquellos que protagonizaron los dos grandes ciclos épicos de la antigua Grecia: el ciclo de Tebas y el de Troya. Son esos héroes «una raza más justa y más noble», que no conocía sólo la violenta soberbia, como la anterior raza de bronce, que, «nacida de los fresnos, terrible y violenta», se precipitó en el Hades sin dejar memoria, sino que conocían la justicia y el deber. Estos héroes fueron honrados en la antigua Grecia a través de hermosos poemas como la *Ilíada* o de tragedias que cantaron sus grandes hazañas, las que cumplieron luchando en torno a las ciudadelas de Tebas y de Troya. Son la principal materia poética de la literatura clásica, como la materia de Bretaña en la inspiración de las obras artúricas. Al fin, las gestas de estos héroes se convirtieron, como diría Shakespeare, en la materia de la que están hechos los sueños, la nobleza de la guerra por oposición a la violencia brutal y la soberbia de la raza de bronce.

Otro mito relacionado con las doctrinas órficas, que prometían un paraíso en el más allá para los iniciados, habla del origen de la raza humana de una manera asombrosa. Se decía que fueron nacidos de la primordial argamasa que formaron los restos de los malvados Titanes, reducidos a cenizas por el padre Zeus. Éste, encolerizado porque habían despedazado y devorado a su hijo Zagreo —un Dioniso primitivo—, abrasó a los monstruos con su rayo y con sus cenizas modeló al género humano, que tenía parte malvada, pero también divina, pues albergaba en sí a un dios. Así lo refiere el pensador Olimpiodoro en clave neoplatónica.

Los Titanes, de esta manera, fueron también considerados origen de la humanidad y padres precursores de los hombres. No parecen, al fin, tan malvados. O al menos el hombre antiguo asume de alguna forma su nacimiento a partir de ellos. Hay un hermoso himno órfico dedicado a los Titanes que nos complace citar en este sentido: «Titanes, ilustres hijos de la Tierra y el Cielo, ancestros de nuestros padres, vosotros que habitáis por debajo del suelo en las moradas del Tártaro, principio y fuente de todos los mortales de muchas fatigas, de los animales marinos, los alados y los que viven en tierra firme. Pues de vosotros viene toda estirpe en el universo. Os invoco a vosotros para que alejéis la ira funesta, si acaso alguno de los subterráneos ancestros fuera a caer sobre nuestras moradas».

EL MITO DE PROMETEO: LOS ORÍGENES DE LA HUMANIDAD

Del mito del titán Prometeo sobre la humanidad hay diversas variantes que conviene destacar. Su faceta de filántropo es la que más interesa en este punto, lo que evoca su figura más moderna, encarnando el progreso de la humanidad. En concreto, se le relaciona con varios aspectos fundamentales para la civilización, como es el fuego, la primera mujer y el culto a los dioses. Sin embargo, Prometeo es susceptible de muchas interpretaciones. Ya en la Antigüedad recibió tratamientos muy distintos en la literatura, desde Hesíodo, a Esquilo y Platón. Son los tres grandes relatos del mito en la literatura griega, muy significativos en cuanto a la variedad de versiones que ofrecía la tradición poética y la libertad de los autores, para reflejar sólo aspectos positivos o negativos. Se trata de textos de diversas épocas: Hesíodo en el siglo VIII a. de C., la tragedia *Prometeo encadenado* de Esquilo (hacia el 430 a. de C.) y el diálogo *Protágoras* de Platón (hacia el 385 a. de C.).

Cada uno narra de forma diferente la leyenda de Prometeo y su personaje se configura ora como bribón que recibe su merecido, ora como rebelde y libertador de la humanidad. En todo caso, su importancia para los hombres es notoria: es el dios-titán filántropo. En versiones tardías (notablemente la de Ovidio) se explica este amor de Prometeo por los humanos: él sería quien modeló a la raza humana a partir de un puñado de barro. De nuevo, la relación originaria de los humanos con respecto a los Titanes, como en el mito órfico-neoplatónico anterior, se pone de relieve.

El mito de Prometeo es uno de esos mitos fundamentales que explican aspectos básicos de la cultura y de la civilización humana. Pertenece a un «núcleo duro» de la mitología griega, que aún no se pierde por derroteros extraños y barrocos ni complejas genealogías, sino que pretende más bien explicar los grandes eventos que han marcado la historia del mundo y de la humanidad. Demuestra, como tantos de estos mitos fundacionales, que si las cosas son así hoy día es porque un personaje mítico las dispuso de tal manera. Aparece claramente enmarcado en el sistema mítico en el sentido que se apuntaba en las páginas introductorias.

En este sentido, Prometeo sufre por los humanos y se sacrifica por ellos: el paralelo con la figura del Jesús de Nazaret del Nuevo Testamento en el mundo semítico-cristiano nos parece evidente. Prometeo es clavado en su roca y con el costado martirizado en castigo por haber ayudado a la humanidad. Más allá de esta comparación, también fue curiosa la afirmación de Marx: «Prometeo es el primer santo en el calendario del proletariado». En otra interpretación podría ser un creador, un demiurgo, o acaso el símbolo más evidente del progreso. Nos quedamos con la atractiva historia que refiere Platón en la que a Prometeo y su hermano Epimeteo (algo así como «el que piensa antes» y «el que piensa después») les encarga Zeus que distribuyan las habilidades entre los seres vivos. Epimeteo, muy torpemente, le ruega a su hermano que le deje hacerlo, y así le da a la liebre la velocidad, al águila garras, etc. Pero con tan mala fortuna que se le olvida del hombre... Y allí empieza precisamente la buena estrella del ser humano. Podemos ver cómo esa urdimbre mágica del mundo es explicada por el mito de manera tan hermosa[21].

---

[21] El libro *Prometeo, mito y tragedia* de C. García Gual, que citamos en la bibliografía, nos parece fundamental para comprender la figura del titán.

Vayamos ahora a examinar lo que se esbozaba en esta primera aproximación sobre el polémico Prometeo, heroico, astuto y a veces algo descarado, que intenta burlar la vigilancia de Zeus y favorecer a los humanos, y aunque se le castiga por ello, siempre reincidirá en su amor por la humanidad (la invención del fuego, la primera mujer, la relación entre hombres y dioses, etc.), admitiendo variadas interpretaciones literarias que, en la posteridad, han emprendido figuras tan dispares como Shelley o Calderón.

En la mitología griega, Prometeo es un personaje de gran antigüedad: se trata un titán, según Esquilo, o el hijo de un titán, según Hesíodo. Pero conviene conocer en primer lugar lo que cuenta de Prometeo la *Teogonía*, en la primera interpretación, algo negativa, de este rebelde contra el orden establecido.

Para Hesíodo, Prometeo es un personaje que intenta engañar a Zeus por partida doble, un atrevimiento vano, pues será castigado por el dios omnisciente. Se cuenta que a la hora de establecer las porciones que pertenecían a los hombres y a los dioses en el sacrificio de un buey, Prometeo se encargó de hacer la distribución. Recubrió la osamenta del buey con grasa brillante y ocultó las partes buenas bajo el vientre en otro montón. Después dejó elegir a Zeus en primer lugar. La otra, se supone, sería para los mortales. Y Zeus, aunque desde el principio conoce la treta de Prometeo, elige la parte mala mientras el astuto Prometeo le dice: «Oh, glorioso Zeus, el más grande de los dioses eternos, escoge de las dos la que te aconseje el corazón que tienes en el pecho». Desde entonces se dice que los hombres sacrifican huesos y grasa a los dioses, y pueden conservar la carne para alimentarse.

En represalia, Zeus privó a la humanidad de su rayo, que les proporcionaba el fuego. Prometeo, siempre dispuesto a interceder por los mortales, robó el fuego divino y lo escondió en el interior de una caña para llevárselo secretamente a los hombres. Se descubre así el conocimiento a los humanos, que como en el árbol de la ciencia en la *Biblia* terminaría por producir males sin cuento. Así, como castigo, Zeus le ató a una columna o una roca en el Cáucaso y envió a un águila para que le devorase lentamente el hígado por el día, que luego volvía a crecer por sí solo durante la noche. Cuenta Hesíodo que más tarde «Heracles, el robusto hijo de Alcmena, la de hermosos pies, le salvó de tamaño mal» cuando Zeus así lo dispuso.

De este mito prometeico proviene también, aparte de la explicación del sacrificio antiguo, el porqué los hombres están condenados a trabajar por su sustento. El propio Hesíodo lo explica en otro lugar, haciendo una singular interpretación (*Trabajos y días,* 42-58): «Los dioses tenían los medios de vida ocultos a los hombres, pues de otra manera hubiera sido fácil trabajar durante una jornada de forma que se pudiera hallar sustento para un año incluso estando sin trabajar. [...] Pero Zeus, enfadado en su corazón, ocultaba esto, ya que le había engañado el astuto Prometeo. Por esta causa había planeado luctuosos males para los hombres, y por esto les ocultó el fuego».

Mas otro castigo aún, aparte de la privación del fuego y del penoso trabajo, envió Zeus a los hombres en venganza, como advierte el dios en *Trabajos y días:* «así que estás contento porque me engañaste y robaste el fuego: pues te daré a ti y a los hombres futuros un gran dolor. Como precio por el fuego les daré un mal del que todos gozarán en su ánimo, aunque estén abrazando su propia perdición». Así fue como el padre de los dioses ordenó a Hefesto, divino artífice, que fabricara el ser más encantador de la creación, la mujer, y la ofreció como regalo a los hombres. Se cuenta que Prometeo había advertido a su hermano Epimeteo que se cuidara mucho de los regalos envenenados de Zeus, que estaba enojado con la raza humana por el asunto del fuego y el sacrificio. Pero Epimeteo no supo resistirse –como era natural– a tan hermoso regalo y así llegó Pandora al mundo, la primera mujer.

En realidad la primera mujer fue, como indica su nombre «todo un regalo» o también un «regalo de todos» (*Pandoron*). Y fue así porque cada dios del Olimpo puso un don en ella. Hefesto insufló vida en la arcilla inerte, dándole voz y hermoso rostro. Atenea le enseñó las mañas y artes femeninas del tejer. Afrodita «derramó la gracia sobre su cabeza y el cruel deseo y las penas de amor que devoran el cuerpo», un aura de deseo dulce y doloroso a la vez, para inspirar la pasión de los hombres. Hermes le puso en el corazón la semilla de la perfidia. Las Gracias y la divina Persuasión la adornaron con variadas joyas, y las Horas coronaron —se cuenta— sus cabellos con flores, mientras Atenea la vestía y llenaba de ornamento. Así era Pandora, la primera mujer de la mitología griega, un regalo de todos, todo un regalo.

Y, en efecto, nada más pisar la tierra Pandora desató una terrible desgracia entre el género humano, que tan complacido quedó con su llegada. La aceptó en nombre de los mortales Epimeteo, desoyendo los consejos de su astuto hermano, y pronto llegó la desgracia. Pues en tiempos se cuenta que los hombres vivían libres de enfermedades y fatigas del trabajo. Existía una caja —o más bien una jarra— que contenía todos los males del mundo, pero como estaba prohibido abrirla, nadie entre los hombres sabía qué había en ella. Pandora, llena de curiosidad, la abrió y llenó la tierra de guerras, enfermedades, trabajo, dolor. Cuentan que sólo una cosa quedó dentro de la caja de Pandora: la esperanza. Ésta no pudo escapar porque Pandora cerró rápidamente la tapa de nuevo. La comparación con Eva es obvia, y ya Milton la señaló, llamando a ésta «más adorable que Pandora, a quien los dioses dotaron con todos sus dones».

Pero aún hay otro mito de creación del hombre en el que Prometeo y su estirpe toman parte: el mito del diluvio. En él está presente, de nuevo en un momento fundacional para la humanidad, a través de Deucalión, hijo de Prometeo, y Pirra, hija de Epimeteo y Pandora. El mito del diluvio universal en la mitología griega está estrechamente emparentado con la historia que se cuenta en la Biblia. Zeus estaba enojado al contemplar el estado de los asuntos humanos sobre la tierra, pues la relación del dios padre con los hombres fue en el principio, como vemos, muy problemática. Tras convocar el consejo de los dioses, Zeus les anunció su intención de asolar la tierra, por la maldad que allí había. Quería crear una nueva raza, más piadosa con las divinidades, y por eso había resuelto en principio incendiar el mundo. Luego prefirió inundarlo mediante un diluvio, pues el fuego sería demasiado dañino. Así, Zeus derramó torrentes de lluvia desde las nubes y, asistido por su hermano Poseidón, anegó todo el mundo desviando los ríos de sus cursos y elevando los mares. Sólo una montaña quedó visible sobre la gran inundación que provocó el diluvio: el Parnaso. Allí, un hombre justo, Deucalión, y su mujer Pirra, que adoraban piadosamente a los dioses, quedaron a salvo de la inundación. Como Noé y su arca en el monte Ararat, según cuenta el *Génesis* (6-8). Entonces Zeus, al ver que sólo quedaban estas dos personas, hizo descender las aguas. Deucalión y Pirra, imbuidos del espíritu filantrópico de Prometeo, restauraron la humanidad y comenzaron ofreciendo un sacrificio a los dioses en el primer templo que encontraron. Allí, un oráculo les dijo que para recuperar el favor de las divinidades debían salir del templo con velo, desenterrar los huesos de su madre y arrojarlos tras ellos. Horrorizados, Deucalión y Pirra no daban crédito a este oráculo impío, hasta que comprendieron que se trataba de un enigma: lo que debían hacer era considerar la Tierra como su madre –pues Gea es la madre de todos, y además es el origen de la estirpe de los Titanes y de las razas humanas–, por lo que sus huesos, por lógica, serían las piedras. Así, el piadoso matrimonio obró como indicaba el oráculo y, para su sorpresa, tras recoger y arrojar las piedras tras ellos, éstas empezaron a crecer y a adoptar forma humana. El barro y el limo del diluvio se adhirieron a esta silueta y modelaron la carne y la piel, mientras que las piedras formaban los huesos. De las piedras arrojadas por Deucalión salieron los hombres, mientras que de las que tiraba Pirra nacían las mujeres, por eso la raza humana que nació después del diluvio es dura como la piedra y apta para trabajar duramente y servir a los dioses.

Siempre está Prometeo relacionado con el origen de los hombres. De las muchas versiones, es Hesíodo quien nos da un relato más completo acerca de los mitos de este titán relacionados con los orígenes de la humanidad, pero también es, en suma, el más negativo. No obstante, hay que considerar que se enmarca en una reflexión sobre el origen del mal y sobre la decadencia de las razas humanas. El Prometeo de Hesíodo es un personaje rebelde y osado que contribuye a la pérdida del estado de gracia de la humanidad, a la desconfianza entre dioses y hombres, cuya relación desde entonces abundará en suspicacias. Si en un tiempo lejano y glorioso hombres y dioses corrían juntos por el mundo, ahora –dice Hesíodo– es el tiempo de la raza de hierro, un tiempo marcado por el mal, el trabajo y las guerras (mito de Pandora) y por la decadencia progresiva (mito de las edades). Prometeo contribuye, sin embargo, a estos cuatro grandes momentos de la humanidad: el pacto religioso con los dioses, el sacrificio; el descubrimiento del fuego; la invención del trabajo, y la fabricación de la primera mujer.

Una visión más positiva del mito se encuentra en Esquilo, para quien Prometeo es un rebelde filántropo. Su reflexión es más política, en el marco de la mentalidad ateniense contemporánea al autor. El titán se rebela contra el despotismo del tirano Zeus, y aparece orgulloso de sufrir por haber beneficiado a los humanos y por ser, en cierto modo, su padre y protector. Así se dice en la tragedia de Esquilo *Prometeo encadenado*: «En una palabra, lo sabrás todo de una vez: todos los mortales provienen de Prometeo».

Algo más tarde, y en la misma Atenas, el pensador Platón relata otra vez el mito de Prometeo con gran interés desde el punto de vista político y filosófico. Aquí Zeus les encomienda a Prometeo y Epimeteo una difícil misión, llena de responsabilidad: repartir entre todos los seres de la creación las distintas cualidades y virtudes con vistas a su supervivencia en el medio natural. Se acaba de culminar toda la creación de seres vivos, incluidos los humanos –acaso Zeus actúa aquí como divinidad todopoderosa–, pero los seres están todavía desprovistos de sus características propias, desnudos ante la feroz naturaleza. Epimeteo, el hermano torpe de Prometeo, le ruega a éste que le deje hacer solo el reparto de armas a las criaturas para la lucha por la vida. Como es natural, el hombre queda sin nada, el más desnudo de entre los seres vivos. Prometeo les ayudará una vez más, como salvador de los hombres. Y lo hará robando el fuego, en el esquema mítico que ya conocemos. En otro momento del mito, que relata Platón en su diálogo *Protágoras*, se narra cómo los hombres, después de ser creados, se reunieron en ciudades para protegerse, pero al convivir surgieron una serie de problemas, disputas e injusticias entre unos y otros. Zeus observó esto y concluyó que el problema era que el hombre no poseía el arte de la política. Así que le encargó, esta vez a Hermes, que repartiera entre los hombres dos dones que evitarían su destrucción: la decencia y la justicia. El dios mensajero preguntó entonces si sólo debía dar estos dones a algunos, como ya se había hecho al distribuir las virtudes entre los animales y otras habilidades entre los hombres, como la música, la poesía, el arte de trabajar la piedra o el metal... Pero esta vez seguramente Zeus estaba prevenido de lo que podía pasar si no indicaba cómo hacer correctamente el reparto de dones y respondió, sin dudarlo, que esos dos dones debían tenerlos todos los hombres por igual. Así explica el filósofo, con este mito, el fundamento de la política ateniense, y cómo todos los ciudadanos están capacitados por igual para la vida pública, para opinar sobre ella y participar en ella.

Aún hay otro mito que pone en relación a Prometeo con el origen de los hombres, pero éste aparecerá más tarde. El titán se perfila según esta tradición como el creador del hombre y de la mujer, pues habría modelado a uno y otra a partir de un puñado de barro. Ya no son los hombres, según veíamos, antiguas criaturas que existían sobre la tierra desde tiempo inmemorial, tanto como los mismos dioses. Prometeo aparece, según esta versión, no sólo como benefactor de la humanidad, sino como su creador, a modo del Dios del Génesis, como si de un demiurgo se tratase. Esta evolución del mito permite explicar el amor de Prometeo hacia los hombres, que es el de un padre hacia sus hijos.

Así, cuenta la crónica de viaje del escritor griego Pausanias, que en una aldea se podían ver aún los pedazos de arcilla sobrantes que Prometeo dejó tras su labor. Y el fabulista Esopo recogió también esta leyenda en una simpática versión moralizante: «Prometeo, por órdenes de Zeus, modeló a los hombres y a las bestias. Pero Zeus, como viera que los animales, privados de razón, eran mucho más numerosos, le ordenó que hiciera desaparecer a algunas de las bestias y las volviera a modelar como humanos. Prometeo cumplió el mandado, y de ello resulta que los que fueron hechos a partir de aquéllas, son humanos en cuanto a la forma, pero animales en cuanto al alma. La fábula se aplica a los hombres torpes y bestiales».

Como se ve, los seres humanos tenemos mucho que agradecerle a Prometeo. Sus mitos inspiran y advierten acerca del progreso, el trabajo y el sufrimiento. Y a través de los siglos este personaje ha permanecido en la memoria colectiva, acaso como reconocimiento tardío. Sobre todo desde el Renacimiento, cuando se exaltan los valores de ilustración, progreso y profundo humanismo, habrá muchos homenajes al titán rebelde, demiurgo y filántropo. Calderón de la Barca escribió su *Estatua de Prometeo* en 1669, Rousseau su *Pandora* en 1740 y Goethe hizo clamar a Prometeo su rebeldía contra Zeus en 1773, en tono desafiante y hondamente humano: «Dirige tu mirada hacia abajo, oh, Zeus, sobre mi mundo: ¡vive! La he modelado a mi imagen, una raza que se me asemeja: en el sufrir, el llorar, el gozar y el alegrarse; y también en el desprecio hacia ti. ¡Como yo!». Así se configura el moderno Prometeo, el que escolta la aventura de la humanidad desde sus comienzos.

LOS HÉROES GRIEGOS: HOMBRES EXCEPCIONALES Y SEMIDIOSES

Los héroes ostentan una categoría y un nivel superior dentro de la humanidad, por sus increíbles hazañas, su nacimiento en circunstancias excepcionales, y la multitud de señales divinas que marcan su breve pero glorioso paso por la tierra. Son sin duda parte de esa vieja raza dorada que admiraba el rey Néstor en la *Ilíada* (I, 271), desencantado por la comparación con los hombres actuales. «Con ellos ninguno de los mortales que ahora viven sobre la tierra podría combatir», dice el anciano rey de Pilos.

Los héroes provienen de ese pasado memorable y son la materia prima con la que se fabrican las leyendas y los grandes ciclos de la mitología griega. Sus vidas y hazañas son fugaces, heroicas. Marcadas por el honor, la gloria y la tragedia, pasan por este mundo viviendo rápido, muriendo jóvenes, y dejando tras de sí la estela imborrable de sus hechos famosos, que son recordados por todas las generaciones de hombres. Así son los grandes guerreros griegos y troyanos que participan en la guerra de Troya, así son los valientes héroes del ciclo de Tebas, la ciudad de las Siete Puertas. Hombres como no los hay ya, que se rigen por un código de honor que les impulsa a buscar la gloria y la fama imperecedera (*kléos*) mediante gestas sobrehumanas. Y sobrehumanas eran sus capacidades: un cuerpo enorme y poderoso, como el Ayax de la guerra de Troya, un alma de ricos y nobles matices, como la de Ulises, en una superioridad que ya mencionaba Aristóteles en la *Política*. Recordaremos, sin embargo, que, para definir al héroe clásico, Heráclito dijo una vez estas celebradas palabras: «Los mejores exigen una cosa por encima de todas: gloria imperecedera entre los mortales».

Los héroes son, como decimos, la materia prima predilecta para confeccionar tragedias o poemas épicos. Se prestan a ello por su condición semidivina, a medio camino entre hombres y dioses. Con aquéllos comparten la mortalidad, que les lleva a acometer osadas acciones en busca de gloria que les dé una fama inextinguible que trascienda su muerte. Incluso pueden llegar a competir con los dioses. Por esto son admirados y puestos como ejemplos.

En la literatura antigua, los héroes son también los protagonistas de los poemas épicos y de las tragedias clásicas. Los primeros rememoran sus hazañas en combate, es decir, su gloria —el *kléos*—. Las segundas representan el sufrimiento de un héroe —el *páthos*— que acarrea su final trágico. En la tragedia se presencia la destrucción de un héroe. Su ascenso y caída, generalmente producida por su insolencia —la *hybris*—, que causa la furia de la divinidad. La grandeza del héroe es excesiva y acaba provocando desmesura, lo que le traerá la ira de los dioses.

A veces es un error, como el de Edipo en el *Edipo rey* de Sófocles; otras, la jactancia o desprecio hacia una de las divinidades, como le ocurre a Penteo con Dioniso o a Hipólito con Afrodita en sendas tragedias de Eurípides (*Las bacan-*

tes e *Hipólito*). La épica, por el contrario, insiste en las hazañas guerreras memorables: la *Ilíada* canta con vigor los combates de héroes como Aquiles y Héctor, paradigma de la
heroicidad antigua. Herederos de esos héroes clásicos, pero
ya con un carácter diverso, pueden ser nuestros héroes
modernos: Roland, el Cid y otros. La búsqueda de la excelencia en el combate, la hazaña guerrera es lo único que
guía sus vidas, regidas por el honor.

Agamenón, Edipo y otras grandes figuras aparecen sobre
la escena para mostrar a la vez la grandeza y fragilidad de su
condición como héroes, es decir, de la condición humana
en su más alto grado de nobleza. El ciudadano ateniense que
asistía al teatro (entendido como educación pública) obser-
vaba esos ejemplos de grandes hombres que iban derechos
a su destrucción con gran honor y patetismo, hacia la catástrofe que producía, en palabras de Aristóteles, la *kátharsis* o
purificación. El héroe es una figura de gran importancia en
el imaginario del hombre griego de la época. Es un espejo
y modelo, pero también se le rinde culto en ocasiones. Pertenece, pues, a la esfera del mito, de la religión, de la literatura. Tiene caracteres variados y complementarios y resulta
enormemente atractivo, pues es el modelo que tienen los
hombres más cerca para imitar.

Con un nacimiento prodigioso, en circunstancias extrañas (como Heracles nacido de Alcmena y Zeus, tras adoptar
la forma del marido de aquélla; como el rey Arturo, nacido
de Uter Pendragón bajo el embrujo de Merlín), el héroe
está marcado desde niño con el estigma de su propia singu-
laridad. Ya de pequeño descollará entre sus compañeros en
las artes de la guerra, en sabiduría y madurez. Así se contaba también de Alejandro Magno que, a su manera, también
fue un héroe que devino mito y pasó al imaginario colectivo como tal.

Hay muchos rasgos comunes en esos nacimientos insóli-
tos e infancias singulares que anuncian el destino del héroe
en los mitos de diversas culturas. Recordemos por un
momento el nacimiento de Moisés, que es abandonado en
un canastillo y salvado de las aguas del Nilo; el origen de
Edipo, o el de Rómulo y Remo, igualmente abandonados a

su suerte. El nacimiento de la figura heroica es excepcional y, aunque por lo general viene de un dios o un rey, se oculta convenientemente durante muchos años, hasta que llega la madurez y el héroe puede cumplir sus hazañas. En el caso de Edipo, descubrirá trágicamente que su padre es el rey Layo tras matarlo. Todos creerán que Heracles es hijo de Alcmena y Anfitrión, sin sospechar que nació de Zeus bajo la forma de éste. Pero recordemos también la historia del hijo de Dios por excelencia, Jesús de Nazaret, hijo de la Virgen María, y la paternidad putativa de José. Así, podemos decir que son características del héroe el nacimiento insólito, la presencia de la madre, la infancia alejada del hogar, el abandono al azar en la naturaleza y las extraordinarias señales que se producen en su infancia, que transcurre generalmente bajo la guía de un educador también extraordinario. Se trata de unas características que se repiten en muchos mitos griegos, romanos y también de otras culturas. Tomemos como ejemplo la historia de Aquiles: hijo de Tetis, que pronto lo abandonará, es educado por el centauro Quirón, y está destinado a superar a su padre, el heroico Peleo.

Mas lo que en verdad marca al héroe es su afán de aventura, que lo lleva a un final formidable, en un sentido o en otro. Despreciando los valores convencionales y fáciles, el héroe tiende a un final brillante, *allegro* o más bien *presto*, que muy a menudo es la muerte. Muchas veces irremediable, casi buscada o deseada como apoteosis, como consagración en el grupo de los elegidos. Así, morir bien, dignamente, y a ser posible bello y joven, puede ser un dato esencial en la idiosincrasia del héroe.

Existen diversos tipos de héroes. Los hay del tipo más reflexivo o bien del más ardoroso y guerrero. Los hay astutos como Ulises, que basan su estrategia para las hazañas en las argucias múltiples. Es la figura del *trickster* o embaucador. Ulises, «fecundo en ardides», se opone a la fuerza natural e irrefrenable de Heracles, y también a la excelencia guerrera de Aquiles.

Para definir al tipo de héroe, lo mejor es acudir a la lista de sus hazañas, como en el caso de Heracles y sus doce trabajos, tan recordados en el arte antiguo, en metopas y cerámicas, o como Jasón y sus camaradas, en busca de un legendario tesoro, el vellocino de oro, la dorada piel de un mágico carnero. Eso es lo que, a la postre, se recordará para siempre sobre el héroe. Su figura se podrá desdibujar más o menos, o ser objeto de distintas interpretaciones o versiones por parte de los poetas. Lo que quedará inmutable para la posteridad es el resultado de sus acciones, la gloria heroica en forma de repertorio de hazañas, gestas valientes realizadas precisamente con vistas a la eternidad.

El final del héroe se presta a la interpretación más trágica, que es también la más heroica; la muerte, como el nacimiento y las hazañas, es una marca característica. La muerte violenta le conviene al héroe, fuerte e impetuoso, en la gloria de sus días de juventud, mucho más que acabar su vida anciano en compañía de su familia o en un asilo, si no tiene demasiada suerte, más que morir tranquilamente en el lecho. De ahí que incluso de Ulises, de quien se cuenta la llegada a su hogareña Ítaca, a los brazos de su querida Penélope, se hayan contado leyendas en este sentido. Se dice que al final le mató su hijo Telégono en cierto lance, cuando sería de esperar una vejez apacible. Para quien se ha esforzado tanto en una gloria imperecedera, no tiene sentido una muerte tal.

El ocaso del héroe, su mortalidad, es la gran tragedia del hombre mismo y, por ello, aquél es objeto de interpretaciones dramáticas y protagonista predilecto de las tragedias. Los tres grandes trágicos griegos, Esquilo, Sófocles y Eurípides, han tratado magistralmente, en tres momentos diferentes y con tres actitudes propias, la trayectoria, el ascenso y caída, del héroe helénico. El dios es eternamente bienaventurado, disfruta de vida eterna, el héroe no. El héroe es como nosotros, humano, pero aspira a que le demos vida eterna conservando en nuestra memoria sus fabulosas hazañas, concediéndole ese premio merecido por tantos esfuerzos y por una muerte que le consagra en las historias míticas, en los poemas, los cuentos y leyendas, como el modelo de una vida rápida y brillante, señera desde sus inicios, dedicada a buscar la aventura y el resplandor de unas hazañas y una muerte gloriosa.

No todos los héroes mueren sin más y van a parar al Hades. A algunos los dioses les conceden un retiro eterno en las islas de los Bienaventurados o en los Campos Elíseos, como ocurre con el rey Menelao, esposo de Helena (*Odisea* IV, 560ss.). Pero lo que todos los héroes ansían no es esta vida feliz en el más allá, sino la gloria y el nombre para perdurar en la memoria del pueblo, en los cantos de los poetas.

Incluso más allá llegaron a perdurar los héroes, pues algunos recibieron culto en toda Grecia. A veces eran héroes locales y otras «panhelénicos» o para todos los griegos. Heracles, por ejemplo, tiene un carácter menos local, mientras que Teseo, pese a su gran proyección, es fundamentalmente el héroe de Atenas. Así, hay héroes locales que disfrutaban de culto en cada ciudad: en Orcómeno, por ejemplo, se rendía culto a Acteón, el cazador devorado por sus propios perros ante la contemplación de la diosa Ártemis desnuda. Algunos de estos héroes son llamados «ctónicos» por los estudiosos, porque están relacionados con la tierra (*chthon*). En torno a las tumbas de determinados héroes se hacían sacrificios y se los invocaba para que vinieran a auxiliar a los suyos en momentos difíciles, en las guerras o las batallas. Un ejemplo es el héroe ateniense Teseo, del que pronto hablaremos. Se cuenta que se apareció en la batalla de Maratón para ayudar a los atenienses contra los persas, de la misma manera que Santiago ayudaba a los españoles en las leyendas sobre la Reconquista.

En estos héroes que tienen vida de ultratumba se puede ya vislumbrar el concepto de «semidioses». Para Hesíodo los hombres de la raza de oro se transformaron al morir en una especie de divinidades, y también sucede que muchos héroes son divinizados al final de su vida mortal y se convierten en dioses o semidioses. Así sucede con Asclepio, el Esculapio latino, un hijo mortal de Apolo que acabó convertido en el dios de la medicina, o con Heracles, que tras sus muchas hazañas ocupará un lugar en el Olimpo. Muchos de estos semidioses son hijos de un dios. Y así sucede con muchos héroes, que hacen de su procedencia divina una de sus características: Aquiles es hijo de la diosa marina Tetis y del héroe Peleo; Eneas, de la diosa Afrodita y el troyano Anquises; y Heracles, de Zeus y de la reina tebana Alcmena.

Pero sólo unos pocos logran la consideración de divinidades, de dioses o semidioses. Como decimos, lo que caracteriza en verdad la gloria de los héroes griegos, los de la épica y los de la tragedia, es su condición mortal. Los héroes no pueden escapar de su sino mortal, como el resto de la humanidad. Pero el héroe elige una vida corta y gloriosa antes que una larga y silenciosa: así hace Aquiles, el mejor de los griegos. Y la muerte marca siempre la trayectoria de los héroes, de suerte que de algunos sólo se recuerda el momento de morir, como sucede con Protesilao, el primer griego muerto nada más pisar la playa de Troya. De Aquiles se recuerdan más cosas, pero el famoso momento de su muerte, con el talón atravesado por una flecha, es un ejemplo de cómo los héroes llevan siempre la muerte consigo (cuando nació, su madre Tetis consiguió que fuera invulnerable en todo su cuerpo, salvo en esa pequeña parte: el talón).

En definitiva, desde el más batallador, como Aquiles, hasta el solitario que vence monstruos y abre caminos, como Heracles, muchas son las caras del héroe antiguo. Sin duda serán más memorables quienes combinen ambas facetas, como es el caso de Ulises, guerrero y aventurero a la par. Otros héroes son cazadores, como Acteón o Aristeo; otros médicos, como Asclepio; los hay atléticos, como Pélope y los Dioscuros, relacionados con los juegos deportivos; otros están asociados a aspectos locales o más determinados (adivinos como Melampo, inventores como Palamedes, etc.); pero todos destacan por su excelencia en algún aspecto en que alcanzaron el máximo grado de destreza o saber. Veremos a continuación algunos breves ejemplos de los más famosos héroes griegos, muchos de los cuales desarrollan sus hazañas en el marco de un ciclo mítico de la Grecia antigua, como el de Troya o el de los argonautas. Sobre algunos de ellos se volverá más adelante, al tratar estos temas; en otros nos detendremos más.

HERACLES, EL MÁS FUERTE DE LOS HÉROES

Es quizá el más famoso de los héroes griegos. Hijo de Zeus y Alcmena, sus hazañas han trascendido el ámbito de la mitología clásica y ya son un lugar común en la cultura occidental. Era célebre por su fuerza sobrehumana, su valentía y su buen corazón, aunque también tenía fama de glotón y de no ser muy inteligente. Su nacimiento es extra-ordinario, como corresponde a un héroe de su calibre: se cuenta que fue concebido una noche en que su madre Alc-mena quedó sola en el palacio de su marido, el héroe Anfi-trión, que andaba guerreando. Zeus deseaba a Alcmena, pero como ésta era muy virtuosa, vio que la única manera de yacer con ella era tomar la forma de su marido. Y así vino al mundo el gran Heracles, que habría de cumplir hazañas gloriosas que dieran lustre a su nombre y al de su padre por todo el mundo conocido. Su ciclo de gestas se conoce como «los doce trabajos». De nuevo, el número doce señala aquí la perfección, el ciclo mítico completo de un héroe, de un personaje legendario que tiene que afron-tar los más terribles peligros para lograr la gloria. Heracles, por un azar, o más bien por designio de una divinidad adversa, nace en desventaja y sometido a su primo, el rey Euristeo, a todas luces inferior a él. Recelando de Heracles, que le aventaja en todo pero está a sus órdenes, Euristeo le impone una tras otra doce misiones imposibles para cual-quier mortal; pero no para el héroe. En el caso de Heracles, que nace humano, el cumplimiento de estos doce trabajos –que han devenido un lugar común, motivo para el arte y la literatura– le llevará más lejos que a la simple victoria sobre Euristeo o a ocupar su lugar en el trono, le otorgará la deificación. Es el más alto destino que puede aguardar al héroe, convertirse en dios. Y Heracles lo consigue al final de sus días, con una merecida apoteosis al Olimpo. Sobre sus doce trabajos, que consideramos un ciclo mítico, hablare-mos más adelante, profundizando en la figura de este gran héroe griego, que es Hércules para los latinos. Baste ahora con esta mención en primer lugar entre héroes y semidio-ses para resaltar su valía.

AQUILES, EL MEJOR DE LOS GRIEGOS

El arquetipo de héroe guerrero de la épica tradicional es Aquiles, el mejor de los griegos. Es un héroe sanguinario y despiadado, pero regido por el código de honor que lleva a obtener la fama imperecedera, representante de esa categoría de hombres que están más allá de lo humano y pertenecen al mundo heroico. Es el único hijo de un mortal y una diosa, de Peleo, rey de Ptía, en Tesalia y gran guerrero también, y de la diosa marina Tetis, hija de Nereo. Su gloria fue tal que el gran poema épico griego, la *Ilíada*, se centra en su historia en el décimo año de guerra de los griegos contra los troyanos. Su cólera, difícil de aplacar, es el motivo central de este poema, fundador de la tradición literaria de Occidente. Éste es Aquiles, el mejor de los griegos, el primer héroe literario.

Ya las bodas de sus padres fueron indicio del esplendoroso futuro de su único vástago. La fiesta celebrada para las bodas de Tetis y Peleo fue una de aquellas ocasiones irrepetibles en las que hombres y dioses se sentaron a la misma mesa. Se cuenta que una vez reunidos, la Discordia arrojó en medio del banquete una manzana de oro con la inscripción «para la más bella». Las diosas Hera, Afrodita y Atenea se disputaron la distinción, y recayó sobre el príncipe troyano Paris, a la sazón el joven más hermoso, el honor de pronunciar el nombre de la más hermosa. Éste es el Juicio de Paris, celebrado por artistas de todos los tiempos –dignas de recuerdo son las versiones pictóricas de Lucas Cranach (en 1508) y de Rubens (en 1635)–. Pese a las tentadoras promesas de las otras diosas, Paris le adjudicó el honor a Afrodita, quien le ayudaría a raptar a Helena. Tanto el Juicio de Paris como este rapto habrían de traer la ruina de Troya.

Cuando Aquiles nació, su madre Tetis, a fin de otorgarle la inmortalidad, lo sumergió en las tenebrosas aguas del río Estige (aunque algunos afirman que fue untado con divina ambrosía, alimento de los inmortales). El caso es que para hacerlo tuvo que asir al pequeño de los talones, o bien le quedó esa parte por untar, cuando la interrumpió su marido Peleo. Por esto, los talones eran la única parte vulnerable del héroe. Pronto, ya desde su infancia, destacó como guerrero valiente y veloz. Las piernas de Aquiles eran muy ágiles, tanto que se ganó entre sus compañeros el apodo de «pies rápidos». Se educó con el famoso centauro Quirón, sabio entre los sabios, que le enseñó lo que convenía a un héroe antiguo.

Aquiles formó parte del contingente enviado por los griegos a Troya, bajo el mando del gran rey Agamenón, para rescatar a Helena, la raptada esposa del rey espartano Menelao. Su madre Tetis, que era conocedora del triste destino de su hijo Aquiles, trató de ocultarlo en la isla de Esciros, disfrazado de muchacha, según una tradición. Así lo refleja otro célebre lienzo de Rubens de 1618, que se encuentra en el Museo del Prado y que muestra a Aquiles vestido de mujer y con una espada. Se cuenta que los griegos enviaron una embajada con Ulises para encontrar a Aquiles y reclutarlo. Ulises llegó a la corte de Licomedes vestido de mercader y ofreció a las mujeres una cesta de collares, armas y otros enseres. Aquiles se lanzó sobre las armas, mostrando su naturaleza masculina y descubriéndose el engaño. En todo caso, Aquiles no escapó a su mortal pero glorioso destino. Marchó a Troya al frente de las fuerzas de los fieros Mirmidones, llegados en cincuenta naves, que eran los guerreros más terribles de la Grecia continental. Sobre ellos se decía que habían tomado el nombre de las hormigas (*myrmekes*) porque eran una raza de hombres que creó Zeus a partir de estos voraces insectos.

Aquiles era orgulloso y a duras penas se sometía a la disciplina de la coalición griega, mandada por Agamenón. Muy pronto discutió con éste, por un asunto menor: la asignación como botín de una rehén. Y resentido contra Agamenón se encerró en su tienda negándose a luchar. Mientras esto ocurría, los troyanos tomaban una gran ventaja. Pero Aquiles reacciona ante la muerte de su amado compañero Patroclo, al que mató el héroe troyano Héctor. Ante esta desgracia, su cólera se dirigió contra Troya e intervino decisivamente en la victoria. En singular combate Aquiles dio muerte a Héctor ante las murallas de Troya, y en cruel venganza por la muerte de su amigo Patroclo, arrastró el cadáver del troyano con su carro. El fin de la *Ilíada* coincide con la embajada del rey Príamo, padre de Héctor, al soberbio Aquiles, para reclamarle los restos mortales de su hijo.

Otras historias se refieren a Aquiles, y más allá de la *Ilíada* sabemos que morirá en el asedio a la ciudadela de Troya, de un flechazo disparado por Paris que fue a acertarle precisamente en el talón, su único punto débil. Pero hay otros mitos relacionados con él. Se cuenta que mató a Pentesilea, la reina de las amazonas, que combatía en las filas troyanas. Tras darle muerte, Aquiles lloró, por la belleza de Pentesilea, enamorado tal vez de ella, y uno de los soldados griegos, Tersites, se burló de él, recibiendo por ello la muerte. También se dice que concibió un hijo con Deidamía, la hija del rey de Esciros, donde estuvo oculto por su madre disfrazado de mujer. El vástago del héroe se llamó Neoptólemo. Aquiles, en cualquier caso, es el más aventajado de los guerreros griegos y representa como ningún otro el ideal heroico de buscar la gloria y la muerte. Él es un héroe brutal, que deshonra el cadáver del enemigo y no respeta las reglas del combate, sino que busca la gloria personal, pues es consciente de su breve destino. También parece que sabe, en ocasiones, que su leyenda será inmortal y que, siglos más tarde, será aún recordado en páginas como ésta. El orgulloso Aquiles es quien fija el ideal de héroe griego, «ser siempre el mejor y mostrarse con mucho superior a los otros», como afirma él mismo en la *Ilíada* (XI, 784)[22].

ULISES, FECUNDO EN ARDIDES

«Ulises soy, aquel varón famoso / el hijo de Laertes y Anticlea, / de Ítaca señor y dulce esposo / de Penélope casta». Para resumir la gloria de este héroe, un nuevo tipo de héroe más moderno y astuto que el brutal Aquiles, bien está que se haya presentado él mismo en los versos de Lope de Vega

---

[22] Éste habría de ser un lema inmortal, que muchos otros hombres célebres y ambiciosos adoptarían como propio. Así lo hizo Cicerón, que lo reconoce en una carta a su hermano Quinto.

(*La Circe*, canto segundo). Los mitos que se refieren a Ulises (nombre latino de Odiseo) conforman un universo de leyendas muy variadas en torno a este rey de Ítaca de aguzado ingenio, que van desde el ciclo mítico de sus viajes hasta las interpretaciones alegóricas y simbólicas de su figura. Se le considera descendencia de Hermes, el dios de la astucia, y ya su genealogía demuestra que estaba destinado a los grandes viajes y aventuras. Es hijo de Laertes, que a su vez desciende de Arcisio. Por el lado materno, su abuelo es Autólico, legendario ladrón e hijo de Hermes. Pero otra tradición le considera hijo de Anticlea y Sísifo, el personaje que fue castigado por su astucia y falta de escrúpulos a empujar una enorme roca hasta lo alto de una colina en el Hades que luego volvía a caer, por lo que Sísifo debía volver a empezar sus fatigas.

Se dice que Ulises, como otros héroes, fue educado también por el benévolo centauro Quirón. De su infancia se dice que fue herido por un jabalí en una cacería; de ello le quedó una cicatriz por la que, años después, podría ser reconocido a su regreso de Troya. Cuando tuvo la edad suficiente, Laertes abdicó en él. Ya como rey de Ítaca, tuvo la oportunidad de tomar a Helena de Esparta como esposa, pero prefirió a la casta Penélope, con la que tuvo a su hijo Telémaco. Siendo aún éste un niño, Ulises fue convocado a la expedición contra Troya, a causa del rapto de Helena por Paris. Y si algunas tradiciones afirman que al principio no se alistó voluntariamente, pronto aparece en el mito como un entusiasta partidario de la guerra, que no duda en reclutar a Aquiles, oculto por su madre en la isla de Esciros.

A Troya, Ulises llevó doce naves de itacenses, y es de los jefes griegos más destacados. Se le llama y se pide su consejo en las ocasiones más difíciles, pues siempre sobresale por su astucia. Como muestra, su participación en la embajada a Aquiles, cuando Agamenón pretende reconciliarse con él. En labores diplomáticas y de espionaje, los griegos confían en Ulises: a él se atribuye la idea de construir el célebre caballo de madera que habría de poner fin al asedio. Pero su verdadera aventura comenzaría al emprender el regreso a Ítaca, lo que contaremos más adelante. Por ahora baste decir que fue una ofensa contra Poseidón, feroz dios de los mares, la causa de su largo retraso en volver a casa, para bien de los amantes de la literatura.

JASÓN, CONQUISTADOR
DEL VELLOCINO Y DE MEDEA

Este héroe aventurero es una figura ambivalente en la mitología griega. Por un lado, es el valeroso cabecilla de los argonautas que protagonizó una búsqueda legendaria por los confines del mundo conocido en pos de un tesoro de leyenda, el vellocino de oro. Por otra parte, su carácter aprovechado y traicionero, como el de tantos otros héroes, se pone de manifiesto en su comportamiento con la pasional Medea, que se enamora de él y le ayuda en sus aventuras, para ser luego abandonada cruelmente. Así, su trayectoria mítica y literaria es de doble vertiente: una positiva, narrada por Apolonio Rodio en sus *Argonáuticas*, y una negativa, marcada por el abandono de su amante y la venganza de ésta, que cuenta magistralmente Eurípides en su tragedia *Medea*. La primera vertiente del mito hubiera sido acaso la más recordada e importante, de no ser por la honda impresión que causa la historia de Medea, asesina de sus propios hijos[23]. En Jasón se aúnan dos motivos que se encuentran en muchas mitologías y también en los cuentos populares: la expedición del héroe con sus auxiliares mágicos (cada uno de sus compañeros argonautas destaca en alguna habilidad) y su iniciación a través de una serie de pruebas. Así sucede con Heracles, Teseo o Perseo; hay una serie de obstáculos que se han de superar para demostrarse heredero legítimo del poder, después del nacimiento y educación legendarias del héroe.

Jasón es también educado por el sabio centauro Quirón, tras su nacimiento en Yolcos, de los descendientes de Eolo, dios de los vientos. Se cuenta que era hijo del rey de Yolcos, Esón, quien había sido destronado por su hermano Pelias

---

[23] Véanse Medea en el capítulo 10 y la saga de Jasón en el 11.

(según otros, Esón le había confiado el trono hasta que Jasón fuera mayor de edad). Pelias, en todo caso, reinaba y había recibido un funesto oráculo que le decía que debía guardarse del hombre de una sola sandalia, pues éste causaría su perdición. Al cumplir la edad precisa, el joven Jasón dejó la compañía de Quirón y regresó a su país, asilvestrado, vistiendo una piel de pantera, con una lanza en cada mano. En el camino había perdido la sandalia izquierda. Y llegando a Yolcos de esta manera, encontró a su tío Pelias haciendo un sacrificio público, y al punto entendió el usurpador que Jasón era el hombre del que hablaba el oráculo. Al sexto día Jasón le reclamó el trono que por derecho le pertenecía, pero Pelias se negó a entregárselo salvo que, como prueba de su valor, el joven le trajera la piel del mágico carnero de oro que llevó a Frixo por los aires. (Se decía, en efecto, que antaño los hermanos Frixo y Hele fueron salvados de la muerte, que su propio padre Atamante, rey de Coronea, planeaba para ellos gracias a un carnero de piel de oro que Zeus les envió.) La piel de este legendario animal estaba en la Cólquide, una tierra de embrujo, lejana y misteriosa, en los límites del mundo conocido. Y allí hubo de marchar Jasón para obtener su reinado, y allí fue donde conocería a la maga Medea, cuyo amor le salvó a él y a los compañeros que reclutó para la célebre expedición sobre la nave Argo, que se contará en otra ocasión. Bástenos ahora esta breve semblanza de Jasón, el héroe contradictorio que oscila entre la gloria de su expedición —el viaje de los argonautas— y el trágico fin de su amor con Medea.

TESEO, EL HÉROE DE ATENAS

Teseo se ha caracterizado por ser el gran héroe de Atenas, en contraposición con otras figuras heroicas como Heracles o Aquiles. La mitología y la literatura son también poderosas armas de propaganda política, sobre todo si se trata de crear un orgullo o conciencia nacional. Quizá no lo era en sus orígenes, pero pronto Atenas lo adoptó como si fuera un héroe nacional. Así, la historia de Teseo ha sido modelada para convertirse en el paradigma del ideario ateniense: es un héroe valiente, emprendedor y lanzado a mil aventuras. Pero también tiene una vertiente negativa en ocasiones, pues es una persona con pocos escrúpulos a la hora de conseguir sus fines. Recordemos que Atenas obtuvo la primacía en la Grecia clásica a través de su potente flota y su imperio de ultramar, hasta su caída tras las guerras con Esparta. El mito de Teseo, sin embargo, ha perdurado más en su vertiente positiva, y los ecos heroicos de su leyenda nos han llegado a través de diversos autores antiguos, como Plutarco en sus *Vidas paralelas* o Apolodoro en su *Biblioteca mitológica*. En los mitos sobre Teseo, cada autor proporciona datos e interpretaciones que recogen una antiquísima tradición. Las narraciones más antiguas sobre Teseo se han perdido (al contrario de lo que ocurre con Ulises o el ciclo de Troya), pero sabemos que hubo un ciclo épico que recogía los elementos más antiguos del mito: el nacimiento y hazañas de juventud del héroe. Y, si en sus orígenes no era seguramente un héroe exclusivamente ateniense, pronto los testimonios del arte y la literatura lo fueron señalando como héroe de una ciudad concreta. El poeta Baquílides (siglo V a. de C.) compuso dos obras sobre Teseo en una época en que una expedición de ciudadanos atenienses trajo el esqueleto del héroe a la ciudad y lo enterró cerca del ágora: se cuenta que poco después de la segunda guerra médica, un oráculo de Delfos animó a los atenienses a buscar los restos de Teseo en la isla de Esciros. Allí una expedición guiada por Cimón, jefe del partido más conservador de Atenas, halló, guiado por un prodigio, un enorme esqueleto con lanza y escudo. Identificado como Teseo, fue llevado a Atenas y enterrado entre grandes honores, como héroe protector de la ciudad, como Atenea era la diosa patrona de Atenas.

Pero vayamos a la leyenda. Esto es lo que se sabe de los orígenes de Teseo: el rey de Atenas, Egeo, no podía tener un hijo que perpetuara la estirpe real. Y, tras casarse dos veces en vano, como tenía miedo a morir sin descendencia, fue a consultar con el oráculo de Apolo en Delfos para preguntar al dios cómo podría tener un hijo. La respuesta de la Pitia fue, como siempre, enigmática: «El cuello que sobresale del odre, oh, el mejor de los hombres, no lo desates antes de llegar a las alturas de Atenas». Por supuesto, Egeo se quedó atónito ante este mensaje, y regresó a Atenas. De paso por Trecén se hospedó en casa del rey Piteo, que interpretó por su cuenta el oráculo y embriagó a Egeo para que yaciera con su hija Etra. Pero esa misma noche, como en el caso de Heracles, un dios intervino en la concepción del héroe, fue Poseidón, soberano de los mares, que se unió también con Etra. Antes de su partida hacia Atenas, Egeo dejó su espada y sus sandalias escondidas bajo una roca y le dijo a Etra que si daba a luz un varón lo criase sin decir de quién era y que, cuando el niño tuviera edad de mover la roca, cogiera la espada y las sandalias y marchara a la ciudad de Atenas ante él. Así sucedió, y Teseo, cuando se hizo mayor, marchó a pie hacia Atenas.

La ruta hacia la ciudad era entonces muy peligrosa porque estaba plagada de malvados que asesinaban a los viajeros. En el camino, Teseo dio prueba de su heroico valor, y limpió la campiña de los ladrones y criminales legendarios que poblaban. Es fama que en Epidauro mató a un criminal llamado Corinetes, porque se dedicaba a aplastar a los caminantes con una maza (*koryne*) de hierro, que Teseo se llevó como trofeo. A continuación, dio muerte a un ladrón llamado Pitiocamptes, que residía en el istmo de Corinto y obligaba a los que pasaban a intentar doblar un pino (*pitys*). Como nadie lo lograba, perecían todos al ser lanzados al aire por el árbol. En tercer lugar mató al criminal Sinis y también a una monstruosa cerda salvaje, hija de Equidna y de Tifón. En cuarto lugar mató a Escirón, el corintio, hijo de Pélope o acaso de Poseidón, que obligaba a los caminantes a lavarle los pies, y mientras lo hacían los lanzaba al abismo para alimentar a una enorme tortuga. Teseo simuló lavarle los pies, y antes de que pudiera reaccionar lo agarró y lo arrojó al mar. Llegando ya a Atenas, en Eleusis, mató a Cerción, que obligaba a los caminantes a pelear con él y los mataba en combate, pero Teseo lo superó. Por último, mató a Damastes (llamado también Procrusto), que vivía al lado del camino e invitaba a los caminantes a dormir. Sin embargo, su hospitalidad era horrenda, pues tenía dos lechos, uno corto y otro largo, y a los caminantes de baja estatura los tumbaba en el largo, aplastándoles a martillazos hasta extenderlos tanto como el lecho; a los altos los acostaba en el corto y les cortaba con una sierra las extremidades que sobresalían. Parte de estos encuentros en el camino los narra Baquílides en sus versos elogiosos, que recogen estos antiguos mitos del ciclo de Teseo. También Homero tiene alusiones a otras leyendas más antiguas sobre Teseo que veremos a continuación.

Finalmente, Teseo llegó a Atenas. Al principio su padre Egeo no lo reconoció y receló de él, incitado por la maga Medea. Como en el caso de Heracles, Egeo desconfiaba y lo envió a una misión arriesgadísima y casi imposible: pelear contra el salvaje toro de Maratón. Teseo, por supuesto, lo mató y regresó incólume. Ya en el palacio real de Atenas, Egeo intentó acabar con él de nuevo, esta vez más directamente, mediante un veneno que le había proporcionado Medea. Se lo sirvió en el banquete, pero en el momento en que Teseo iba a probar la copa envenenada, recordó el encargo de su madre Etra y le entregó a Egeo la espada y las sandalias. Egeo, horrorizado, derribó la copa justo a tiempo y reconoció al fin a su hijo, expulsando a la intrigante bruja Medea.

No fue la del toro de Maratón la última misión arriesgada para Teseo. Otro toro monstruoso estaba causando desolación en los hogares atenienses por aquellos días a causa de un injusto tributo a un rey extranjero. Se cuenta que entonces un gran imperio marítimo tenía dominado todo el Mediterráneo. Era el imperio de Minos, monarca de Creta, que imponía su ley mediante un férreo control de los mares. Minos tenía en su palacio de Cnossos todo lo que un rey podía desear: enorme poderío en todo el mundo, un hermoso palacio, riquezas sin cuento, una bella mujer, de nombre Pasífae, un gran artífice, el sabio Dédalo, de cuyo hijo Ícaro, también inventor y émulo de su padre, se cuenta que murió al intentar llegar al sol provisto de unas alas unidas con cera, que el astro rey derritió ante la insolencia del joven. Pero Pasífae se había enamorado de un toro y había engendrado de él una criatura monstruosa: el Minotauro, mitad hombre, mitad toro. Éste, encerrado en el laberinto que Dédalo había ideado para él, necesitaba ingerir carne humana, así que Minos exigía a Atenas un tributo anual de siete jóvenes y siete doncellas. Teseo, harto de esta abominable servidumbre de su patria, se ofreció voluntario para marchar a Creta como tributo al Minotauro junto con los otros muchachos atenienses. La triste nave en la que viajaban los jóvenes que iban a ser inmolados llevaba velas negras y el rey Egeo le dijo a Teseo que si regresaba victorioso desplegara como señal unas velas blancas. Si el velamen era sombrío, el soberano entendería que su valiente hijo había muerto en el intento.

A su llegada a Creta, Teseo contó con la ayuda inesperada de Ariadna, la hija de Minos, que se enamoró de él. Ariadna le ofreció su asistencia con la condición de que la llevara a Atenas con él y la desposara, a lo cual Teseo accedió. Ariadna, convenientemente instruida por Dédalo, le dio un hilo a Teseo al entrar en el laberinto, a fin de que pudiera encontrar la salida atándolo a las puertas y soltándolo tras de sí. Teseo entró en el tenebroso laberinto, lleno de despojos humanos, y encontró al final al Minotauro; le dio muerte a golpes, sin demasiada dificultad. Acaso el monstruo esperase a alguien como Teseo. (De forma insólita y sugerente consideró el punto de vista del Minotauro, desde el fondo de su laberinto, Jorge Luis Borges en su estupendo relato «La casa de Asterión».) Luego Teseo pudo salir del laberinto gracias al hilo que le había proporcionado Ariadna. Con gran júbilo, partió hacia Atenas en compañía de los muchachos y muchachas rescatados y también con Ariadna. Pero hicieron un alto en el camino, en la isla de Naxos, y allí, traicioneramente, Teseo abandonó a Ariadna mientras dormía. Pero Dioniso la rescataría más tarde y la convertiría en su esposa, tal como muestra un célebre lienzo de Tiziano, de 1520-1523, que se encuentra en la National Gallery de Londres.

Otros autores, como Apolodoro, tal vez para promover una visión más positiva del héroe ateniense, relatan que Dioniso raptó a Ariadna de la isla de Naxos. En todo caso, Teseo zarpó de nuevo hacia Atenas sin ella, y al llegar a la ciudad no puso las velas blancas, como había acordado, ya fuera por tristeza ante el rapto de Ariadna o por simple olvido. Su padre Egeo, al ver desde la Acrópolis la nave con negro velamen, se arrojó desesperado por las rocas y murió, creyendo que Teseo había muerto. Así fue como Teseo se convirtió en el nuevo rey de Atenas.

Ésta es la gesta principal de este héroe, pero se le atribuyen otras hazañas menores, acaso ya con menos lustre para la posteridad, pero igualmente heroicas. Teseo participó en la cruenta guerra contra los centauros, que eran seres salvajes y no sujetos a ley alguna. Pirítoo, el rey de los lapitas que había invitado a Teseo a su boda con Hipodamia, cometió el error de invitar también a los centauros, pues eran parientes de aquélla. Los centauros se embriagaron con el vino, al que no estaban acostumbrados, e intentaron raptar y violar a la propia novia. Pirítoo y Teseo pelearon entonces contra ellos, causando una gran mortandad. Otra historia narra que Teseo y Pirítoo, siempre compañeros en heroicas correrías, habían decidido tomar por esposas a hijas de Zeus, por lo que primero raptaron a Helena de Esparta para Teseo y después marcharon al Hades en busca de Perséfone para Pirítoo. Pero pronto los hermanos de Helena, los Dioscuros Cástor y Polideuces (o Pólux), poderosos hijos de Zeus, de gran importancia para la cultura romana, la rescataron de Atenas. Por otra parte, el viaje al Hades de Teseo y Pirítoo tampoco resultó exitoso. El rey del mundo de los muertos los engañó, fingiendo que los acogía hospitalariamente e invitándoles a sentarse en el trono de Lete. Allí quedaron fuertemente atados por anillos de serpientes. Pirítoo se quedó prisionero para siempre en el Hades, pero Heracles rescató a Teseo, que pudo volver al mundo de los vivos, convirtiéndose así en uno de los privilegiados que había visto ambos lados.

La relación de Teseo con Heracles, el más grande de los héroes griegos, ha sido siempre amistosa pero competitiva, pues Heracles es por excelencia el héroe de toda Grecia, mientras que Teseo pertenece fundamentalmente a Atenas. Desde muy pronto, parece que los mitos sobre ambos héroes son paralelos y muchos autores de la Antigüedad escribieron comparaciones entre los dos, destacando que Teseo emuló siempre a Heracles. Las hazañas de los dos héroes se encontraban representadas en paralelo en monumentos como la basa de la estatua de Zeus en Olimpia, ejemplo iconográfico de esta heroica rivalidad.

Se cuenta, asimismo, que después de ser liberado del Hades, Teseo participó junto a su salvador Heracles en una expedición contra las Amazonas, feroces mujeres guerreras del Cáucaso. Se enamoró de una de ellas, Hipólita, y la raptó, lo que provocó la guerra entre las Amazonas y los atenienses. Éstos acabaron por vencer en una batalla que tuvo lugar cerca del Areópago, donde se celebraban en época histórica los juicios sumarísimos en Atenas.

Pues bien, de esta amazona, Hipólita, Teseo tuvo un hijo que sería celebrado en una tragedia de Eurípides que toma su nombre, *Hipólito*. El comportamiento de Teseo con sus mujeres fue siempre, hay que decirlo, más bien poco caballeroso. Así, después del abandono de Ariadna y tras desposar a esta amazona, que le dio un hijo, la dejó por otra mujer, Fedra, hija del poderoso rey Minos de Creta. Tal vez interesaba al monarca ateniense una alianza estratégica con su antiguo enemigo. Mas cuando Teseo se disponía a contraer matrimonio con Fedra, Hipólita se presentó en la boda con sus compañeras de armas para atacar a los invitados. La amazona murió en la refriega, y hay quienes dicen que fue el propio Teseo el que, cruelmente, la mató. Un signo más del vergonzoso trato que el héroe dispensaba a sus amantes.

Pero aún había de dar el destino otro giro inesperado, tal vez en venganza por esta actitud de Teseo, de tantos desaires y traiciones a sus mujeres. Con Fedra tuvo Teseo dos nuevos hijos. El anciano monarca reinaba feliz sobre Atenas, sin preocupaciones, junto a su familia: su mujer Fedra, los dos pequeños hijos que tenía con ella, y el casto y hermoso Hipólito, hijo de la amazona muerta. Hipólito veneraba a la diosa de la caza y la pureza, Ártemis, y recorría los bosques en monterías, desentendiéndose de los amores propios de su joven edad. Pero Afrodita, la diosa del amor, es implacable y no tolera estos desprecios, así que —cuenta Eurípides— hizo que Fedra se enamorara de Hipólito, hijo de su marido, con

una violenta pasión. El casto Hipólito, por supuesto, rechazó el encuentro amoroso con su madrastra, pues aborrecía a
todas las mujeres, y Fedra, temiendo que dejara en eviden-
cia en público su desvergüenza, fingió haber sido violada
por Hipólito, desgarrando sus vestidos y acusando en falso a
su hijastro ante Teseo. El anciano rey de Atenas la creyó y,
airado contra su hijo, le suplicó a Poseidón, de quien era a
su vez hijo, que Hipólito fuera destruido. Y así sucedió, pues
un día que el joven marchaba en su carro cerca del mar,
Poseidón envió un toro salvaje que asustó a los caballos e
hizo estrellarse a Hipólito, que murió. No pudo soportar
esto Fedra, que desveló finalmente su amor y sus oscuros
motivos, y se quitó la vida (la historia impresionó al francés
Racine, que escribió una memorable tragedia, *Fedra*, a la
zaga de las de Eurípides y Séneca). Teseo se quedó –horrible fin de sus días– completamente solo: privado de su
mujer, con su hijo muerto trágicamente y con tremendos
remordimientos tras una vida de heroicas aventuras y traiciones amorosas.

PERSEO, EL MATADOR DE MEDUSA

Otro de los héroes griegos fue el famoso Perseo, hijo de
Zeus y Dánae, que encuentra su origen en Argos. Su nacimiento fue marcadamente extraordinario: un día, antes de
que él naciera, su abuelo, el rey Acrisio, tras preguntar cómo
podría tener hijos varones, había recibido un terrible oráculo que le prevenía de su nieto. Se profetizaba que el nacido
de su hija Dánae acabaría por causar su muerte. Así que decidió encerrar a Dánae en una cámara de bronce bajo tierra,
para evitar que concibiera un hijo. Pero he aquí que Zeus se
prendó de ella y para unirse con Dánae se transformó inge-
niosamente en una fina lluvia de oro, que pudo entrar por
las rendijas del escondrijo que había diseñado Acrisio, como
supo pintar Tiziano en un célebre lienzo de 1553 que se
guarda en el Museo del Prado. Así fue concebido el heroico
Perseo, en unas mágicas circunstancias. Al principio, el nacimiento fue ocultado por la madre, pero pronto se descubrió.

Acrisio no esperó a que el niño creciera y encerró a Perseo y a su madre en un cofre y los lanzó al mar, donde quedaron flotando sin rumbo, a merced de las olas.

Así llegaron a la isla de Sérifos, donde los rescató un pescador, Dictis, que acogió a la madre y al niño y condujo a ambos ante el rey Polidectes. Perseo creció en su corte y pronto destacó por su valentía y destreza. Cuando Perseo se hizo mayor, Polidectes se enamoró de Dánae, pero el héroe velaba por ella y no permitía a nadie que se le acercara. Así que una gran inquina contra Perseo nació en el monarca de Sérifos. Un día el rey, en un banquete que ofreció con la asistencia de Perseo, preguntó qué regalo le podrían ofrecer los comensales. Mientras que todos los presentes respondieron a una «un raudo corcel», Perseo dijo imprudentemente que si por él fuera le traería la mismísima cabeza de Medusa. Así, al día siguiente, todos los demás le habían regalado un caballo al rey, menos Perseo, por lo que el monarca obligó a Perseo a marchar en busca de la cabeza de Medusa, diciendo que de no hacerlo tomaría por la fuerza a su madre Dánae como esposa. Se trataba de una peligrosa misión: dar muerte a Medusa, una de las Gorgonas (según otros, Medusa estaba devastando la isla de Sérifos, y ésta fue la razón por la que Perseo tuvo que ir a matarla).

En todo caso, así fue como Perseo se aventuró a entrar en la cueva de Medusa. Para llegar a ella, se tuvo que enfrentar primero a las tres espantosas Grayas, a las que quitó el único ojo que compartían para forzarlas a indicarle el camino para hallar a las Gorgonas. Cuando al fin llegó a la caverna de estas tres mujeres monstruosas, Euríale, Medusa y Esteno, la encontró llena de restos humanos y piedras que anteriormente fueron hombres. Dos de ellas, Euríale y Esteno, eran inmortales, y sólo Medusa podía morir, pero era imposible acercarse a ella porque su mirada convertía en piedra a los hombres. No obstante, Perseo prevaleció gracias a la ayuda de las divinidades, pues tenía a su favor a Atenea y Hermes: la primera le prestó su brillante escudo, mientras que el segundo le dio sus sandalias aladas. También consiguió el casco de Hades, que le proporcionó invisibilidad. Así pudo aproximarse a Medusa mientras dormía, en total silencio, y cortarle la cabeza sin mirar directamente al monstruo, pues veía su reflejo en el escudo de Atenea. La diosa, más tarde, habría de fijar el rostro desencajado de Medusa a su escudo para terror de sus enemigos (como la Medusa Rondanini, una de las más célebres representaciones del monstruo). Así, Perseo huyó con la cabeza de Medusa y escapó de sus hermanas gracias al casco de Hades, que lo hacía invisible.

Victorioso, emprendió el regreso a Sérifos con la cabeza de Medusa. Pero en el camino protagonizó hazañas sin par y emprendió otra gran aventura. Perseo voló a través de los cielos y llegó a los límites occidentales de la tierra, a los dominios del gigantesco Atlas, que era rico y poseía abundantes rebaños y unos hermosos jardines con árboles que producían frutos de oro. Una antigua profecía le había anunciado que un día llegaría un hijo de Zeus y le robaría sus manzanas doradas. Así, cuando se presentó ante él Perseo para pedir su hospitalidad y dijo ser hijo de Zeus, Atlas no quiso hospedarle. Perseo le dijo astutamente que se marcharía, pero que antes deseaba ofrecerle un regalo. Dándose la vuelta, sostuvo ante el gigante la cabeza de Medusa. Así es como Atlas quedó petrificado, y tan grande como era, se transformó en una enorme mole de piedra que se convirtió en el punto de apoyo de la bóveda celeste.

Más tarde, prosiguiendo su camino hacia Sérifos, Perseo llegó al país de los etíopes, donde reinaban Cefeo y Casiopea. La reina, de una extraordinaria hermosura, había cometido un pecado de soberbia. Se había enorgullecido demasiado de su belleza, tanto que se atrevió a compararse con las ninfas del mar. Éstas, indignadas, enviaron como castigo a su reino un terrible monstruo venido de las profundidades de los océanos que estaba devastando la costa de su país. Desesperados los reyes ante la gran mortandad y destrucción que provocaba el monstruo, consultaron con un oráculo qué debían hacer. Para su horror, el oráculo respondió a Cefeo que debía sacrificar a su hija Andrómeda al monstruo para conjurar el peligro.

Pues bien, justo en el momento en que Andrómeda estaba siendo expuesta al monstruo y mientras la ataban a una roca para que fuera devorada, llegó Perseo volando por los aires impulsado por las sandalias aladas de Hermes. El héroe se enamoró inmediatamente de la joven encadenada, y decidió rescatarla de las garras de aquella terrible criatura. Prometió al rey Cefeo que liberaría a su hija con la condición de que él le concediera su mano, a lo que el monarca accedió. Así que venció al monstruo gracias a sus armas mágicas: primero saltó con sus sandalias aladas sobre el lomo de la bestia y le clavó su espada una y otra vez, después lo convirtió en piedra usando la terrible mirada de la cabeza de Medusa. Así salió vencedor.

La joven Andrómeda pudo de esta suerte salvar la vida, y cuando los padres se disponían a cumplir la promesa y entregarla a Perseo, el tío de Andrómeda, Fineo, que a la sazón estaba prometido a ella, se presentó para reclamar de forma violenta a la doncella, tratando de herir a Perseo con una lanza. Ello provocó una lucha entre los partidarios de Fineo y los de Perseo que acabó cuando éste sacó la cabeza de Medusa y petrificó al pretendiente de Andrómeda. El final de esta aventura se sitúa en el firmamento: posteriormente, tanto Cefeo y Casiopea como Andrómeda serían elevados a la bóveda celeste. La más célebre, Casiopea, se convirtió en la constelación que lleva su nombre. Es, según el poeta John Milton, «esa estrellada reina etíope que se atrevió a elogiar su propia hermosura sobre la de las ninfas del mar, a las que ofendió». Pero las ninfas no perdonaron nunca la ofensa, y se cuenta que por esta razón la constelación de Casiopea está situada cerca del polo, a causa de lo cual cada noche se encuentra colgada cabeza abajo sobre el mar, como castigo a su orgullo.

Pero aún había de regresar Perseo a su isla de origen: Sérifos. Allí, durante su ausencia, el rey Polidectes había intentado forzar a su madre Dánae, así que ésta se había tenido que refugiar en sagrado, junto a un altar inviolable. Finalmente, Perseo llegó, de nuevo justo a tiempo, y se vengó de Polidectes convirtiéndolo en piedra junto con sus secuaces y entregó el cetro de la isla al pescador que le había acogido y adoptado, Dictis, que reinó junto a su madre Dánae. Fue entonces cuando devolvió a los dioses las armas mágicas, gracias a las que había ganado fama y gloria.

Todavía restaba el retorno final del héroe a su lugar de nacimiento: Argos. Deseoso de ver su verdadera patria, Perseo cumplió el ciclo heroico y regresó a la corte de su abuelo Acrisio, de donde había partido cuando aún era un retoño junto a su madre, flotando dentro de un cofre. Acrisio, temiendo que se cumpliera el oráculo, huyó de su corte y se refugió en el país de los pelasgos. Dio la casualidad de que, tiempo después, el rey de los pelasgos convocó unos juegos y Perseo se presentó como atleta participante. En el lanzamiento del disco, accidentalmente, Perseo mató a Acrisio sin llegar a conocerlo: así se cumplía el destino, como había sido profetizado. Luego se dolió cuando supo que había matado a su abuelo y organizó tributos fúnebres. Desde entonces, Perseo fue el protector de Argos. Una oscura tradición afirma que se opuso a la llegada de Dioniso con su culto a Argos, y que ambos se enfrentaron en singular combate, Perseo con sus armas mágicas, Dioniso con su vegetación y sus poderes asociados al vino. Al final todo volvió a sus cauces, gracias a la mediación de Zeus entre sus dos hijos.

PÉLOPE, ATLETA Y HÉROE OLÍMPICO

De Zeus llegó también el castigo para Tántalo, que muchas veces pasa por ser su hijo. En tiempos lejanos, este rey de Frigia de legendaria riqueza era amado por los dioses, que incluso se dignaban compartir mesa con él en festines sin par. Así era en los tiempos mágicos de la mitología. Tántalo era, pues, un rey feliz que tenía dos hijos, Pélope y Níobe (a quien conocemos por su desdicha a propósito de Ártemis). Sin embargo, Tántalo cayó en desgracia por su comportamiento criminal. La historia varía en las versiones míticas. Unos dicen que había mentido a los dioses, otros que había raptado a Ganimedes, un jovencito frigio, inventando así el amor homosexual (el mismo Ganimedes sería raptado por Zeus tiempo después). Pero es más conocida la historia que narra que una vez Tántalo invitó a todos los dioses a un banquete, y cruelmente sirvió a su propio hijo

Pélope, troceado, como plato principal. Así había pretendido poner a prueba a los dioses. El castigo que sufrió a causa de su maldad, en cualquier caso, le hizo famoso universalmente; se cuenta que fue condenado en el Hades a un suplicio infernal: tenía eternamente hambre y sed, pues, aunque estaba sumergido en el agua, ésta se retiraba cuando iba a beber, y aunque sobre su cabeza pendía una rama cargada de frutos, ésta se retiraba también cuando él iba a comer.

Con respecto a Pélope, los dioses clarividentes conocieron enseguida el engaño de Tántalo, y se abstuvieron de probar la carne humana que les había servido en el banquete. Todos menos Deméter, que estaba hambrienta y, sin darse cuenta, se comió un hombro de Pélope. Los dioses juntaron los pedazos de Pélope y lo resucitaron, poniéndole un hombro de marfil que sustituyó al que había devorado la despistada Deméter. Poseidón, dios de los mares, lo adoptó, enamorado de él, y lo llevó al Olimpo como copero. Regresó el héroe a la tierra con un precioso regalo del dios, dos caballos divinos y velocísimos.

Pélope está relacionado con la fundación de los Juegos Olímpicos en la Élide, mito que cuenta Píndaro, poeta de los Juegos (*Olímpicas* I, 109ss.). Se dice que había en Pisa, en la Élide, un malvado rey, de nombre Enómao, que se negaba a dar a su bella hija Hipodamia en matrimonio a ninguno de sus muchos pretendientes, seguramente porque un oráculo le había prevenido contra su yerno (aunque otras versiones afirman que estaba enamorado de su propia hija). Les obligaba a competir con él en una carrera de carros que tenía como premio la mano de la princesa. Pero lo hacía para librarse de ellos, ya que todos los pretendientes perecían al competir con él, porque su padre Ares le había regalado unos caballos divinos. Otras veces hacía montar a Hipodamia en el carro del pretendiente, para desestabilizarlo. Y cuando lo vencía, le cortaba la cabeza y la clavaba a las puertas de su palacio para asustar a otros posibles pretendientes. Pues bien, Pélope se enamoró de Hipodamia y decidió competir por su mano en esta mortífera carrera de carros. Y esta vez la joven se enamoró también y convenció a Mirtilo, el auriga de Enómao, para que lo traicionara (hay versiones que hablan de que Mirtilo estaba a su vez enamorado de Hipodamia). En cualquier caso, Mirtilo sustituyó el eje o las clavijas del carro de Enómao por un aparejo de cera, que se rompió cuando se calentó por la fricción en medio de la carrera, y Enómao murió estrellado. Hipodamia se casó con Pélope, y hay historias que cuentan que posteriormente Mirtilo intentó violar a Hipodamia, por lo que fue arrojado al mar por Pélope. Al final, Mirtilo fue elevado a las estrellas cuando murió a manos del héroe olímpico, transformándose en la constelación del Auriga. También se dice que Mirtilo maldijo al morir la estirpe de Pélope, los pelópidas, que tuvieron una historia de desdichas bien conocida.

Pélope, tras casarse con Hipodamia y recibir el trono de Pisa, fundó unos juegos deportivos en honor de este episodio: los Juegos Olímpicos. Sin embargo, la descendencia de Pélope e Hipodamia fue muy infortunada: sus hijos fueron Atreo, Tiestes y Crisipo, quien tuvo un triste hado. Hay varias versiones sobre la muerte de este último: según la más difundida, fue muerto por sus dos hermanos, celosos de él, para heredar el reino. Hipodamia, la madre, consintió el crimen, por lo que Pélope la desterró junto con sus dos hijos. Atreo y Tiestes se refugiaron en Micenas, donde reinaba Euristeo. Éste murió sin descendencia, y un oráculo aconsejó a los ciudadanos que tomaran por rey a un hijo de Pélope, lo que desató de nuevo la discordia entre hermanos, que venía de antiguo: antaño Atreo había encontrado un cordero con piel de oro, y se lo había dado a su esposa. Pero ésta era amante de Tiestes y le dio el vellón a él. Así que en Micenas Tiestes propuso que fuera elegido rey aquel que pudiera mostrar un vellón de oro, sabedor de que Atreo aceptaría. Pero Zeus favoreció a éste y le previno de la estratagema: le recomendó que propusiera otro medio de elección, el curso del sol. Si el sol marchaba en sentido contrario, Atreo reinaría. Si lo hacía en el sentido normal, sería Tiestes, quien obviamente aceptó el trato. Pero fue engañado, pues Atreo contaba con la ayuda de los dioses, que invirtieron el curso del sol por un día.

Atreo, reinando ya en Micenas, se vengó de su hermano de forma terrible: mató a los tres hijos de Tiestes y se los sirvió en un banquete. Atreo le enseñó después las cabezas y, al reconocerlas, huyó despavorido. La descendencia de ambos, Atreo y Tiestes, estuvo también marcada por la desgracia; Atreo tuvo a Agamenón y Menelao, los reyes que marcharon a Troya (Menelao fue traicionado por su esposa Helena, Agamenón asesinado por la suya, Clitemnestra). Por su parte, Tiestes se unió con su propia hija y tuvo a Egisto, quien dio muerte a Atreo y entregó el reino de Micenas a su padre. Tiempo más tarde, conspiraría con la reina Clitemnestra para dar muerte a Agamenón. Así fue la estirpe de Pélope, fundador de los Juegos Olímpicos, una familia ambiciosa y sangrienta, una saga compleja y de criminal historia —traiciones, engaños, poder y muerte—, materia prima para la tragedia.

BELEROFONTE, EL JINETE DE PEGASO

El famoso Belerofonte es hijo de Eurínome y Poseidón, rey de los mares. Es el héroe por excelencia de Corinto, la próspera ciudad del istmo que separa el Peloponeso de la Grecia continental. Su nacimiento fue también fabuloso, y su padre adoptivo era Glauco, hijo de Sísifo. Ya desde su juventud, su vida estuvo marcada por el asesinato accidental de su hermano Bélero, lo que le dio el nombre de «Belerofonte» (matador de Bélero). Por ello tuvo que abandonar su ciudad y dirigirse a Tirinto para purificarse del crimen, pues las Erinias perseguían los crímenes con derramamiento de sangre de la propia familia.

En la ciudadela de Tirinto, reinaba el rey Preto, que lo ayudó a librarse de la mancha de sangre. Pero estando alojado en su palacio, la esposa de Preto, Estenebea, se enamoró de él. Al no corresponderle Belerofonte, la reina, despechada, le denunció a su marido, diciendo que había tratado de violarla. Preto tomó entonces la determinación de matar a Belerofonte, pero ocultó su propósito y fingió que no había pasado nada, ya que era de mal augurio y estaba vedado por los dioses tratar violentamente a un huésped. Así que un día Preto envió a Belerofonte a la corte de su suegro, Yóbates, rey de Licia, con una misiva personal y sellada que contenía la sentencia de muerte del héroe. Yóbates debía matarlo de la forma que quisiera. Cuando hubo leído la carta, el rey Yóbates decidió enviar a Belerofonte a una misión letal: le ordenó que fuese a dar muerte a la Quimera, un monstruo terrible, mitad dragón, mitad león, que desolaba por aquel entonces Licia. Era un encargo imposible de cumplir, o eso creía el rey. Pero Belerofonte contaba con su ingenio y la ayuda mágica de un caballo alado, Pegaso, al que había encontrado en Corinto, junto a la fuente de Pirene y que había nacido del cuello cercenado de Medusa. Con la ayuda de este caballo mató a la Quimera, para sorpresa de Yobates, quien enfurecido, le envió a una nueva prueba: vencer a unos salvajes enemigos de su reino, lo que también logró. Belerofonte, que asimismo batió a las Amazonas. El rey Yóbates decidió en aquel momento tratar de eliminar al jinete de Pegaso él mismo, pues ninguno de los peligros que afrontaba podía con él. De modo que resolvió enviar una tropa contra el héroe, a la que éste derrotó. A este punto, y sin dar crédito a la valentía de Belerofonte, Yóbates comprendió que era un hombre protegido por las divinidades y acabó por mostrarle la carta del rey Preto, que contenía sus instrucciones para acabar con él. Admirado por sus hazañas, le ofreció a Belerofonte la mano de su hija y al morir le dejó el reino de Licia. Sin embargo, el final de este héroe, como el de muchos otros, tuvo que ser, por fuerza, trágico. Ensoberbecido por sus triunfos, Belerofonte quiso volar con Pegaso lo más alto que nadie hubiera llegado, y alcanzar la mismísima morada de los dioses. Zeus, en castigo a su osadía, lo derribó con su rayo y Belerofonte murió al caer a tierra. Su culto, como héroe protector de Corinto y Licia, existió en Grecia en época histórica.

ORFEO, MÍSTICO CANTOR

Dice de Orfeo Lope de Vega en un soneto que glosa su vida y hazañas:

Pasó las negras aguas del Leteo
pidiendo al reino del eterno llanto
su ya difunta esposa en dulce canto,
el siempre amante en vida y muerte Orfeo.

Y en efecto Orfeo es un héroe muy particular, famoso por varios aspectos relacionados con su «dulce canto» y con el amor a su mujer Eurídice, por la que cruzó la frontera del mundo de los muertos. Como cantor, ha inspirado a poetas de todos los tiempos, como el alemán Rainer Maria Rilke. Como amante, ha trascendido la fama de su fidelidad hasta impregnar dulcemente la música de la ópera de Gluck. Como figura que va y viene del más allá, Orfeo ha tenido, además, una extraordinaria importancia religiosa, en los ritos que se desarrollaron en la antigua Grecia bajo el nombre de «misterios órficos», íntimamente relacionados con el culto de Deméter y Dioniso.

Orfeo era el hijo de una musa, Calíope, y su padre era Eagro o, según algunos, el propio Apolo. Recibió desde su nacimiento los dones que le traía su propia sangre, y muy pronto destacó como el músico y poeta más grande del mundo. Tanto era así que se decía que su canto, acompañado por la lira, podía amansar a las fieras salvajes, e incluso podía lograr que los árboles y las rocas bailasen al compás. Es un héroe peculiar, más un sacerdote o chamán que un guerrero. Pero aun así participó en la renombrada expedición de los argonautas, dirigiendo a los remeros, y ayudó a sus compañeros a escapar de alguna tempestad y del encanto de la música de las Sirenas. Así, su figura como héroe se perfila más bien como la de un mago encantador, lejos del héroe tradicional.

Sin embargo, su mayor fama se debe a sus amores con Eurídice. El amor de ambos es el más celebrado de la mitología antigua, pues trascendió fronteras tan infranqueables como las de la muerte. Fue un amor desdichado desde el principio, pero destinado a sobrevivir a lo largo de los siglos: un ejemplo son las sentidas canciones que Claudio Monteverdi dedicó a Orfeo en el siglo XVII. Se cuenta que ya en las bodas de Orfeo y Eurídice hubo pronósticos infaustos acerca de su futuro juntos. El dios del matrimonio, Himeneo, había sido invitado para derramar sus bendiciones sobre los contrayentes, y acudió con sus antorchas características, siempre presentes en las bodas antiguas. Pero entonces el humo de las antorchas se extendió entre los asistentes a la unión y provocó lágrimas en sus ojos. En efecto, una vez casados, Eurídice fue acosada por un pastor mientras paseaba por el campo en compañía de otras ninfas. Al escapar corriendo, fue mordida por una serpiente en el talón y al poco tiempo murió envenenada. Orfeo quedó desolado por la muerte de su amada, y cantó su dolor por los cuatro rincones del mundo, enterneciendo a las montañas y a los animales. Al fin, descendió al mundo de los muertos guiado por su canto, pues esperaba ver a Eurídice y rescatarla de la lúgubre prisión. Una vez llegó al Hades a través de una gruta, pudo escapar de todos los monstruos y peligros gracias a su música hechicera. Además, a su paso, se detenían los tormentos de los condenados, como el de Tántalo, que sentía hambre y sed eternas ante unos manjares que nunca podía alcanzar, o el de Sísifo, que empujaba una enorme roca una y otra vez cuesta arriba. Se cuenta que finalmente llegó ante la presencia de los monarcas del inframundo, Hades y Perséfone, y consiguió enternecer sus corazones endurecidos gracias a su dulce música, conmoviendo a su vez a todas las almas que estaban en derredor. Así, Hades accedió y le entregó a Eurídice, pero lo hizo con una condición: Orfeo debía conducirla al mundo de los vivos tomándola de la mano, pero no podía mirarla en ningún momento hasta que llegaran a la superficie. Tras acordar esta condición, los esposos salieron andando en silencio, pero cuando casi estaban llegando al final del camino, Orfeo tuvo un momento de debilidad y dudó: no estaba seguro de que Hades no hubiera tratado de engañarle y decidió echar una breve mirada hacia atrás. ¡Era ella en verdad! Al punto, la figura de su adorada Eurídice se desvaneció en el aire mientras susurraba un último adiós y quedó de nuevo presa en el Hades, muriendo por segunda vez. Pese a los ruegos y llantos de Orfeo, esta vez los dioses infernales se mostraron inflexibles y Caronte rechazó llevarle de nuevo en su barca a través de las oscuras aguas.

A partir de entonces Orfeo se dedicó a cantar sus penas por el mundo. Son varias las leyendas que se cuentan acerca de su muerte. Se dice que, retirado en los montes de Tracia, se mantenía lejos de la humanidad, especialmente de las mujeres. Y las versiones más comunes de su muerte le representan despedazado ritualmente por un grupo de mujeres. A veces se afirma que se rodeaba sólo de muchachos y que había inventado el amor homosexual. Otras, que Afrodita le había lanzado una maldición. También se cuenta que a su regreso del infierno fundó un culto misterioso –los misterios órficos– al que las mujeres tenían vedado el ingreso. Los hombres se reunían con él dentro de una casa tras dejar las armas fuera y una noche las mujeres tomaron las armas y asesinaron a Orfeo y a sus fieles. En otras ocasiones, se narra que fue el propio Zeus el que dio muerte a este héroe, irritado porque había hecho revelaciones prohibidas a sus fieles sobre la vida en el más allá a través de sus misterios.

Según la versión más corriente, las mujeres tracias trataron de conquistar su amor, cautivadas por la música y la belleza de Orfeo (recordemos su hermosa figura en la estatua situada en frente del madrileño palacio de Santa Cruz, en la plaza de la Provincia, réplica de la que allí estuvo hasta 1865). Pero él se mantenía apartado, y un día que las mujeres estaban enfervorecidas practicando los ritos de Dioniso dieron muerte a Orfeo como a una víctima propiciatoria de este culto despedazándole cruelmente. Arrojaron su cabeza y su lira al río Hebro, y aun allí siguió cantando, arrastrada por la corriente. Al fin, las Musas, enternecidas, reunieron sus pedazos y le dieron sepultura. Se cuenta que sobre su tumba canta un ruiseñor. En cuanto a su lira, Zeus la elevó al firmamento, haciendo de ella una constelación. Su alma pudo al fin unirse con la de Eurídice en el más allá. Es, en definitiva, uno de los amores más célebres de la mitología clásica. Aunque los mitos de la Antigüedad han ido trenzando muchas otras historias de amor de gran fama.

9. Algunos amores legendarios

En el tiempo mítico de la leyenda, los dioses se mezclaban con los hombres y muy a menudo intervenían en sus asuntos. Entre ellos, los amoríos abundaban y no eran raros los casos en que una divinidad se prendaba de un mortal y tenía descendencia con él. Sin duda, el dios más enamoradizo fue el padre de los dioses y los hombres, el gran Zeus, que cuenta con un nutrido catálogo de amores con mortales. Es, pues, de justicia comenzar por él este repaso por los amores legendarios de la mitología clásica.

Escapando a la vigilancia de su esposa Hera, con quien sólo engendró dos hijos, Zeus tuvo numerosas amantes mortales y otros tantos hijos con ellas. Una de las más célebres fue Io, princesa de la ciudad de Argos, que fue amada por el padre de los dioses. Para esconderla de su celosa esposa la transformó en una blanquísima ternera, como versificó el poeta Ovidio (*Metamorfosis* I, 583ss.). Pensaba que así la libraría de la cólera de Hera, pero no fue así. Io sufrió la envidia de la diosa. Fue consagrada, como vaca, a Hera, cuyo epíteto homérico es «la de ojos bovinos». Y ésta puso a Io bajo la custodia de Argos, el gigante de los cien ojos.

Hermes, como es sabido, fue enviado por Zeus al rescate de su amada, dio muerte a Argos y liberó a Io, que vagó errante por Grecia, atormentada por un tábano que le envió Hera para mortificarla. Al fin, encontró reposo en Egipto, donde dio a luz a Épafo, descendencia de Zeus. Según una versión poco conocida, Io y Zeus tuvieron también a Ceróesa («la cornuda», por ser nacida en el Cuerno de Oro), madre del fundador de Bizancio, Bizante.

También es celebrada la famosa unión de Zeus con Alcmena, esposa de Anfitrión. El dios tomó la forma del marido mientras estaba en la guerra, para vencer la virtud de Alcmena. Sus amores, según se cuenta, fueron excepcionales: se prolongaron durante tres días completos, pues Zeus ordenó al Sol que no saliera, y de este lecho nacieron los gemelos Heracles (hijo de Zeus) e Ificles (hijo de Anfitrión).

Pero el catálogo de los amoríos de Zeus no se detiene ahí. Recordaremos brevemente a Dánae, con quien se unió en forma de lluvia de oro y de la que tuvo a Perseo. Asimismo, es bien conocida la leyenda según la cual Zeus se enamoró de una hermosa princesa fenicia, de nombre Europa. Se transformó en un toro lozano y raptó a la joven de forma engañosa, pues se fingió manso y Europa no pudo resistir la tentación de montar sobre su suave lomo. Cuando estaba desprevenida, el fingido toro salió al galope, atravesó el mar con ella —acaso simbolizando cómo el genio griego se había apoderado de la cultura oriental— y no se detuvo hasta llegar a las playas de Creta (es fama que su hermano Cadmo, que salió en su busca, introdujo el alfabeto en Grecia). Ya en la isla, Europa se convirtió en la madre del primer linaje de europeos, pues junto a la fuente de Gortina concibió bajo unos plátanos siempre verdes a tres hijos, Minos, Sarpedón y Radamantis. Después Zeus la casó con el rey de la isla de Creta, Asterión, que adoptó a los niños y nombró sucesor a Minos.

Es necesario mencionar asimismo a la madre de Dioniso, la tebana Sémele, y recordar su letal curiosidad, por la que fue consumida por el rayo de Zeus. Muchos de estos mitos amorosos se pueden hallar en la *Metamorfosis* de Ovidio, pues incluyen una transformación de Zeus. Así, por ejemplo, se dice que el dios se enamoró de la bella Antíope.

De ella tuvo a Anfión y Zeto, que reinaron en Tebas y la fortificaron. Zeus se unió a ella bajo la apariencia de un sátiro y engendró a esos poderosos hermanos.

Pero la primera amante mortal de Zeus fue Níobe, hija de Foroneo. Zeus la amó engendrando en ella a Argo o Acusilao, como dice Apolodoro (*Bibl.* II 1 1). También Táigete, una de las Pléyades, fue tomada por Zeus mientras estaba desmayada y dio a luz a Lacedemón. Y con Leda en forma de cisne tuvo a Helena. Pero no sólo con mortales tuvo amores, Zeus también se unió con su propia hija Afrodita para engendrar una raza de centauros, según refiere una oscura tradición.

En otra ocasión raptó a Egina, hija del río Asopo, tomando para ello la forma de un águila, el animal que le está consagrado al dios. Se asegura que se unió a ella en la isla de Enone, no lejos del Ática. A partir de entonces y hasta nuestros días, la isla fue llamada Egina, en honor a la amante de Zeus, que dio a luz allí mismo a Éaco, famoso héroe.

El único amor masculino que se le conoce a Zeus es Ganimedes, un joven troyano cuya belleza enamoró al dios. Se dice que lo vio desde las alturas del Olimpo y quedó inmediatamente prendado. Se transformó en águila y lo arrebató, llevándolo al Olimpo, donde sirvió como escanciador en los banquetes de los dioses, junto a Hebe, personificación de la juventud e hija de Hera. Curiosamente, ésta, al contrario de lo que le ocurría con las muchas amantes de su marido, no sintió jamás celos de Ganimedes, el menor de los hijos de Tros, de la familia real de Troya. Aluden a esta historia muchos autores (Homero, *Ilíada* V, 265ss.; Píndaro, *Ol.* I, 43; Ovidio, *Metamorfosis* X, 155ss., etc.).

No siempre pudo satisfacer Zeus sus deseos. Se dice que se enamoró en una ocasión de Tetis, una de las Nereidas, divinidad del mar. Pero ella estaba destinada a Peleo, como habían decretado las Moiras inexorables, pues había de engendrar de él al glorioso Aquiles. Así que el astuto Prometeo evitó la unión de Tetis y Zeus al referir un oráculo que afirmaba que el hijo de ambos sería más poderoso que el propio dios de dioses y lo expulsaría del Olimpo. Por ello Zeus tuvo miedo y al final Tetis pudo desposar a Peleo.

Otros dioses fueron famosos por sus relaciones amorosas con mortales. Recordaremos la mala suerte en amores del hermoso Apolo, que perdió a Dafne, convertida en laurel, y a Cipariso y a Jacinto, convertidos también en plantas. Afrodita fue igualmente desafortunada en su amor por Adonis, que acabó muerto por un jabalí. Sin embargo, de su unión con Anquises, el troyano, nacería Eneas, el gran héroe que habría de escapar de la destrucción de Troya y llegar a Italia para fundar la futura Roma. Y hay otros dioses cuyos amores con los mortales fueron afortunados, como Selene, la diosa de la Luna, a menudo identificada con Ártemis. Se cuenta que Selene se enamoró de Endimión, un hermoso pastor, y por obra de Zeus éste quedó dormido para siempre y eternamente joven para que la Luna pudiese estar siempre junto a él (véanse, por ejemplo, las *Argonáuticas* de Apolonio de Rodas, IV, 57). Evocaremos la romántica y sensual imagen del *Sueño de Endimión* que pintó Girodet en 1791, óleo que hoy se encuentra en el Museo del Louvre de París. También el Sol, Helio (que se identifica con Apolo), tuvo un amor, de nombre Clímene. Con ella engendró a Faetonte, quien tuvo una corta vida, pues, empeñado como estaba en conducir el carro de fuego de su padre el Sol, un día le convenció para que le dejara llevarlo. Al principio el Sol se negó, pero tuvo que acceder finalmente, convencido por Clímene, al capricho de su hijo Faetonte. El joven pronto descarrió y los caballos de fuego se desbocaron, quemando gran parte de la Tierra, en la región de África que desde entonces es desértica. Zeus, muy a pesar suyo, tuvo que derribarlo con un rayo. Vemos, pues, que los amores de los dioses y los mortales no siempre resultan bien. Aquí tanto el Sol como la Luna raptan a un humano del que se enamoran.

Pero también hay cabida en los mitos griegos para muchas historias de amor entre mortales. Entre las más célebres está la de los amores de Orfeo y Eurídice, que ya conocemos. En los poemas homéricos destacan algunas parejas de amor y lealtad casi proverbial, como el de Héctor, héroe troyano de triste destino, y su esposa Andrómaca, ejemplo de entereza y dignidad ante la muerte del marido a manos de Aquiles. También es famosa la pareja Ulises-Penélope, que representa la fidelidad, tras los muchos años de separación hasta que Ulises regresa a Ítaca. Pero tal vez sea el relato del amor de Paris por Helena de Esparta (a la que convirtió en Helena de Troya) el más importante de la Antigüedad, pues subyace tras todo el argumento de los poemas homéricos, ya que de su amor, quién sabe si correspondido, por Helena y de su rapto provienen todas las desgracias y peripecias de griegos y troyanos, de Aquiles, Héctor y Ulises. Y podría decirse más: también los romanos le deben su historia a este amor, ya que desde entonces se fraguó el destino de Eneas, el troyano que habría de fundar Roma.

Hay otras muchas parejas célebres en la mitología clásica. El mito de Alcione y Ceix cuenta que la primera era hija de Eolo, uno de los vientos, y se casó felizmente con Ceix. Pero ambos incurrieron en una terrible falta, pues en su dicha acostumbraban a llamarse el uno al otro con los nombres de Zeus y Hera. Decían ser tan felices como ellos. Esto ofendió a los dioses, y Zeus fulminó con su rayo a Ceix mientras navegaba. El fantasma del esposo se le apareció a Alcione para contarse su infortunio, y ella se suicidó arrojándose al mar. Ambos, Ceix y Alcione, se transformaron en un ave legendaria, el martín pescador (*alkyón*), pues al final los dioses se compadecieron de su suerte.

Otra hermosa y triste leyenda es la de Hero y Leandro, que fue recogida por el poeta griego Museo y tuvo gran fortuna en nuestro Siglo de Oro, en los versos de Lope de Vega, Mira de Amescua y otros[24]. La bella Hero vivía en la ciudad de Sestos, a un lado del Helesponto, donde era sacerdotisa de Afrodita. Al otro lado del mar, en el otro continente, vivía el joven Leandro, en la ciudad de Abidos. Y aunque vivían en orillas opuestas, se enamoraron, y cada noche

---

[24] Véase Museo, *Hero y Leandro* (Madrid: Gredos, 1994), con introducción, traducción y notas de José Guillermo Montes Cala y prólogo de Carlos García Gual. Se ha publicado, además, una nueva traducción de este hermoso y breve poema por Antonio Ruiz de Elvira en la colección «Alma Mater»: Museo, *Hero y Leandro*, Madrid, 2003.

Hero encendía una antorcha desde su ciudad para que Leandro pudiera llegar a ella a nado, cruzando las aguas. Pero una noche de tormenta, el viento apagó la antorcha, y Leandro se perdió en el mar y se ahogó. Cuando supo de la muerte de Leandro, Hero se suicidó arrojándose también a las aguas, para estar siempre con él. Rubens pintó un formidable lienzo sobre el tema, que se conserva en la ciudad alemana de Dresde. El final de este amor legendario impresionó hondamente a los artistas y poetas del Renacimiento y el Barroco. En España el tema está presente con fuerza desde Boscán a Quevedo, quien en un hermoso resumen del mito culmina un poema dedicado a los famosos amantes de esta forma:

> De piedad murió la luz,
> Leandro murió de amores,
> Hero murió de Leandro,
> y Amor de envidia murióse [25].

Y es bien sabido que el apasionado lord Byron imitó a Leandro y cruzó a nado el mar entre las dos ciudades, antes de componer su obra *La novia de Abidos*.

Muy celebrada es también la historia de Hipermnestra. Se cuenta que el rey de Argos, Dánao, tenía cincuenta hijas. Hipermnestra era una de ellas. El hermano de Dánao, que era rey de Egipto, tenía cincuenta hijos y deseaba enviárselos a Dánao para que se casaran con sus primas. Pero éste, que desconfiaba de su hermano, rechazó la idea, y los cincuenta jóvenes asediaron la ciudad hasta que Dánao aceptó sus pretensiones. Sin embargo, en la noche de bodas, el rey de Argos dio instrucciones a sus cincuenta hijas para que ocultaran un puñal entre sus ropajes y dieran muerte con él a sus maridos. Todas obedecieron. Todas menos una: Hipermnestra. Pues el hombre que le había correspondido como marido, de nombre Linceo, era justo y bondadoso, y la respetó durante esa noche. Linceo e Hipermnestra se ena-

---

[25] Véase Francisco de Quevedo, *Poesía varia*. Editado por James O. Crosby. Madrid: Cátedra, 1997.

moraron y ésta no pudo cumplir las órdenes de su padre, sino que ayudó a su marido a escapar. Dánao se enfureció y la persiguió, pero Hipermnestra pudo reunirse con su amado, y escapar del funesto castigo que aguardaba a sus hermanas en el más allá.

La historia de amor de Acis y Galatea también llegó muy lejos desde la antigua mitología. Se cuenta que Acis era un dios de un río enamorado de la ninfa de sus aguas, la hermosa Galatea. Pero antes habían sido una pareja de amantes humanos. Sucedió que hubo alguien más en discordia, el monstruoso Polifemo, un cíclope hijo de Poseidón, seguramente el mismo con quien hubo de vérselas Ulises. Polifemo también había caído prendado de Galatea, pero la ninfa prefería a Acis, joven y hermoso. Acis y Galatea se amaban en secreto, desafiando la cólera de Polifemo, hasta que un día el cíclope supo de este amor y se enfureció. Resulta que oyó cómo Acis entonaba una canción amorosa dedicada a Galatea, y, lleno de ira, se puso a arrojar rocas sobre la pareja. Ambos se transformaron en agua, Galatea en fuente y Acis en el río que lleva su nombre, en Sicilia. Más tarde, como es bien sabido, la historia de Polifemo y Galatea sería recreada magistralmente por el poeta español Luis de Góngora.

De Baucis y Filemón se dice que eran una pareja de ancianos de Frigia que hospedaban a los viajeros pese a ser extremadamente pobres. Su hospitalidad era legendaria, pues trataban muy bien a los extranjeros. Cuenta Ovidio, en el libro VIII de *Metamorfosis,* que Zeus y Hermes, que iban disfrazados de vagamundos y viajaban por Frigia, habían estado buscando albergue en vano por la zona, pues sus pobladores no conocían la hospitalidad, y sólo fueron bien acogidos por la anciana pareja en su humilde cabaña. Al descubrir su identidad divina, los dos viejos se postraron a los pies de Zeus y Hermes, que decidieron inundar Frigia, para castigar a sus hostiles habitantes. Sólo Baucis y Filemón se salvaron. Como recompensa a su bondad, los dioses les otorgaron un templo maravilloso, en lugar de su pobre cabaña, que habrían de cuidar mientras vivieran. Sin embargo, no era éste el deseo más ardiente de Baucis y Filemón. Cuando les preguntaron qué más deseaban en pago por su hospitalidad, la respuesta fue sorprendente: morir juntos en el mismo momento. Así sucedió, los dioses les concedieron esta gracia y Baucis y Filemón fueron transformados en árboles: una encina y un tilo eternamente entrelazados. Evocaron esta fábula, entre otros, Rubens en *Paisaje tempestuoso con Júpiter, Filemón y Baucis* y Octavio Paz en *La doble llama*. Algo parecido se cuenta sobre Croco y Esmílax (el azafrán y la enredadera): una historia de amor en la que los enamorados acaban transformados en las plantas que llevan sus nombres (Ovidio, *Metamorfosis* IV, 283).

Píramo y Tisbe protagonizan un relato amoroso de origen babilónico que presenta una situación similar a la de Hero y Leandro. Estas parejas amorosas del mito antiguo prefiguran lo que habrá de ser el arquetipo del amor desdichado por excelencia, el de Romeo y Julieta. Píramo y Tisbe eran dos amantes que llevaban su amor en secreto y se encontraban al anochecer fuera de los muros de la ciudad, al cobijo de una morera. Pero un día, cuando Tisbe se presentó a la cita, encontró una leona que merodeaba por los alrededores. Salió huyendo y en su fuga perdió parte del manto, que la leona desgarró con sus zarpas manchadas de sangre. Y he aquí que poco después llegó Píramo, que reconoció las ropas ensangrentadas y destrozadas de su amada y al punto temió lo peor. No pudiendo soportarlo, se clavó la espada y su sangre tiñó de rojo algunas de las moras, que desde entonces tienen ese color. Cuando Tisbe regresó al lugar acordado para la cita y vio el cadáver de su amante, se suicidó igualmente sobre él. También esta muerte de amores fue recreada en el Barroco español.

La leyenda de Pigmalión ha pasado a la posteridad como una de las historias de amor más arquetípicas y con más repercusión. Se cuenta que Pigmalión, un escultor de Chipre, no hallaba el amor entre las mujeres de su país, a las que consideraba inmorales. Así, pasaba el tiempo absorto en su trabajo hasta que un día encontró un pedazo de marfil excepcionalmente hermoso. Gris pálido, terso pero consistente, sólido, jaspeado de suaves vetas verdosas. En fin, el marfil más perfecto que nunca había visto. Desde entonces, pasó días y noches enteras esculpiendo en él la imagen de la mujer ideal que le rondaba la cabeza. Y cuando la terminó, se acostumbró a hablar a su obra como si estuviera viva, dándole el nombre de Galatea. Se obsesionó con esta estatua, y la vestía y la trataba como a un ser vivo. Un día que se celebraba un festival en honor de la diosa del amor, Afrodita, a la sazón protectora de la isla de Chipre, Pigmalión rogó encarecidamente a la divinidad que le concediera una mujer como Galatea, su creación. La diosa, que sentía curiosidad por ver la estatua, fue al taller del escultor, y allí vio que se trataba de una efigie hermosísima, en realidad su viva imagen. Así que le concedió a Pigmalión su deseo y volvió humana a Galatea.

Hay otras muchas leyendas de amor en la literatura griega, especialmente en la novela, que han propiciado parejas inmortales. Pero excede ahora a nuestro propósito comentarlas en detalle; sirva la mención de estos otros amores legendarios y novelescos para concluir el capítulo. La novela griega nace fundamentalmente como relato de amores y peripecias de dos jóvenes separados por el destino, que vuelven a encontrarse tras múltiples aventuras. Así fue también la denominada «novela bizantina», que tanto influiría en escritores como Miguel de Cervantes. Las novelas como *Dafnis y Cloe*, de Longo; *Quéreas y Calirroe*, de Caritón de Afrodisias; *Leucipe y Clitofonte,* de Aquiles Tacio, o las *Etiópicas,* de Heliodoro (a él se remite Cervantes en *Los trabajos de Persiles y Sigismunda*, «libro que se atreve a competir con Heliodoro») son obras que se escriben en época romana, a partir de los siglos I-II de nuestra era, y presentan unos argumentos con base común. La época bizantina recogerá el testigo de este tipo de historias de amor con novelas como *Florio y Platzia Flora,* y otras.

10. Heroínas, esposas, rebeldes: las mujeres de la mitología

La mujer en la mitología griega desempeña diversos papeles, como se atisba a este punto, dependiendo del momento mítico en que aparece, de su función social y de la explicación del mundo y de las tradiciones. En general, hemos visto que en la cosmogonía y la teogonía, el elemento femenino es de extrema importancia para la configuración del universo, si bien adopta un papel más bien pasivo. Pero en los mitos de los dioses olímpicos y de la creación de los hombres, desde la primera mujer, Pandora, se observa un protagonismo activo creciente de las mujeres. De hecho, los principales mitos giran en torno a los amoríos entre dioses y mujeres mortales, de los que se generan héroes y regias estirpes.

Algunas de las protagonistas de la mitología se han mencionado ya, especialmente divinidades como Ártemis, Hera o Afrodita. Observamos que entre las divinidades femeninas hay un grupo de diosas virginales (Atenea, Ártemis, Hestia) y otro de diosas del amor, ya sea representando el matrimonio como institución (Hera) o el simple deseo sexual (Afrodita). Entre las protagonistas mortales de los mitos griegos, amantes de dioses o héroes, muchas tienen una presencia muy discreta, reducida a la de esposa o madre: así puede verse en los amores de Zeus con la argiva Io, con Dánae, Leto, etc., o en los de Teseo con Ariadna, los de Heracles con Deyanira, y otros casos de héroes.

Sin embargo, son más atractivas las figuras individualizadas de las mujeres heroicas, rebeldes o dominadas por la pasión en los mitos de la Antigüedad. Recordemos, por ejemplo, la extraña Pasífae, enloquecida esposa de Minos, que sintió una pasión irracional por un toro (una locura que fue un castigo de Poseidón a Minos por una injuria) y engendró de él al monstruoso Minotauro. O a Fedra, esposa de Teseo, que cayó impíamente enamorada de su hijastro Hipólito, provocando una terrible desgracia familiar (es fama que se trató de un castigo que la diosa del amor quiso dar a Hipólito, que despreciaba las artes de Afrodita).

Muchas de estas mujeres de la mitología se han convertido en arquetipos de las diversas virtudes femeninas en la Antigüedad. Son personajes como el de Alcestis, en Grecia, que se prestó a morir en lugar de su marido, o la virtuosa Lucrecia, en las historias míticas romanas, que defendió su honra con la vida. Pero la mujer mítica que se convirtió en prototipo de la esposa fiel y leal de la Grecia antigua y, por extensión, de nuestra civilización por medio de la literatura fue sin duda Penélope, la esposa de Ulises. Ella era hija de Icario, hermano del rey Tindáreo de Esparta, padre de Helena de Troya y Clitemnestra. Éstas son, pues, primas de Penélope, pero ciertamente muy distintas en carácter. Se dice que Ulises ganó la mano de Penélope en una carrera que se organizó a instancias de Tindáreo.

La historia de Penélope es bien conocida: mientras su marido estaba lejos del hogar, primero luchando en Troya y luego vagando sin rumbo por todo el Mediterráneo, en total unos veinte años, ella lo esperó fielmente. Resistió a las pretensiones de todos los que quisieron acercarse a ella y desposarla para obtener así el trono de Ítaca dando a Ulises por muerto. Ya todos en la isla creían que el héroe nunca volvería, y los pretendientes apremiaban a la reina Penélope para que tomara una decisión acerca de cuál de ellos sería su nuevo esposo; entretanto, se daban espléndidos banquetes a costa de los bienes de palacio, donde vivían regaladamente. Penélope se negaba a dar por muerto a su marido, y engañaba a todos los pretendientes diciéndoles que elegiría esposo cuando terminase un tapiz que estaba tejiendo para su suegro Laertes. Pero mientras que por el día se ocupaba en tejer esta obra, las noches las pasaba destejiendo lo que había hecho durante la jornada. Después de llevar a cabo esta estratagema durante tres años, una de sus criadas lo reveló a sus pretendientes y éstos, hartos de esperar y ya descubierto el engaño, le exigieron que eligiera esposo sin más dilación. La astuta Penélope impuso una nueva condición para elegir marido: se casaría con aquel que fuera capaz de tensar el arco de su Ulises y disparar una flecha a través de doce hachas. Sin embargo, para entonces Ulises había regresado ya bajo un disfraz a su hogar, preparado para la venganza. De esta forma, Penélope nunca tuvo que elegir otro esposo. Así era la leal Penélope, que esperó casi veinte años a Ulises, protegió a Telémaco y defendió su palacio y hacienda de los voraces pretendientes. Sin embargo, la tradición mítica ofrece alguna sombra sobre ella, en apariencia intachable. Una versión minoritaria afirma que Penélope cedió a un pretendiente, Ulises se divorció de ella y Penélope volvió a Esparta. De camino el dios Hermes la sedujo y engendró de ella a Pan. Otra variante tardía del mito, la que afirma que Ulises murió a manos de Telégono, su hijo con Circe, sostiene que Penélope acabó por desposar a éste. Según esta versión, al astuto Ulises no le estaba destinado morir en paz en su hogar, llegando a la tranquila vejez, como se suele afirmar.

Y si Penélope es la mujer virtuosa en la *Odisea*, el otro poema homérico, la *Ilíada* tiene como representante de la virtud femenina a Andrómaca. La *Ilíada* es menos rica en personajes femeninos que su obra hermana, pero Andrómaca, hija de Eetión, el cilicio, ha pasado a la historia como la leal mujer de Héctor, el principal héroe troyano, y la madre de Astianacte. Una desgracia la persigue por doquier, el nombre de Aquiles, pues se cuenta que el guerrero griego dio muerte a su padre y a sus hermanos cuando tomó su ciudad. Y luego, ante los muros de Troya y la mirada horrorizada de Andrómaca, Aquiles habría de matar también a su marido, deshonrando terriblemente su cadáver. La despedida de Andrómaca es una escena de gran emotividad en el poema. En general, Andrómaca lamenta la heroicidad de su marido, que es el baluarte de toda Troya, y le reprocha que no piense en quedarse con su mujer y su hijo (*Ilíada* VI, 405). Su lamento a la muerte de Héctor en el canto XXIV del poema es impresionante: «¡Marido! Saliste de la vida cuando aún eras joven, y me dejas viuda en el palacio. […] ¡Oh, Héctor! Causaste a tus padres llanto y pena indecibles, pero a mí me aguardan penas más graves. Ni siquiera pudiste, antes de la muerte, tenderme los brazos desde el lecho, ni hacerme salvadoras advertencias que hubiera recordado siempre, noche y día, con lágrimas en los ojos». Posteriormente, tras la guerra de Troya, Andrómaca sería esclavizada por los griegos y forzada a convertirse en la amante de Neoptólemo, el hijo de Aquiles, para más oprobio. Del brutal Neoptólemo, que había arrojado al hijo de Héctor y Andrómaca de las murallas de Troya, engendraría a Moloso, héroe que dio nombre a un pueblo griego. A la muerte de Neoptólemo –a manos de Orestes, según Eurípides–, se casó con un superviviente de Troya, Heleno, hermano del noble Héctor. En su vejez volvió a Asia, siempre con el recuerdo vivo de su primer marido, tras una vida larga, azarosa y taciturna.

Hay otro tipo de mujeres en la mitología que son más peligrosas para los héroes. Son tal vez el reverso de las anteriores, oscuras e inquietantes, y a menudo tienen que ver con la magia o lo sobrenatural. En la *Odisea*, una obra con gran protagonismo femenino, destacan las hermosas mujeres con las que se encuentra Ulises en su deambular por los mares y que intentan detener su camino y hechizarle de alguna manera. La ninfa Calipso, por ejemplo, era hija del titán Atlas, y vivía en la mítica isla de Ogigia, que muchos identifican con un islote cercano a las columnas de Heracles, en la lejana Iberia. Cuando Ulises llegó a sus costas, Calipso (cuyo nombre tiene que ver con el verbo que significa «ocultar») se enamoró de él y le tuvo oculto en su palacio durante siete años, ofreciéndole la vida eterna si accedía a quedarse con ella. Ulises se negaba continuamente. Al fin, gracias a la intervención de Atenea, el héroe de Ítaca pudo escapar de la isla de Calipso.

Pero también se enfrentó a la peligrosa maga Circe, que era hija de Helios (el Sol). Su morada estaba en el claro de un bosque frondoso, como una bruja de leyenda. Circe, que trabajaba un extraño telar, atrajo hasta allí a los hombres de Ulises y los envenenó, convirtiéndolos en cerdos. Sólo uno de ellos escapó para contarlo, y se lo dijo a Ulises y a los demás, que se habían quedado en los barcos. Ulises partió al rescate de sus hombres, y el dios Hermes le proporcionó una hierba mágica –llamada *moly*– para resistirse a los hechizos de Circe. Al ver que su magia fallaba, Circe se vio obligada a volver a los hombres de Ulises a su estado originario, y también se enamoró de él y le ayudó a continuar el viaje, después de que pasara un año en su isla. Le sugirió dos posibles rutas para volver a Ítaca, a cual más peligrosa (unas islas móviles o el terrible estrecho de Escila y Caribdis). También se cuenta que le dio a Ulises tres hijos, Agrio, Latino y Telégono. Es fama que éste, según versiones tardías, llegó a la madurez y fue en busca de su padre, mandado por Circe. Telégono lo mató accidentalmente y llevó ante Circe su cuerpo, y a Penélope y a Telémaco con él. Se dice que entonces Circe los hizo inmortales y desposó a Telémaco, mientras que Telégono se casó con Penélope.

La tercera mujer que acoge a Ulises en su camino es más inofensiva y su hospitalidad más desinteresada. Se trata de Nausícaa, hija de Alcínoo, rey de los feacios. Se cuenta en la *Odisea* que Ulises naufragó en el país de los feacios, y que Nausícaa lo acogió y lo llevó al palacio de su padre, con exquisita hospitalidad. Allí Ulises narró sus peripecias a la corte, para deleite de todos sus oyentes. Al fin, Alcínoo proporcionó a Ulises los barcos que habrían de conducirlo a su amada Ítaca. Cuentan algunos que Nausícaa acabó casándose con Telémaco, el hijo de Ulises.

La mujer inquietante del otro poema homérico es sólo una, como ocurre con Andrómaca, la mujer fiel. En la *Ilíada* se trata, por supuesto, de Helena de Troya, la belleza que causó el mayor desastre de la Antigüedad, una figura ambigua y discutida. Se dijo de ella que era la mujer más hermosa del mundo antiguo. Era prima de Penélope y hermana de Clitemnestra, y las dos se relacionaban con la familia real espartana. Hay muchas versiones acerca del nacimiento de esta mujer. Según una de ellas, Helena era hija de Némesis, divinidad de la venganza, y de Zeus, que mantuvieron relaciones con forma de ave. Némesis puso un huevo plateado, que llegó a manos de Leda, quien cuidó a Helena, como si fuera su propia hija cuando salió de él. También existe una versión más conocida, según la cual su madre Leda fue seducida por Zeus transformado en cisne y Helena nació de uno de los huevos que puso Leda. (Es curioso pensar en la versión iconográfica del mito que pergeñó Dalí en su *Leda atómica*, de 1949, que se encuentra en el Museo Dalí de Figueras.) Una tercera variante, que sostiene Hesíodo, afirma que Helena era la hija de una oceánide seducida por Zeus. En todo caso, su estirpe es divina, acorde con su belleza, y se la considera hija de Zeus y hermana de los Dioscuros. Se cuenta que cuando aún era muy joven, Teseo quiso tomarla por esposa y la raptó con ayuda de su fiel Pirítoo. Los Dioscuros, como sabemos, atacaron Atenas y la rescataron, tomando como prisionera a la madre de Teseo. De todos modos, hay quien cuenta que Teseo y Helena engendraron a Ifigenia, aunque normalmente se la considera hija de Agamenón y Clitemnestra.

Cuando llegó a edad casadera, su padre mortal, Tindáreo, temeroso de que al elegir a un pretendiente los otros se fueran a ofender, pidió consejo al sabio Ulises. Éste le sugirió que pidiera a todos los pretendientes que juraran no sólo aceptar de buen grado la decisión de Helena, sino incluso a ayudar al futuro marido en todo apuro concerniente a ella. Así, es fama que Helena eligió al poderoso Menelao, hijo de Atreo y hermano de Agamenón, con quien regiría Esparta y con quien tendría a su hija Hermione. Gracias a ese juramento, todos los otros caudillos griegos le asistieron cuando fue raptada por el encantador troyano.

El rapto de Helena es materia de leyenda y sobre este episodio se ha discutido mucho ya desde el mundo antiguo (era tema de ejercitación retórica en las escuelas antiguas la bondad o maldad de Helena, su defensa o acusación). Se cuenta que Paris, el príncipe heredero de la casa real troyana, hijo de Príamo, fue invitado a Esparta por el rey Menelao. Aprovechando la ausencia de éste, de viaje por un funeral, se produjo el legendario episodio. Algunos dicen que una diosa vengativa hizo que Helena se prendara del guapo Paris en castigo por el asunto de la manzana de oro; otros aseguran que éste violó las leyes de la hospitalidad y la arrebató con violencia. Pero lo cierto es que Helena zarpó hacia Troya con un nuevo marido y a su llegada fue aclamada como nueva princesa de la ciudad. Este episodio fue el motivo de la cruenta guerra de Troya: se puede decir, con Christopher Marlowe, que la hermosa faz de Helena lanzó al mar a un millar de naves griegas, dispuestas a cobrarse venganza en nombre del ofendido Menelao. Por el pacto de honor entre los pretendientes de la bella espartana, todos los griegos sintieron la ofensa como propia.

La guerra estaba terminando, como es bien sabido, a favor de los griegos, y a la muerte de Paris, sus dos hermanos se disputaron a Helena: la consiguió uno, Deífobo, que la hizo suya. Pero por muy poco tiempo, pues a la caída de Troya Menelao fue implacable y acabó con él. Así volvía la esposa de Menelao a ser Helena de Esparta. Pero la desgracia persiguió todavía al rey de esta ciudad, pues Menelao, embrujado de nuevo por la belleza de su esposa, la perdonó y emprendió el regreso a su hogar sin más dilación. Sin embargo, se olvidó de hacer el preceptivo sacrificio a los dioses, en agradecimiento y para tener una navegación propicia. Hubo una terrible tormenta que desbarató los barcos del rey, de los que sólo cinco se salvaron. Helena y Menelao estuvieron en Egipto siete años antes de poder regresar a su patria. Y tampoco entonces pudieron descansar: un día recibieron en palacio a Telémaco, hijo de Ulises, buscando a su padre. Menelao refirió a Telémaco cómo un dios le dijo que estaba preso por Calipso. También le contó una extraña versión del rapto de Helena, según la cual nunca llegó a ir a Troya, sino que, tras ser raptada por Paris, Zeus la condujo a Egipto mientras la sustituía por un fantasma. Así, Helena no pudo cometer adulterio. Según esto ¡tantos griegos murieron en la guerra por una nube fantasmal!

Así lo refiere Eurípides, que sitúa a la verdadera Helena en Egipto, adonde habría ido entonces Menelao, impulsado por el destino, para reunirse con su verdadera esposa. Llegó a tiempo, dice esta versión, para rescatar a Helena que estaba retenida por el rey del lugar, que la deseaba. Otra leyenda sitúa a Helena y Menelao, tras su muerte, en las islas de los Bienaventurados. De Menelao, como descendencia de Zeus, se profetizaba un destino inmortal tras su muerte. En cuanto a Helena, fue adorada como divinidad.

Hay otras figuras femeninas que conviene analizar, heroínas de diverso tipo en la mitología, que tienen en común su marginalidad de los esquemas sociales, pues se salen de los moldes que la Antigüedad había formado para las mujeres. Algunas de estas figuras míticas son varoniles y cazadoras, como la célebre Atalanta, cuya genealogía es confusa (se suele considerar hija de rey, en todo caso). Se cuenta que su padre esperaba un niño, así que cuando ella nació la dejó en el bosque, a merced de las fieras, para que muriese. Sin embargo, una osa la amamantó y la diosa de los bosques y la caza, Ártemis, la ayudó a crecer. Criada entre cazadores, Atalanta destacó en las monterías y permaneció virgen como la propia diosa Ártemis. Era una excelente arquera y nadie podía aventajarla a la carrera, a excepción del legendario Ificlo[26]. En su juventud, esta heroína realizó hazañas dignas de los más grandes héroes griegos: dio muerte a dos centauros que habían intentado violarla, se embarcó con los argonautas, venció al gran Peleo, padre de Aquiles, en un combate con las manos desnudas, etc. Pero su mayor aventura habría de llegar el día que recibió una invitación para la legendaria cacería del jabalí de Calidón.

En efecto, se cuenta que el rey de Calidón, Eneo, había ofendido a la diosa Ártemis y ésta había enviado a su país un

---

[26] Ificlo era famoso por su destreza como corredor, aunque le vence Néstor en la *Ilíada* (XXIII, 636ss.). Era tan rápido que podía correr por un campo de trigo sin doblar sus espigas. Participó además en la expedición de los argonautas (*Argonáuticas* I, 45).

enorme jabalí que estaba devastándolo todo. Así que el rey hizo un llamamiento a los héroes de toda Grecia para que fueran a dar muerte al terrible monstruo, ofreciendo la piel del animal como trofeo y símbolo de gloria. Capitaneaba la expedición el héroe Meleagro, hijo de Eneo. Entonces se presentó Atalanta, y muchos cazadores, sobre todo los tíos de Meleagro, protestaron porque una mujer pudiera participar también en la montería. Pero Meleagro se enamoró de Atalanta y la dejó entrar en la caza. En el transcurso de ésta, el jabalí mató a varios héroes. Costó muchas vidas acabar con él: Atalanta fue la primera que lo acertó con una flecha, pero Meleagro le dio el golpe final. A pesar de ello, le concedió el premio galantemente a Atalanta.

Los tíos de Meleagro protestaron y éste se peleó con ellos y los mató. La madre del héroe, dolida por estas muertes, resolvió castigar a su propio hijo interviniendo para que se cumpliera su funesto destino, pues por una profecía ella sabía desde el nacimiento de Meleagro que su hijo moriría si el madero que ardía en la chimenea en aquel momento se consumía totalmente. La madre, entonces, lo había quitado del fuego y lo había guardado con ella, pero en ese momento, al saber que Meleagro había matado a sus familiares, decidió quemar el madero para que su hijo muriera y luego ella se suicidó.

Otra historia que se cuenta sobre Atalanta hace referencia a sus amores con Hipomenes. Por lo visto, tiempo después, el padre de Atalanta se enteró de todas las hazañas de su hija y decidió finalmente aceptarla a su lado y darle una dote para que se casara. Pero Atalanta quería permanecer siempre virgen como su adorada Ártemis e ingenió una manera de escapar del matrimonio. Puso como condición para casarse que el pretendiente debía vencerla en una carrera a pie, y que si no lo lograba, le cortaría la cabeza. Como nadie era más veloz que Atalanta, muchos pretendientes murieron en el intento porque ella, que corría con todas sus armas, siempre les daba alcance y les cortaba la cabeza.

Y así fue hasta que un día Afrodita decidió intervenir ayudando a un pretendiente, Hipomenes. Le entregó tres manzanas de oro con instrucciones para llevar a cabo una astuta treta. En la carrera, Hipomenes arrojaba las manzanas a uno y otro lado, y Atalanta se entretenía en recogerlas. Así, Hipomenes logró hacerse con la victoria y se casó con Atalanta. Sin embargo, como no se lo agradecieron a la diosa que los había unido, recibieron un castigo. Afrodita los extravió en un bosque llevándolos hasta un templo y allí les infundió deseos de unirse. Así lo hicieron, pero resultó que el templo era de la irascible diosa Cibeles, quien al ver que los dos jóvenes habían mancillado su lugar sagrado los convirtió en leones y los unció a su carro; aún hoy aguantan este yugo en la conocida fuente de una plaza de Madrid.

Hay otro prototipo de mujer rebelde en la mitología que aparece a veces con distintas variantes. Son protagonistas de tragedias, verdaderas heroínas trágicas a las que autores como Sófocles, Eurípides o Séneca sitúan como protagonistas en dilemas morales de muy hondo calado. A menudo son mujeres en los límites de la sociedad, extranjeras o marginadas, que se plantean cuestiones extremas en estas obras dramáticas; sus figuras míticas son muy singulares y de enorme interés.

Una de las más destacadas es Medea, una de las mujeres más famosas de la mitología griega, gracias en gran parte al personaje de la obra de Eurípides que lleva su nombre. En un país lejano, la Cólquide, vivía esta hechicera, hija del rey Eetes. Descendía del Sol, que la protegía, y tenía parentesco con la maga Circe. Como bruja, Medea era sacerdotisa de la horrenda diosa Hécate, divinidad infernal y patrona de la magia negra. Cobró fama al ayudar a encontrar el vellocino de oro a Jasón, de quien se enamoró por obra de Hera que no sólo quería favorecer al héroe, sino que deseaba destruir al rey Pelias de Yolcos.

Su enamoramiento llevó a Medea a traicionar a su padre y a su patria, ya que Eetes había impuesto a Jasón unos trabajos sobrehumanos y ella le ayudó con su magia para que pudiera domar a unos toros que respiraban fuego y superar otras pruebas. Al final, Jasón y los argonautas escaparon de la Cólquide, y Medea, con la promesa de boda del héroe, huyó con ellos de su país, llevando a su hermano Apsirto con ella. Como su padre los perseguía con una flota, mató a su hermano, lo cortó en pedazos y lo arrojó por la borda, para obligar a su padre a deternerse para recoger los restos de Apsirto. Así era la pasional Medea, dispuesta a todo para conseguir sus fines.

El recorrido de Medea hasta llegar a Yolcos, punto de partida de Jasón, estuvo plagado de aventuras. Pasaron por la isla de Circe, que se negó a purificar a Medea de su terrible crimen. Luego llegaron a la isla de los Feacios y por Creta, finalmente, arribaron a Yolcos. Allí Jasón se enteró de que el rey Pelias había matado a su padre. Medea ayudó al héroe a librarse de Pelias, cumpliendo los designios de la divinidad. De nuevo, su brujería fue la clave.

Pelias era un hombre ya anciano y un día Medea fingió desvelar a las hijas de Pelias el secreto de la eterna juventud: mató y cortó en pedazos un cordero y lo arrojó a un caldero hirviente. Tras pronunciar un encantamiento, el cordero salió joven y entero de la olla. Así que las hijas de Pelias decidieron hacer lo mismo con su padre para devolverle la juventud. Por supuesto, el engaño se desveló y pronto comprendieron que habían matado a su propio padre. Por este episodio, Medea y Jasón tuvieron que marcharse de Yolcos, desterrados, ante la ira de la población.

En su huida, fueron a parar a la próspera ciudad del istmo, la gran Corinto, y allí se establecieron durante muchos años y tuvieron dos hijos. Sin embargo, Jasón y Medea nunca fueron aceptados del todo por los corintios, temerosos de las artes mágicas de la mujer. Así que Jasón decidió dar un brusco cambio a su vida, abandonar a Medea y a sus hijos y casarse con la princesa de Corinto, Creúsa, hija del rey Creonte, que, admirado por las hazañas del héroe, consintió en darle a la joven por esposa. De esta manera, Jasón se estableció prósperamente en la ciudad y entró en la familia real. El precio era abandonar a su fiel Medea, que lo había dejado todo por él. Así, como narra Eurípides, se desencadenó la tragedia que dio fama al nombre de esta mujer.

Medea suplicó a Jasón por su amor, por sus hijos y por toda la ayuda que le había prestado en sus aventuras. Pero todo fue en vano. El héroe estaba resuelto a dejar a Medea.

Así que la maga se encontró abandonada en tierra extraña, lejos de su patria y tras haber traicionado a su país y a su familia. Jasón llevó adelante sus planes y Medea, desesperada, ideó un terrible plan para vengarse de su antiguo amante. Eurípides la representa en su obra debatiéndose entre la razón y la pasión, hasta que determina la venganza más terrible, que incluye la muerte de sus propios hijos. Aun sabiendo que obra mal sacrificándolos por odio a su esposo, Medea cumple su venganza y en uno de sus monólogos más memorables pronuncia una frase que, según se dice, escandalizó al propio Sócrates: «Mi pasión es superior a mis razonamientos».

Usó su magia para confeccionar una hermosa túnica. Después, fingiendo que se conformaba con su destino y que quería congraciarse con los nuevos novios, Medea envió a la princesa a sus dos hijos con la túnica como obsequio. Cuando Creúsa se la puso, la túnica se prendió fuego espontáneamente y la joven fue consumida en una muerte horrible. Al acudir su padre Creonte para intentar salvarla, pereció víctima de la misma trampa. Después Medea preparó su huida. El rey de Atenas, Egeo, le había ofrecido asilo en su ciudad. Pero antes de marcharse aún había de culminar su terrible venganza: mató a sus dos hijos (aunque una tradición afirma que lo hicieron los vengativos corintios). Cuando Jasón llegó a buscarla, Medea ya se había ido rumbo a Atenas, montada en el carro de su padre el Sol. Así que Jasón no pudo obtener su lugar en Corinto, pues tuvo que exiliarse de nuevo. Corinto no le perdonó, y el héroe perdió su princesa, su reino y sus esperanzas de futuro. Medea impresionó a los escritores y artistas de todas las épocas, como a Corneille, que le dedicó una tragedia. De Séneca a Anouilh, de Delacroix a Mucha, la escena de la implacable Medea dando muerte a sus hijos ha inspirado tormentosamente a numerosos creadores.

Otra heroína trágica por excelencia es Antígona, hija de Edipo y Yocasta, hermana de Eteocles, Polinices e Ismene, que protagoniza una importante obra teatral del gran Sófocles. Tras la guerra entre Argos y Tebas, que se narra en el ciclo tebano (muestra de él es la tragedia de Esquilo *Los siete contra Tebas*), y la conocida desgracia de su padre Edipo, Antígona recaló en Argos. Polinices, uno de sus hermanos, había intentado conquistar Tebas, pero murió luchando en singular combate con su propio hermano, Eteocles, quien le había arrebatado el trono y defendía la ciudad, y que murió también a manos de su hermano en este mismo enfrentamiento. Creonte rindió honores fúnebres a uno de ellos, Eteocles, pero se los negó a Polinices, al que consideraba enemigo. Ésta era la ley de la ciudad. Antígona decidió dar sepultura a su otro hermano, violando el decreto de su tío, el rey Creonte.

Antígona, en el inolvidable drama de Sófocles, recrea un conflicto trágico: la joven heroína quiere enterrar a su hermano Polinices, cumpliendo con la obligación familiar, es decir, con una ley no escrita, y se opone al rey Creonte, que ha prohibido sus honras fúnebres por considerar a Polinices enemigo del Estado. Antígona, pues, es la heroína rebelde que cree obedecer una ley más alta que la de la ciudad. Creonte no cede y la condena, pese a los intentos de su hijo Hemón, enamorado de ella, o del adivino Tiresias, para que el rey sea más flexible. Al final, Creonte se arrepiente y está dispuesto a ceder, pero ya es tarde. Antígona, Hemón y su propia esposa se dan muerte, y él se queda solo en una ciudad desgraciada. El rey Creonte se queda más solo que nadie, con su ley: su inflexibilidad acabó con la noble Antígona, con su enamorado Hemón y con la madre de éste. La historia de Antígona, que dice de ella misma que fue «nacida para compartir el amor y no el odio», impresionó a poetas como Hölderlin, filósofos como Hegel y dramaturgos como Jean Anouilh (*Antigone*, 1944) o Bertold Brecht (*Antigone-Modell* 48, 1948).

Casandra es otro personaje femenino de la tragedia, troyana esta vez. Hija del rey de Troya, Príamo, y de Hécuba, Casandra obtuvo el don de la profecía de manos de Apolo, quien se lo otorgó para conseguir su amor. Pero ella, después de recibir este regalo, se negó a amar al dios, y como castigo Apolo decretó que Casandra siempre profetizaría la verdad, pero que nadie la creería jamás.

Así, es fama que esta princesa predijo que su hermano Paris traería la destrucción de la ciudad de Troya después de una cruenta guerra, pero nadie la creyó. También se dice que cuando Ulises y los griegos idearon la estratagema del caballo de madera para entrar en Troya, ella advirtió nuevamente a los troyanos, pues sabía que los griegos se escondían dentro del caballo de madera, que fue introducido en la ciudad por los propios troyanos, pensando que era un obsequio dejado por el enemigo que se retiraba. Por supuesto, nadie le hizo caso y por la noche los griegos iniciaron la matanza dentro de los muros de la ciudad. Casandra se refugió en el templo de Atenea, pero, a pesar de ello, uno de los griegos la forzó. Ese sacrilegio, entre otros que cometieron los griegos, causaron la cólera de los dioses y una violenta tempestad destruyó muchos de sus barcos a su regreso.

El destino de Casandra fue servir como esclava y amante al rey de Micenas, Agamenón. Cuando éste emprendió la vuelta a su patria, ella le advirtió del peligro que corría, pues su esposa Clitemnestra y el amante de ésta planeaban su asesinato. También profetizó su propia muerte a manos de esta reina. Y así sucedió, aunque nadie dio crédito a sus palabras al escuchar su profecía. Tal era el destino de Casandra.

Clitemnestra, Electra e Ifigenia, madre e hijas, son personajes de la trágica saga de Micenas. Todas aparecen en dramas escritos por Eurípides o Esquilo, tres mujeres de una familia de tragedia. Ifigenia era la hija mayor de Agamenón y Clitemnestra, aunque según otros era sólo hija adoptiva, pues en realidad descendía de Teseo y Helena, que la tuvo cuando aquél la llevó raptada a Atenas. Según esta tradición, Clitemnestra se hizo cargo de esta hija de su hermana Helena. Agamenón y Clitemnestra tenían otros tres hijos: Electra, Crisótemis y Orestes.

Cuentan que Agamenón estaba a punto de zarpar hacia Troya, para socorrer a su hermano Menelao de Esparta en el rescate de su esposa Helena, pero como los vientos no eran favorables para su flota, tuvo que posponer su marcha. Tras esperar un largo tiempo, el rey, que no en vano era comandante en jefe de todas las fuerzas griegas, resolvió consultar a un adivino, que le dio una terrible noticia. Para poder marchar con su escuadra contra Troya y conjurar los vientos adversos debía sacrificar a los dioses a su propia hija, Ifigenia. No podía negarse, pues de lo contrario la expedición estaría abocada al fracaso. Así se lo manifestaron los otros jefes griegos y, al fin, Agamenón accedió con gran dolor.

Para que su hija Ifigenia no se diera cuenta del triste destino que le aguardaba, fingió enviarla a Áulide con el pretexto de casarla con Aquiles. Éste no aceptó que se le pusiera como pretexto para sacrificar a la joven, se enfrentó a los otros jefes griegos e intentó salvarla, pero Ifigenia se dejó matar pacíficamente. Otros dicen que en el último momento, la diosa Ártemis la transformó en cierva, o que la salvó llevándosela a la lejana Táuride y poniendo una cierva en su lugar. En cualquier caso, el sacrificio fue consumado y la flota griega pudo zarpar hacia Troya.

El sacrificio de Ifigenia por su padre Agamenón traería consecuencias a largo plazo. Aquiles quedó para siempre resentido contra el jefe de la expedición, como se ve en la *Ilíada*. Y, a la larga, el propio Agamenón moriría como resultado último de la cruel muerte que había dado a su hija. Se cuenta que Clitemnestra, la reina y madre de Ifigenia, quedó desolada, pues su hija mayor siempre había sido para ella la más amada. Nunca le perdonó a Agamenón que hubiera antepuesto la fortuna de la guerra de Troya a la vida de su propia hija. Puede que éste fuera el motivo por el que Clitemnestra tramó la muerte de su marido mucho más tarde. En ausencia de Agamenón, lo engañó con un amante, Egisto, hijo de Tiestes, y juntos planearon la muerte del rey nada más regresara de Troya, para que Egisto se convirtiera en el nuevo soberano de Micenas.

Al final se produjo el regreso de Agamenón, tras la larga contienda. Y, como narra Esquilo en una magistral obra dramática (*Agamenón*), el rey fue asesinado traicioneramente como resultado de las maquinaciones de su esposa y Egisto. Clitemnestra aparece siempre retratada como una mujer dura, inexorable, que mata cruelmente a su marido. Sin duda, el asunto de Ifigenia dejó hondas heridas en su corazón. Hija de Leda y Tindáreo, la resentida hermanastra de Helena y los Dioscuros ejecutó sin piedad a Agamenón y Casandra apenas llegaron a Micenas desde la destruida Troya.

Su destino, sin embargo, fue igualmente violento, y ligado a sus dos célebres hijos: Electra y Orestes. Una vez muerto Agamenón, el jovencísimo Orestes se exilió prudentemente, pues el hijo del rey asesinado había de vengar por necesidad a su padre, según ley no escrita. Quedaron, pues, solas en la ciudad Electra y su hermana menor, a merced de una cruel Clitemnestra y de Egisto, nuevo rey y detestable padrastro. Desde la ciudad, Electra rogó durante años que su hermano volviera y, finalmente, se produjo el esperado regreso del príncipe, cuando llegó la edad madura, para vengar a su padre.

Electra sufrió durante mucho tiempo, y sus padecimientos fueron el tema de varias tragedias en la Antigüedad, de Esquilo, Sófocles y Eurípides. Fue la sabia Electra quien envió a su joven hermano Orestes, un niño de diez años, al exilio junto a su tío en la Fócide. (Recordamos la ópera *Elektra* de Strauss, con libreto de Hugo von Hofmannsthal, sobre esta heroína trágica.) En Orestes fiaba Electra todas sus esperanzas de liberar Micenas del yugo de Egisto. Así, cuando el muchacho llegó a la edad indicada, como todos los héroes, se aprestó a cumplir su destino. Consultó el oráculo de Delfos para averiguar cuál era su misión. Pero el dios Apolo profetizó cosas terribles: su venganza no sería sólo contra Egisto, su malvado padrastro, sino que también habría de matar a su propia madre. Orestes regresó a Micenas ocultamente y buscó a su amada hermana, que le allanó el camino para que cumpliera su venganza, y, al fin, Clitemnestra y Egisto perecieron violentamente. Es digno de recuerdo el vivaz diálogo que mantienen la madre y el hijo vengador que va a matarla en la tragedia *Coéforos* de Esquilo. Pero las Furias persiguieron a Orestes tras el crimen, pues había derramado sangre de su sangre. El joven vagó enloquecido por toda Grecia hasta que en Atenas la diosa Atenea intervino en su favor.

Una tradición cuenta que, para expiar su crimen familiar, Orestes debía ir a Táuride y obtener una estatua divina de Ártemis, diosa honrada por los salvajes tauros. Allí Orestes fue capturado y destinado al sacrificio. Pero la sacerdotisa encargada del sacrificio resultó ser, según esta versión, Ifigenia, que habría escapado de su sacrificio. Ella, sin reconocer a su hermano, le dijo que le ayudaría a escapar si llevaba un mensaje a Micenas, destinado al propio Orestes. Al final, los hermanos se reconocieron y escaparon del país de los tauros con la estatua de Ártemis. Así se conjuró el mal de Orestes e Ifigenia pudo regresar a su país sana y salva, aunque hay una versión que afirma que todo pudo acabar trágicamente en Micenas, pues Electra creyó que Ifigenia había sacrificado a Orestes.

Ágave y Yocasta servirán de colofón a este recorrido por las apasionadas protagonistas de la mitología griega. Ambas son personajes de tragedia. Ágave es la madre de Penteo, que reinaba sobre Tebas cuando el dios Dioniso irrumpió con su culto en la vida de la ciudad. Son ambos de la estirpe del legendario Cadmo, hermano de Europa, que fundó la ciudad de Tebas. Ágave es hija de Cadmo, hermana de Sémele. Por tanto, Penteo y Dioniso son primos. Cuando Dioniso llegó a la ciudad para instaurar allí sus celebraciones, Cadmo aún vivía. Penteo, deseoso de guardar las tradiciones y leyes de la ciudad, se opuso a la llegada del dios, escandalizado ante su culto salvaje. Las mujeres recorrían los montes, en frenesí báquico, la propia Ágave participaba en los ritos y en el éxtasis como una bacante más. Así lo cuenta Eurípides en su tragedia *Las bacantes*. Lo cierto es que Penteo se marchó a las montañas a espiar los ritos secretos de Dioniso, para lo cual se vistió de mujer. Escondido entre las ramas de un árbol observó cómo las bacantes, entre ellas su madre, corrían por el campo, cazaban cervatillos y los sacrificaban. Pero, en un momento, el dios llamó la atención de las mujeres sobre Penteo, y nubló sus ojos con la locura dionisíaca. Las bacantes confundieron al rey Penteo con un león y le dieron caza. Cuando lo atraparon, lo despedazaron ritualmente con sus manos desnudas. Ágave participó ávidamente en la matanza y tomó la cabeza de su hijo, creyendo que era la de un león, para ponerla sobre una pica y entrar triunfalmente en la ciudad de Tebas. Una vez allí, cesó su demencia y Cadmo le dijo entre lágrimas que lo que sostenía entre sus manos era la cabeza de su propio hijo.

Por su parte, Yocasta fue reina también en Tebas, en la época de Edipo. Casada con Layo, su destino cruel consistió en unirse a su hijo tras la desventurada peripecia de éste, que dio muerte a su padre sin saberlo. Ambas historias pertenecen al ciclo mítico tebano que, junto con los otros grandes ciclos y sagas que conforman la mitología griega, será narrado en las páginas siguientes.

11. Sagas, viajes y búsquedas

La mitología antigua se estructura a menudo en grandes esquemas narrativos o familiares que sirven de armazón a los mitos particulares y a las historias menores. En las páginas siguientes se expondrá esta estructura mítica que en cierto modo vertebra el gran sistema conformado por los mitos griegos. Muchos de los personajes y de las historias son ya conocidas del lector, pues las menciones son inevitables. Sin embargo, es necesario dar una visión de conjunto, muy breve por necesidad, sobre los grandes ciclos de la mitología antigua. Estos ciclos son, básicamente, sagas familiares o guerreras, viajes de ida y vuelta, pero siempre de iniciación, y búsquedas de mágicos tesoros. El lector reconocerá de inmediato las alusiones a la guerra de Troya, materia prima para el imaginario colectivo de los antiguos griegos, y otros grandes ciclos, como el tebano.

Así, hemos titulado este capítulo «Sagas, viajes y búsquedas», tratando de resumir los esquemas básicos de los ciclos míticos griegos. Los mitos de los pueblos antiguos siempre han girado sobre los mismos temas. La guerra entre los hombres por un ideal, el viaje como respuesta a las preguntas

199

sobre la identidad, la búsqueda de uno mismo, el sacrificio heroico... Pero ¿acaso existen otras historias dignas de ser narradas? A este respecto y antes que nada, debemos recordar una genial intuición de Jorge Luis Borges. Son los patrones narrativos que, en su obra *El oro de los tigres*, denominó «los cuatro ciclos». Merece la pena recordar sus palabras:

> Cuatro son las historias. Una, la más antigua, es la de una fuerte ciudad que cercan y defienden hombres valientes. Los defensores saben que la ciudad será entregada al hierro y al fuego y que su batalla es inútil. El más famoso de los agresores, Aquiles, sabe que su destino es morir antes de la victoria [...]. Otra, que se vincula a la primera, es la de un regreso. El de Ulises, que, al cabo de diez años de errar por mares peligrosos y de demorarse en islas de encantamiento, vuelve a su Ítaca [...]. La tercera historia es la de una busca [...] Jasón y el vellocino [...]. La última historia es la del sacrificio de un dios.

Veamos ahora cuáles son algunos de esos ciclos míticos que, desde siempre, han inspirado las historias de incontables generaciones humanas.

1. EL CICLO TROYANO: LA ILÍADA

El ciclo acerca del asedio y destrucción de una ciudad situada a orillas del mar, en Asia Menor, ha marcado la literatura y el pensamiento de Occidente desde la más remota antigüedad. La *Ilíada*, el cantar sobre esa guerra legendaria en torno a la ciudad amurallada de Troya –también llamada Ilión, de ahí *Ilíada*–, puede ser considerado con toda justicia el primer poema y punto de partida de la literatura occidental.

La *Ilíada* recoge una tradición anterior en la que la oralidad y la improvisación de los aedos o rapsodos, «tejedores de cantos», transmitía de generación en generación las historias famosas de los héroes y sus hazañas. El pueblo era, en última instancia, el depositario de esas historias míticas y su destinatario a la vez, y los poetas, en su recitación, eran la voz del pueblo y transmitían su pasión por esas figuras

legendarias, caudillos, guerreros, dioses, bellas mujeres rapta-
das, esposas nobles, etc. El tema del poema es mítico y seguramente fue tratado con anterioridad. La materia de Troya,
como en el medievo la artúrica, la de Bretaña, fue un filón
inextinguible para la inspiración poética. La *Ilíada* se centra
en un momento concreto de la leyenda, la cólera de Aquiles, el hijo de Peleo, rey de los mirmidones, y de la marina
Tetis. El comienzo del poema —«La cólera canta, oh, diosa,
de Aquiles hijo de Peleo...»— es una invocación a la musa,
para que asista al poeta en su sacra misión de conmover al
pueblo contando de nuevo esa historia tan conocida. El
público no necesita que le pongan en antecedentes, todo
comienza en medio de la acción. Y lo que hace el rapsodo
viajero, como a veces aparece en los propios poemas homéricos, es conmover al oyente, rememorando esas leyendas
maravillosas.

Es imposible saber a ciencia cierta cuándo se ideó la historia de la caída de Troya. Parece, en efecto, una de las narraciones míticas más antiguas: y no sólo en Grecia, pues el asedio y destrucción de una ciudadela legendaria aparecen en
otras mitologías. Tradicionalmente, se afirma que la *Ilíada*
fue compuesta por el mítico poeta ciego Homero, natural
de la isla de Quíos, en la segunda mitad del siglo VIII a. de
C. Hacia finales del mismo siglo, y según la tradición,
Homero habría compuesto un segundo poema épico, la
Odisea. Pero nada se sabe sobre este gran poeta jonio, un
aedo errante y ciego que al parecer recitaba sus sabios versos de memoria por todo el mundo antiguo. Tal vez su figura sea sólo una leyenda, aunque mucho es lo que se ha escrito sobre esto, o un arquetipo mítico para designar al primer
poeta, al primer autor de la historia, como Orfeo o Museo,
otros legendarios cantores.

Hoy día hay diversas teorías sobre la identidad de Homero, la literatura oral en la época arcaica y la aparición de la
escritura. Parece que la compilación definitiva de los poemas homéricos se hizo durante el gobierno de los Pisistrá-
tidas, en la Atenas del siglo VI a. de C. Hay quienes afirman
que hubo más de un Homero, que éste nunca existió, que
fue una mujer o que sus poemas son invención más recien-

te. Pero la estela de Homero, sea quien fuere, sigue hoy presente entre nosotros. Homero, el primer poeta de Occidente, real o legendario, sería el heredero de una tradición poética anterior, y muy antigua, que seguiría las pautas de una oralidad que se nutre de la mitología heroica formada en la época micénica. El poeta conocido como Homero compone según las normas de esta tradición poética, transmitida oralmente hasta su compilación escrita, que narra las hazañas de los héroes míticos de la legendaria Edad heroica y, en concreto, el ciclo de Troya.

El ciclo troyano fue materia para otras muchas obras que abundaron desde la época oscura hasta la codificación por escrito de la literatura antigua. La materia troyana relataba el ciclo entero, desde los motivos y comienzos de esta larga guerra, a partir del rapto de la reina de Esparta, Helena, por el príncipe troyano Paris, hasta la destrucción de la ciudad, tomada mediante la estratagema del caballo de madera. Luego hubo innumerables postrimerías de la guerra de Troya, consecuencias y repercusiones de la caída de la ciudad en todos los ámbitos. Muchos de estos episodios de después de la guerra de Troya sirvieron para elaborar otras leyendas o ciclos —como los viajes de Ulises de regreso a su hogar, o los de Eneas en pos de la tierra prometida de Roma—; algunos de ellos se narraron en tragedias o epopeyas como las *Posthoméricas* de Quinto de Esmirna.

Los orígenes del ciclo se encuentran en un conocido episodio de la mitología. Las bodas de Tetis y Peleo, como es bien sabido, fueron el escenario para el juicio de Paris, que determinó cuál era la más bella de las diosas. Más allá del rapto de Helena, la causa primera era la venganza de las diosas Hera y Atenea contra Paris, que había elegido a Afrodita en aquel concurso de belleza que tenía como premio una manzana de oro. Como venganza, Hera hizo que Paris se enamorara de la hermosa Helena de Esparta, esposa de Menelao, y la raptara. Así dio comienzo la contienda, algunas de cuyas ramificaciones se han comentado en páginas anteriores.

Dioses, héroes y hombres participan en el conflicto formando dos bandos —aqueos y troyanos— que iban a marcar la historia mítica del mundo desde entonces. Los dioses campean por el mundo, bajan a luchar a la llanura de Troya, defienden a sus hijos y favoritos y no dudan en pelear entre ellos para terciar por los suyos. También los hombres acuden a los inmortales, consultan adivinos y marchan a la batalla con sed de gloria imperecedera. Uno de los rasgos más notables de la narración homérica es precisamente el doble plano de la acción entre los dioses y los hombres, pues el mundo divino es reflejo del humano, o viceversa.

Como decimos, Homero no narra en los más de quince mil versos de la *Ilíada* el comienzo o el final de la larga guerra (que refiere Ulises en la *'Odisea* como evocación, así como hará Eneas ante la reina Dido en la *Eneida*), sino un episodio puntual de la contienda: la cólera de Aquiles. No era ya necesario dar más explicaciones. Hasta tal punto era materia conocida este ciclo mítico. La función del poeta, como garante de la frescura y actualidad del mito, es rememorarlo y difundirlo con renovado vigor. Y el poeta conocido como Homero lo logra en su inmortal poema, que cuenta tan sólo los sucesos y combates de cincuenta y un días del décimo año de la guerra de Troya. Las historias acerca de Troya siguen presentes hoy día entre nosotros y muchas de ellas son ya mitos conocidos del lector, por lo que conviene centrarse ahora en el poema homérico, su argumento, estructura y su trasfondo histórico y cultural.

Aquiles y Agamenón, rey de Micenas y caudillo del ejército aqueo, disputan por una joven obtenida como botín y el primero, enojado, se recluye en su tienda negándose a pelear al lado de los demás griegos. Aquiles permanece junto a sus naves varadas en la orilla, ofendido, mientras continúan los combates, en los que los troyanos toman ventaja. Además, Apolo envía una peste a los griegos en castigo por no querer devolverle su hija a un adivino, protegido del dios. El retiro de Aquiles termina con la muerte de su amado Patroclo a manos de Héctor. Esto le decide a intervenir y a matar al príncipe troyano Héctor. En ese marco se integran otros materiales de la tradición mítica, desde el «Catálogo de las naves», que enumera los ejércitos griegos, hasta las hazañas detalladas de los muchos héroes que combaten en la llanura de Troya. Entre medias, se suceden otros episodios memorables. Recordaremos la embajada de Ayante, Ulises y Fénix, que visitan a Aquiles para ofrecerle excusas e intentar que deponga su ira, pues los griegos están en apuros y lo necesitan. Aquiles se niega incluso cuando, en el canto XVI, Patroclo le ruega que le permita acudir al combate, tomando su armadura. La participación de Patroclo en la batalla precipita los acontecimientos, pues tras su primera embestida, que hace retroceder a los troyanos, muere a manos de Héctor, con ayuda de Apolo, y es despojado de su armadura. El dolor de Aquiles por su muerte decide el regreso del gran héroe griego a la guerra. El dios Hefesto, ante los ruegos de Tetis, madre inmortal de Aquiles, forja nuevas y divinas armas para el héroe: una armadura y un gran escudo. Con ellas, Aquiles ataca nuevamente a los troyanos, causando una terrible mortandad. En las refriegas, los propios dioses intervienen, hasta que Zeus decreta que dejen a los mortales dirimir esta disputa. Al fin, Aquiles se enfrenta a Héctor en singular combate, frente a las murallas troyanas. Desde allí, su familia contempla la muerte del gran paladín de Troya: Aquiles lo mata con ayuda de Atenea, en el canto XXII, y ultraja terriblemente su cadáver, arrastrándolo con su carro y negándole la sepultura que le es debida a todo guerrero. En el canto XXIII se celebran los funerales de Patroclo en el campamento de los griegos y el último canto refiere la patética embajada del viejo Príamo, quien, guiado por Hermes, se presenta por la noche a Aquiles en su tienda, para rogarle que le devuelva el cadáver de su hijo Héctor. Aquiles, tras deponer su rencor, cede al fin a los ruegos del anciano rey, que regresa a la ciudad para llorar, junto con sus súbditos, al más grande de los héroes troyanos, Héctor.

Así se estructura la creación más perfecta que recoge el ciclo de Troya. La *Ilíada*, que ya desde el primer verso del poema evoca el tema de la obra, se divide en tres partes que narran la evolución de este asunto principal, la cólera del mejor de los griegos, tan funesta y que tantos males les acarreó: cólera, rencor y venganza son los tres motores que mueven la *Ilíada* y el comportamiento de su héroe furibundo, Aquiles. Desde su causa primera, la ofensa que le hace Agamenón, hasta su fin, cuando, conmovido ante la muerte de Patroclo, decide volver al combate. Éste sería el esquema narrativo del poema: la primera parte (cantos I-IX: ofensa y cólera de Aquiles); la segunda (cantos IX-XVII: rencor del héroe hasta la muerte de Patroclo), y la tercera (cantos XVIII-XXIV: vuelta de Aquiles a las armas hasta la muerte de Héctor y la embajada de Príamo). Muchos son los lances de guerra de la *Ilíada*, principal episodio del ciclo troyano, tantos que no resultaría posible citarlos aquí. Abundan los duelos de grandes héroes e incluso los guerreros menores, los que sólo son nombrados para aludir a su muerte, tienen una gloriosa mención en el panteón de la guerra de Troya. Queda así enunciado el argumento y estructura del poema que representa, como ningún otro, la concreción poética y literaria del ciclo de Troya. La ira de Aquiles, que se aparta de la lucha y sólo regresa para vengar a su amigo muerto, causando terribles estragos entre los troyanos y llegando a dar cruel muerte a Héctor, paladín de la ciudad de Ilión. Tan extraordinarias son las dotes guerreras de Aquiles que su regreso a la lucha inclinará la balanza de la guerra a favor de los griegos. Su muerte, como es sabido, no tardará en llegar. Pero eso ya es otra historia. Asunto tal vez para otro poema, no para la *Ilíada*.

La *Ilíada* recoge, así, un repertorio muy amplio de personajes, escenas y motivos míticos transmitidos por la tradición de una poesía oral de enorme riqueza, que sólo se puede intuir a partir de este poema conservado. El material mitológico, las fábulas y leyendas sobre esa guerra antiquísima que quedaron grabadas en la memoria de los griegos, lo modeló sabiamente un poeta que supo imprimir en él su genio, dándole a su obra —esencia de la inabarcable materia troyana— una gran unidad y sentido trágico. Todos los temas míticos en torno a la guerra de Troya quedan reunidos alrededor del marco dramático de la cólera de Aquiles: y el resultado es de una gran fuerza poética, resumida en el enfrentamiento memorable entre el fiero Aquiles, un héroe consciente de su destino fatal, que morirá no mucho después de vengar a Patroclo, y el noble Héctor, que sacrifica

su vida por defender su patria, a su mujer y a sus conciuda-
danos. Ambos saben que van a morir en breve y se esfuer-
zan por hacerlo bellamente.

Subyace, además, tras la historia de la guerra de Troya el
recuerdo lejano y memorable de una guerra real, una campaña que llevó a los griegos de diversos reinos del sur de los
Balcanes a Asia Menor, a combatir contra una ciudadela que
controlaba el paso marítimo de los Dardanelos y cuyo
poder, seguramente, suponía una amenaza económica y
militar para los griegos de Europa. De hecho, los griegos
creían que la guerra de Troya era un suceso histórico verdadero, y así lo manifestaron historiadores como Heródoto o
Tucídides, y en la Antigüedad aún se visitaban los restos de
la vetusta ciudad. Pero con los siglos desapareció todo rastro
de esta guerra, que quedó sumida en la leyenda, hasta que
en 1871, siguiendo indicaciones de la *Ilíada*, Heinrich Schliemann, se decidió a buscar la antigua Troya. Los inspirados
descubrimientos de Schliemann fueron fundamentales para
localizar la Troya histórica frente a la isla de Ténedos. Este
arqueólogo por afición, apasionado lector de Homero, se
equivocó en muchas cosas, pero al final dio un vuelco a los
estudios sobre la Antigüedad.

Hay que señalar, así, que toda la alta creación poética que
alberga la *Ilíada* y todo el ciclo troyano tienen ecos históricos que reflejan un momento concreto. Hubo una Troya y
una Micenas, y seguramente un Alejandro y un Menelao,
que con el tiempo pasaron a la consideración legendaria de
héroes que ya tenían para los griegos de época clásica. Así,
los restos que se descubrieron bajo la colina de Hissarlik, en
la actual Turquía, atesoran seguramente un reflejo real de la
poesía homérica. Mencionaremos aquí que bajo esa colina
se hallaron los restos de más de una ciudad. No hubo, al
parecer, una sino nueve Troyas superpuestas, construidas la
una sobre la otra a lo largo de los siglos. Existió una ciudadela de época micénica destruida por un invasor que, si bien
no es la que se pensó en un principio por razones de fechas,
yacía oculta en otro estrato del terreno excavado. Se ha pen-
sado que la Troya homérica debió de ser la VI o la VII (des-
truidas hacia 1300/1250-1250/1200 a. de C.), y no la II,

donde Schliemann descubrió las famosas joyas llamadas «tesoro de Príamo», que se fechan desde mediados del tercer milenio hasta el año 2200 a. de C.

Los documentos de otro pueblo de la época, los hititas, pueden ser la prueba del poderío que llegó a alcanzar Troya. A comienzos del siglo XIII, los hititas mencionan un tratado con el rey Alaksandus de la ciudad de Wilusa. Tal vez los nombres hititas escondan equivalentes griegos: Wilusa sería Ilios (Ilión, el otro nombre de Troya) y Alaksandus sería claramente Aléxandros, el otro nombre del príncipe Paris. Se menciona también en las tablillas hititas el pueblo de los *ahhijawa,* que bien podrían ser los aqueos del poema homérico, es decir, los griegos que cruzaron el mar para destruir la potente ciudad de Troya y rescatar a la bella Helena.

Así, tras el mito se esconde un eco de historia, alterado por la leyenda, como en muchas otras ocasiones en que la épica se refiere a nebulosas realidades históricas. Así sucede, por ejemplo, en el *Cantar de los Nibelungos,* en la gesta de Roncesvalles y en otros poemas y cantos. Se ha señalado alguna vez la semejanza entre la *Ilíada* y el *Cantar de mío Cid,* guardando siempre la lógica distancia. Sin embargo, sorprenden más las coincidencias de estas dos epopeyas: la estructura tripartita, los personajes arquetípicos, el trasfondo histórico, las afrentas como punto de partida de la historia, el honor como inspiración permanente, las hazañas, las armas míticas, el afán de conquista, etc. Ambos poemas están basados en unos hechos lejanos y legendarios, pero siempre presentes en la memoria del poeta, de los recitadores y los oyentes.

En todo caso, la sutil frontera que separa la historia de la leyenda, en estas antigüedades, es difícil de discernir. El mito habría elevado ciertos hechos históricos a una categoría poética y evocadora. Aunque el llamado «tesoro de Príamo», la «copa de Néstor» o la «máscara de Agamenón» de los museos —como en su día fueron denominadas— no sean tales, nadie puede evitar, al contemplar estos objetos, sentir un escalofrío de admiración y fascinación al preguntarse: «¿Y si fueran de verdad...?». Tal es el poder de evocación de la poesía homérica, antigua y prestigiosa, origen de la tradición literaria de Occidente.

La materia de Troya siguió siendo narrada por los griegos en otros muchos poemas. La *Odisea*, el primero y mejor de todos ellos, narra el regreso de un héroe, Ulises, que vuelve desde Troya tras el fin de la guerra a su hogar, una isla del Adriático llamada Ítaca. Hubo otros relatos míticos sobre el regreso de los héroes, como hemos visto, destacando el de Menelao y Helena, que tras muchas peripecias, como el viaje a Egipto, volvieron a Esparta. O el regreso infortunado de Agamenón a Micenas, que le costaría la vida.

Junto a los dos grandes poemas homéricos, y después de ellos, se compusieron otros relatos para completar el conjunto de historias sobre el ciclo troyano. De ellos, no hay más que algunos fragmentos que constituían el ciclo épico. El ciclo de Troya es, así, un universo mítico que da comienzo con el juicio de Paris, origen de la disputa, y termina con el regreso de los héroes a sus hogares. Son historias, ya fuera en forma de épica o de tragedia, que se subdividen en mil vericuetos, peripecias y ramificaciones que tienden a abarcar todos los episodios que no fueron narrados por los dos grandes poemas homéricos, la *Ilíada* y la *Odisea*.

Tanto es así que Troya no se habría de quedar en el ámbito griego. La leyenda perdurará en Roma y Bizancio, a través de héroes como Eneas y Digenís Akritas, en Rusia y Escandinavia, en la Europa occidental y mucho más allá. Repercusiones lejanas de Troya son los orígenes míticos de algunas casas reales de la Europa occidental, que pretendían hallar sus ancestros en algún héroe griego o troyano. Si la misma Roma, para enlazar con la historia mítica de Grecia, se decía descendiente de los troyanos huidos junto a Eneas a Italia, otros pueblos posteriores emplearán las mismas pretensiones de Antigüedad. Así ocurría en España, Francia o Inglaterra, ya fuera con Heracles, los griegos o los troyanos. La *Historia de los reyes de Britania,* de Geoffrey de Monmouth, por ejemplo, localiza los orígenes de la dinastía real y de la fundación de Britania en un bisnieto de Eneas, Bruto, que se autotitula «caudillo de los últimos troyanos». Incluso más lejos, en el recóndito norte, el islandés Snorri Sturluson escribe en su *Edda* que los troyanos llegaron al mundo nórdico en su errante huida por los mares, y un hijo de Príamo, Tror o Thor, aparece como mítico antepasado de los pueblos del norte. Troya es, aún hoy, materia de leyenda que hace soñar a todos los hombres y muchos son los creadores que se han dejado cautivar por esta fascinación desde la infancia.

2. LOS VIAJES DE ULISES: LA ODISEA

Como continuación de la historia de la guerra de Troya nace el relato de los viajes de Ulises. Pero pronto obtuvo una cierta independencia como ciclo de viajes y aventuras en el esquema mítico del retorno del héroe a su hogar, pues el poema en que se recogen estas historias, la *Odisea,* se encuentra muy alejado de la épica guerrera tradicional representada por la *Ilíada.* Se trata de una obra de notable modernidad y atractivo, que describe el largo errar por los mares de Ulises y sus muchos encuentros. El héroe de la *Odisea* no es el guerrero de Troya, sino un ingenioso aventurero, astuto, muy viajado, prudente y siempre listo para trucos y estratagemas. La diferencia que hay entre Aquiles y Ulises es la que media entre la *Ilíada* y la *Odisea.* Entre los dos poemas se puede notar un desplazamiento de la épica antigua hacia el relato de aventuras, acaso anticipando la novela.

También Ulises, en consonancia con lo anterior, es un héroe muy distinto a los que hemos visto hasta ahora. Está revestido de una gran modernidad, que lo ha hecho atractivo a los ojos de muchos autores modernos, como Borges, Cavafis o Joyce. Es el hombre embarcado en ese periplo sin fin, que más que una vuelta a casa es un inacabable viaje sentimental, una travesía interior en la que finalmente se descubrirá a sí mismo. Ya no es la fuerza bruta su arma, sino el entendimiento; él se procura las victorias por medio de tretas y estratagemas.

Desde el antiguo ciclo troyano, la *Odisea* nació en principio como un poema acerca de la «vuelta a casa» del héroe (*nostos*, de donde «nostalgia», el dolor por la vuelta a casa). Otros muchos héroes tuvieron que afrontar tal trance y regresar a sus hogares tras azarosas aventuras. Mas solamente Odiseo, Ulises, quedó como ejemplo de todos ellos, siempre vivo en la memoria de los hombres: la gran fama de sus aventuras ha trascendido lo literario, es ya patrimonio del hombre cotidiano, desde todas las épocas, como símbolo del ser humano, azacaneado por los vaivenes de la vida.

El mito de los viajes de Ulises, desde su salida de las costas de Troya, nos permite seguir al héroe en su errante travesía, evocar la destrucción de Troya, visitar las grutas misteriosas del Mediterráneo, las islas plagadas de brujas, monstruos y peligros hasta llegar, al fin, a las salas del palacio en Ítaca, donde una fiel esposa aguarda entristecida el regreso del héroe desde hace mucho tiempo. La *Odisea* es el poema que narra este ciclo mítico, dependiente del troyano pero con personalidad propia y moderna, recibiendo el nombre del héroe Odiseo (Ulises es su nombre latino, por el que es más conocido).

En los cuatro primeros cantos del poema no aparece, sin embargo, su protagonista. Es el hijo de Ulises, Telémaco, el que protagoniza este comienzo. Se evoca la situación de la isla de Ítaca, veinte años después de la partida de su rey Ulises y diez años después de la destrucción de Troya. Pues el soberano lleva diez años vagando por los mares y en su hogar la reina y su hijo desesperan de su retorno. El viaje de Telémaco al Peloponeso, visitando a Néstor, Menelao y Helena en busca de noticias de su padre, no sirve, sin embargo, para encontrarlo. Es una especie de iniciación del joven, que regresa a Ítaca para esperar a su padre. No habrá de esperar mucho más. Ya estará preparado para la llegada de Ulises y para ayudarle en su venganza.

La distancia desde Troya a Ítaca no es grande, pero el destino de Ulises es demorarse en un largo viaje que le llevará a arrostrar tremendos peligros en la busca constante del camino a casa. No solamente los monstruos y dioses se oponen a su avance, para alcanzar su hogar, Ulises habrá de llegar a los límites del mundo y cruzar al más allá. El centro del poema –cantos VIII al XII– lo ocupan estas aventuras marinas que cuenta en Feacia el propio Ulises.

El héroe de Ítaca saldrá airoso de todos los peligros gracias a su ingenio. No en vano es llamado en el poema «el de variadas tretas» (*polýtropos*). Además, es un héroe que inspira gran simpatía y que, al final, tendrá su final feliz en su palacio, cuando recupere su trono y rescate a Penélope de sus pretendientes. El poema concluye con la venganza del héroe que regresa para matar a los usurpadores de su palacio.

Pero las aventuras más fascinantes de Ulises las cuenta él mismo, acogido en la isla de los feacios, en el banquete ofrecido por su rey. El héroe de Ítaca aparece como un gran narrador que fascina a los oyentes con el fabuloso relato de sus aventuras, de todos conocidas: las sirenas, la isla de los Lotófagos, el cíclope Polifemo y otros peligros y maravillas. Vamos a recordar algunos de ellos, como si escucháramos también entre el auditorio, en el palacio del rey Alcínoo, al propio Ulises. Proponemos a continuación una selección de los episodios más evocadores, pero remitimos al lector al siempre maravilloso mundo de la *Odisea*, que debe ser leída con devoción[27].

Ulises deja Troya con los demás griegos, pero pronto disputa con los otros jefes y decide ir por su cuenta; tras las muchas batallas en las que había participado en la guerra, saliendo siempre victorioso, Ulises ansiaba ya el retorno a su hogar junto a Penélope. Uno de los primeros peligros que afrontó el navegante rey de Ítaca tras abandonar Troya fue la lucha con los Cícones, en Tracia, cuyo país conquistó por las armas; sólo perdonó a uno de sus habitantes, Marón, que le obsequió a cambio con un vino extraordinario, de proverbial dulzura y fuerza, que luego habría de servirle bien. En la lucha perdió a varios hombres, y tuvo que hacerse de nuevo a la mar, rechazado en el combate.

Desde allí llegó al país de los Lotófagos, un lugar idílico situado quizá en África. Ulises envió a algunos hombres para explorarlo. Los habitantes del país del loto les recibieron cordialmente y les dieron de comer la mágica planta que era propia de ese lugar. Era fama que quien probaba el loto

---

[27] Hay una nueva y reciente traducción castellana de la *Odisea*, la séptima en la historia (Madrid: Alianza, 2004).

olvidaba al instante todo y se daba a su consumo despreo-
cupadamente. Así, los exploradores no quisieron regresar
junto a sus compañeros y Ulises tuvo que obligarles a
embarcar.

La siguiente etapa fue una pequeña isla donde se avitua-
llaron, y desde allí partieron al legendario país de los Cíclopes, que suele identificarse con Sicilia. Ulises bajó a tierra
junto con doce hombres y algunos odres del vino que
Marón le había regalado y entró en una gruta del lugar. Allí
encontraron víveres abundantes: queso y leche, principalmente. Pero Ulises, precavido, no quiso tomar nada. Poco
después llegó el dueño de la caverna, el horrendo cíclope
Polifemo, que capturó la expedición griega para devorar a
los hombres de dos en dos. Ulises le dio a probar el vino de
Marón por primera vez y Polifemo se embriagó alegre-
mente; agradecido le dijo al héroe de Ítaca que se lo come-
ría en último lugar. Al preguntarle cómo se llamaba, Ulises
respondió que su nombre era Nadie.

Polifemo, borracho, se quedó dormido y Ulises aprovechó para clavarle una estaca ardiendo en su único ojo. Los
griegos huyeron del enloquecido Polifemo, ya cegado.
Como tanteaba la cueva por todas partes, tuvieron que salir
camuflados bajo las ovejas del cíclope, a fin de no ser detec-
tados por el monstruo. Y cuando Polifemo llamó a los otros
cíclopes para que le socorrieran, a la pregunta de quién lo
había herido, decía solamente «Nadie», para asombro de sus
compañeros. Así escapó Ulises y se granjeó el odio eterno
de Poseidón, padre de Polifemo, que retrasó aún más la
vuelta del héroe a Ítaca.

Después Ulises llegó a la isla de Eolo, dios de los vientos,
que le entregó un odre con un puñado de vientos, todos
menos la brisa favorable que le llevaría a Ítaca. Cuando estaban ya embarcados, y mientras Ulises dormía, sus compañeros abrieron por error el odre y desperdigaron los vientos.
Así hubieron de regresar a la isla de Eolo, pero éste ya no
pudo ayudarles. Debían marchar sin rumbo, pues los dioses
negaban a Ulises y a los suyos una navegación inspirada.
Conque marcharon hacia el norte, hasta llegar al país de los
Lestrígones. Éstos no eran tan amigables y su rey devoró a

uno de los hombres enviados por Ulises como embajadores, los demás pudieron huir hasta la nave, perseguidos por los Lestrígones. Muchos murieron, pero Ulises logró escapar en el barco. Así, finalmente, llegó a la isla de Circe, hija de Helios y emparentada con la bruja Medea, episodio que ya es conocido para el lector. Después de convertir a los compañeros del soberano de Ítaca en cerdos, la maga Circe cedió ante él, enamorada, y se aprestó a ayudarle y hacerle saber por qué no le estaba todavía permitido regresar a casa. Pero lo que necesitaba saber Ulises no se podía aprender en este mundo: debía viajar al país de los muertos y regresar de allí para obtener el conocimiento verdadero.

Así, el mágico itinerario de Ulises por el reino de lo fabuloso tiene como epicentro el viaje al Hades, en el canto XI. Es ésta la última frontera a la que llega el héroe, que se convierte en uno de los privilegiados que han visto el más allá y han regresado para contarlo. Desde la isla misteriosa de Circe y siguiendo indicaciones suyas, Ulises viaja hasta el borde del océano y visita el Hades. Luego regresa a la isla de la maga Circe, quien le aconseja sobre lo que ha oído del ciego adivino Tiresias.

La visita al otro mundo se sitúa, así, entre dos series de aventuras fabulosas de Ulises. Sólo después de dejar a la maga enamorada, Circe, partirá Ulises con ánimos renovados hacia su patria. Entonces hará frente a las temibles sirenas, cuyo canto significaba la perdición de los navegantes. Pero Ulises se caracteriza por su insaciable ansia de conocimiento y experiencias. Se cuenta que ordenó a sus hombres que se taparan las orejas y que le ataran fuertemente al mástil; así, pudo oír el canto sobrenatural de las sirenas, capaz de enloquecer a los hombres, y vivir para contarlo. También pasaron por un peligroso estrecho, guardado a ambos lados por dos horrores conocidos como Escila y Caribdis. Y tras superarlos, llegaron a la pacífica costa donde pacían las vacas del Sol. Ulises intuía que las vacas eran algo sagrado, pero el hambre apretaba y, pese a que él lo había prohibido, sus compañeros mataron y se comieron a las vacas, lo que desató la ira de los dioses. Todos murieron en el mar tormentoso salvo Ulises, que llegó a la isla de Calipso. Allí, como sabemos, se quedo durante siete años, pues Calipso deseaba retenerlo por amor, por lo que llegó a ofrecerle la inmortalidad. Pero Ulises la rechazó y se embacó otra vez. De nuevo el furioso mar hizo trizas su esquife. Y al fin arribó como náufrago a las playas de Feacia, al país de los feacios, donde fue acogido por la princesa Nausícaa y el rey Alcínoo en su palacio. Allí es donde Ulises embelesó a toda la corte con la narración de sus fabulosas aventuras. Admiró el rey cómo narraba Ulises, verazmente, tanto la guerra como sus desgracias: «Tú, por tu parte, aúnas las bellas palabras con un noble sentido». Conmovidos, los reyes le dan una nave para llegar finalmente a su patria.

Llegado a Ítaca, Ulises se disfrazó de mendigo, pues deseaba entrar de incógnito en su país. En estos cantos finales la narración cambia de ritmo magistralmente. Ulises se dirige a culminar su destino y a reunirse con los suyos para recuperar su trono. El porquero Eumeo le brindó humilde hospitalidad. El soberano de Ítaca sólo fue reconocido por su fiel perro. Pero ya preparaba su venganza.

Penélope había convocado a los pretendientes a un concurso para elegir marido: aquel que pudiera tensar el arco de Ulises y disparar una flecha a través de doce hachas sería su nuevo esposo. Pero Ulises, que contaba con la ayuda de una diosa, su protectora Atenea, llegó a tiempo. Telémaco estaba también preparado para la matanza.

El castigo de los pretendientes fue terrible, así como el de las sirvientas de palacio que se mostraron complacientes con ellos. Ulises, disfrazado de mendigo, estuvo presente en el banquete y en el concurso, soportando las burlas de los nobles. Pero pronto empuñó su arco y entonces se descubrió a todos en su poder y fuerza: los pretendientes murieron a flechazos y las doncellas traidoras fueron colgadas. En el canto XXIV del poema se narra hermosamente este último episodio, que merece la pena recordar, cuando uno de los pretendientes, ya desde el otro mundo, rememora lo sucedido.

Penélope –dice el muerto– «pasaba el día labrando la gran tela, y por la noche, tan pronto como se alumbraba con antorchas, deshacía lo tejido. De esta suerte logró ocultar el engaño y que sus palabras fueran creídas por los aqueos durante un trienio; mas así que vino el cuarto año y volvieron a sucederse las estaciones, [...] sorprendimos a Penélope destejiendo la espléndida tela. Así fue cómo, mal de su agrado, se vio en la necesidad de acabarla. [...] La funesta deidad trajo a Odiseo [...], allí fue también el amado hijo del divino Odiseo cuando volvió de la arenosa Pilos en su negra nave; y, concertándose para dar mala muerte a los pretendientes vinieron a la ínclita ciudad [...]. El porquero acompañó a Odiseo; y éste, con sus pobres harapos, parecía un viejo y miserable mendigo que se apoyaba en el bastón y llevaba feas vestiduras. Ninguno de nosotros pudo reconocerle, ni aun los mas viejos, cuando se presentó de repente; y lo maltratámos, dirigiéndole injuriosas palabras y dándole golpes. Con ánimo paciente sufría Odiseo que en su propio palacio se le hiriera e injuriara, mas apenas le incitó Zeus, portador de la égida, comenzó a quitar de las paredes, ayudado de Telémaco, las magníficas armas, que depositó en su habitación, corriendo los cerrojos; y luego, con refinada astucia, aconsejó a su esposa que sacara para los pretendientes el arco y el hierro a fin de celebrar la competición que iba a ser para nosotros, oh, desdichados, el preludio de la matanza. Ninguno logró tender la cuerda del recio arco, pues nos faltaba gran parte del vigor que se necesitaba para ello. Cuando el gran arco iba a llegar a manos de Odiseo, todos increpábamos al porquero para que no se lo diese, por más que lo solicitara y tan sólo Telémaco, animándole, mandó que se lo entregase. El paciente y divino Odiseo lo tomó en las manos, lo tensó con suma facilidad, e hizo pasar la flecha por el hierro; inmediatamente se fue al umbral, derramó por el suelo las veloces flechas, echando terribles miradas [...] y caían los unos detrás de los otros.»

Las peripecias de Ulises acaban así en un final feliz: el rey de Ítaca se venga de los pretendientes, recupera la patria, el trono y la familia (aunque hay otra versión sobre un último destino infortunado de Ulises). Y así termina también el poema homérico, la más hermosa narración sobre Ulises, que lo ha consagrado como el primer héroe moderno de la literatura.

La *Odisea* también es de gran modernidad; partiendo de la tradición épica del ciclo mítico de Troya, añade contenidos fabulosos (que la convierten en el remoto origen de la literatura fantástica y de viajes), y a la vez posee un innegable aire novelesco (que ha llevado a muchos a ver en este poema el antecedente de la novela). En efecto, en la narración que emprende Ulises de la guerra de Troya, en sus viajes increíbles y en el relato de lo que ocurre en Ítaca se ve esta triple combinación de temas que trasciende lo mítico y convierte el poema en una de las obras maestras de la literatura universal. Así, podríamos dividir su estructura narrativa, como hacen diversos estudiosos, en tres niveles que coinciden *grosso modo* con tres partes del poema, combinando la épica tradicional, lo fantástico y lo novelesco: el primer nivel trata la guerra de Troya, y representa el nexo de unión con la *Ilíada* y con la tradición de la epopeya; el segundo nivel, acaso el más atractivo para la mayoría, narra las aventuras marinas de Odiseo en un tono que recuerda a las narraciones de viajes fantásticos como las de Simbad el Marino; por último, y en un nivel más narrativo, se cuentan los sucesos de la corte de Ítaca, la espera de Penélope, los pretendientes y la venganza de Ulises. La sabia combinación de temas, niveles y episodios, perfectamente trabados en una estructura narrativa de gran fuerza, pone de manifiesto la enorme calidad literaria de esta obra que, podríamos decir, inaugura varios géneros literarios.

LA *ODISEA*

Niveles	Temas	Partes	Cantos
1 Épico	Materia de Troya	Guerra de Troya (narrado mediante episodios intercalados y evocaciones)	Pássim
2 Fantástico	Viajes de Ulises por el mundo	Diversas peripecias en el mar (Polifemo, Circe, Calipso, las sirenas, etc.)	V-XII
3 Novelesco	Penélope y los pretendientes en la corte de Ítaca	Venganza en Ítaca y Telemaquia	XIII-XXIII/XXIV + I-IV

Pero la enorme atracción que ejerce la *Odisea* depende siempre de sus incontables lectores, que la descubren cada vez que se adentran en su riqueza sin fin. Es un libro distinto cada vez que lo abrimos, según cómo o cuándo se lea, o quién lo lea. En un hermoso soneto de Borges se dice de la *Odisea* «que cambia como el mar. Algo hay distinto / cada vez que lo abrimos...». Y también dependiendo de la persona que lo abra. Si esto es verdad de cualquier libro, con la *Odisea* es aún más cierto, por esa fascinación que ya es tan duradera. Habrá personas a las que resulte más atractiva la historia épica, la narración de la guerra y los compañeros de batalla en Troya. Otros preferirán la imaginación y los viajes extraordinarios. Y habrá quienes se queden con la parte novelesca, pues la *Odisea* permite muy distintos tipos de lectura y de lectores.

En todo caso, ya desde los mitos griegos, el mar y sus misterios fueron uno de los principales alicientes de las narraciones fantásticas. Lanzados los griegos a la mar, hacia las colonias y hacia lo desconocido, se excitaba la curiosidad del navegante con historias fantásticas de allende los mares. Es un instinto aventurero que condujo tanto a fenicios, vikingos y griegos, como a Colón y los exploradores españoles, ingleses, franceses, etc. El mar tiñe, pues, de magia y fantasía todo el poema, que en cierto modo refleja las inquietudes históricas de ese pueblo navegante que lo forjó.

Hay que señalar, como otro rasgo de modernidad, que diferencia la *Odisea* de la *Ilíada*, que las mujeres son parte fundamental del viaje de Ulises. Tan maravillosa y llena de misterio como la mar se presenta en el poema la mujer. Tratada de un modo respetuoso, con temor de su poder (como ocurre con las magas Calipso y Circe) o de su autoridad (como ocurre con la «regente» Penélope), tenemos en la mujer odiseica otro rasgo muy destacable y admirable del poema, frente a las mujeres de la *Ilíada* (como Helena, Andrómaca y Hécuba). No en vano, son mujeres fascinantes que embrujan a Ulises, como Calipso o Circe. Mujeres como Nausícaa, que acoge al héroe viajero, o su leal Penélope, que siempre le aguarda. Ese interés y admiración por

las mujeres ha llegado a sugerir a algunos autores la hipóte-
sis de que una mujer pudo ser autora del poema, como
refleja la novela *La hija de Homero* de Robert Graves.

La repercusión de Ulises en nuestra cultura es inmensa,
tan inabarcable como su figura. Ya desde las tragedias clásicas, donde a veces se le achaca esa fama de astuto y men-
tiroso que tiene, hasta su aparición en la *Divina comedia* de
Dante, como explorador cuya curiosidad fue su perdición,
Ulises se fue convirtiendo en un personaje imprescindible
en el imaginario universal. Poetas como Shakespeare, Calderón, Tennyson o Cavafis han escrito sobre Ulises. James
Joyce revivió sus aventuras en la Irlanda de principios del
siglo XX. Jorge Luis Borges ha evocado a menudo la figura del rey de Ítaca, como ocurre, por ejemplo, en dos
cuentos, «El inmortal» y «El hacedor», y en numerosos
poemas.

Toda travesía literaria o personal por la *Odisea* es diferente y mágica. Nuestra breve evocación de los viajes de
Ulises, que han fascinado a tantas generaciones, ha de terminar con una de las más bellas interpretaciones del periplo
del héroe, como tránsito interior e iniciático: el poema
«Ítaca» de Constantino Cavafis (1911), que ofrecemos en
nuestra traducción. Merece la pena leerlo como colofón a
este recorrido acompañando a Ulises en su errar. Cavafis
apunta lo que en verdad significa el viaje a Ítaca, como destino soñado, en la íntima travesía vital del ser humano.

Así que marches de camino a Ítaca
pide que sea larga travesía,
tan llena de experiencias y saberes.
A los Lestrígones y a los Cíclopes,
al iracundo Poseidón no temas,
que nunca los hallarás en tu rumbo
si mantienes alto el juicio, si exquisita
la emoción te embarga el cuerpo y el espíritu.
A los Lestrígones y a los Cíclopes,
al fiero Poseidón nunca verás
si en tu corazón no los albergas,
si éste no los blande frente a ti.

Pide que sea larga travesía,
y muchas las mañanas de verano
en las que desembarques —¡con qué placer y gozo!—
en puertos nunca antes visitados.
Haz escala en emporios de Fenicia
para adquirir hermosa mercancía:
nácar y corales, ébanos y ámbar,
voluptuosos perfumes de toda clase
—de ellos, cuantos puedas, voluptuosos perfumes—.
Visita muchas ciudades del Egipto
y aprende, aprende de sus estudiosos.

A Ítaca mantén siempre en tu mente,
y sea la llegada a ella tu destino.
Mas no apresures nunca tu viaje.
Cuánto mejor que dure muchos años
que vuelvas a la isla cuando viejo,
tan rico de todo lo que adquiriste
y sin esperar nunca que Ítaca te colme.

Pues Ítaca te dio el hermoso viaje
sin ella nunca habrías emprendido el camino.
Mas otra cosa que darte no tiene.

Y si la encuentras pobre —Ítaca—, no se burló de ti.
Tan sabio que volviste, tan experimentado,
bien habrás entendido qué significa Ítaca.

3. EL CICLO DE TEBAS

Es fama que Tebas, la antigua y gloriosa ciudad amuralla-da, tenía siete entradas diferentes, y que fue fundada sobre la sangre y el dolor. Las historias que a esta tierra fecunda en hazañas se refieren están pobladas de odio, traición y críme-nes innombrables, pero también de gloria inextinguible y figuras de legendaria estela.

El ciclo tebano es el otro gran esquema mítico de la Gre-cia antigua, después del troyano. Se trata de mitos que hacen referencia a la estirpe que funda la ciudad de Tebas, llamada la de las Siete Puertas, y que rige sus destinos. Es una saga familiar larga y manchada de sangre y tragedia, y en ella hallaremos personajes tan dispares como Cadmo, Dioniso, Acteón, Anfión o Penteo. Una serie de hombres, héroes y dioses que marcan la historia de Tebas, principal ciudad de Beocia. El ciclo tiene también una antigüedad muy notable, pues ya en Homero pueden encontrarse referencias a los mitos tebanos, por ejemplo a Anfión y Zeto, los dos hermanos fundadores de Tebas, según una tradición.

Todo se remonta al rapto de Europa, la hija de Agenor, por Zeus, que origina las estirpes que poblarán Tebas (conocidas también como Agenóridas). Se cuenta que, transformado en toro, Zeus raptó a la doncella fenicia, como es sabido, y que su hermano Cadmo salió en su busca con unos cuantos hombres de su Fenicia natal. Allí dan comienzo los mitos tebanos, pues el destino último de Cadmo es fundar la ciudad de Tebas, como el de Eneas será Roma. Una oscura tradición narra la ayuda que Cadmo dispensó a Zeus en su lucha contra el monstruo Tifón, que le tenía casi derrotado. En pago a sus servicios, a Cadmo se le profetizó que su estirpe alcanzaría enorme gloria. El fenicio vagó errante por el mundo hasta que sus pasos le condujeron a Delfos. Allí el oráculo le dijo que siguiera a una vaca y construyera una ciudad allá donde sus pasos le llevaran. Cadmo obró como le indicaba el dios y siguió a una vaca hasta Beocia: en el lugar donde el animal se tumbó, Cadmo la sacrificó y fundó Cadmia, antigua ciudadela y origen de Tebas. Los muros fueron trazados por el arado, y Cadmo diseñó el emplazamiento de siete entradas, por lo que sería conocida como la ciudad de las Siete Puertas. Se cuenta que al enviar Cadmo a sus hombres a buscar agua en los alrededores de la nueva fundación, una serpiente monstruosa que guardaba la fuente del lugar, un monstruo consagrado a Ares, los masacró. Cadmo dio muerte a aquel dragón para vengar a sus compañeros, pero como se había quedado sin hombres, Atenea le aconsejó que plantara la mitad de los dientes del dragón en el suelo. De ahí salió una nueva raza de hombres, los «sembrados» (*spartoi*), que comenzaron a luchar entre ellos hasta que sólo quedaron cinco (Equión, Udeo, Ctonio, Hiperenor y Peloro), que son el origen de las familias nobles de Tebas, entonces aún llamada Cadmia.

Pero como la serpiente estaba consagrada a Ares, Cadmo tuvo que prestar servicio al dios para expiar su muerte. Al final, se casó con una hija de Ares y Afrodita, Harmonía. Su boda fue un gran festín al que fueron invitados todos los dioses. Cadmo le regaló a Harmonía un hermoso collar y una túnica, obra de Hefesto, y las Musas amenizaron la fiesta nupcial. La estirpe de Cadmo fue, en efecto, famosa en todo el mundo. Engendraron un hijo, Polidoro, y cuatro hijas, Autónoe, Sémele, Ino y Ágave. El destino de todas ellas fue trágico y se ha dicho que Cadmo y Harmonía acabaron sus días en la lejana Iliria, y que los dioses les transformaron en serpientes y les enviaron a las islas de los Bienaventurados.

La descendencia de Cadmo fue célebre pero malograda. Autónoe se casó con Aristeo, un héroe de la medicina y la caza, y de él tuvo al infortunado cazador Acteón, muerto por sus propios perros, cuya historia es bien sabida. Sémele tuvo a Dioniso de Zeus y murió calcinada por el rayo de su amante. Sin embargo, gozó de vida eterna gracias a su retoño, que habría de convertirse en una divinidad poderosísima, de estirpe tebana pero dones universales. Ino tuvo una desdicha mayor, pues, casada con Atamante, vio cómo sus hijos eran asesinados por su propio marido, enloquecido. Acabó sus días exilada bajo las aguas, en el palacio submarino de Tetis y Nereo. En cuanto a Ágave, casada con Equión, fue madre de Penteo, que usurpó el trono de Polidoro, hijo de Cadmo. El destino de Ágave y Penteo fue también terrible; recordemos cómo Dioniso irrumpió con su culto en la ciudad y causó la locura en la madre, que despedazó a su hijo en un ritual báquico.

Otra tradición continúa el relato de la compleja sucesión en el trono de la ciudad de Cadmo, que pasó a Polidoro, quien se casó con Nicteida, hija de Nicteo y hermana de Antíope. Éste y su hermano Lico eran hijos de uno de aquellos guerreros nacidos de la tierra, de nombre Ctonio. Polidoro tuvo a Lábdaco de Nicteida. Y este hijo gobernó y tuvo a su vez a Layo. Pero a la muerte de Lábdaco, Lico gobernó, pues el niño Layo era aún muy joven. La sobrina de Lico, Antíope, quedó encinta de Zeus, que se unió a ella transformado en sátiro. Antíope luego huiría de Tebas para casarse con el rey de Sición. Al ver a su hija deshonrada, Nicteo se quitó la vida y antes le hizo prometer a Lico que le vengaría, así que éste destruyó el reino de Sición y trajo presa a Antíope, quien dio a luz en el camino a dos gemelos, que fueron abandonados para que muriesen. Un pastor los rescató y crió, y les puso por nombre Anfión y Zeto.

El primero desarrolló increíbles dotes para la música, y se cuenta que, como Orfeo, era capaz de amansar a las fieras con su lira e incluso de mover rocas al son de su música. El segundo fue un buen artesano y pastor. Volvieron ambos a Tebas para cumplir su destino y liberaron a su madre matando a Lico. Ellos reinaron entonces y cuenta Homero que fortificaron la ciudad de Tebas con murallas de enormes sillares que se movían al son de la lira (*Odisea* XI, 260-265). El joven Layo, que ya tenía edad de gobernar, tuvo que exiliarse a Olimpia, ciudad de Pélope, pues ahora reinaban Anfión y Zeto. Éste se casó con la princesa Teba, y por ello el nombre de la ciudad de Cadmo cambió de Cadmia a Tebas. Anfión, por su parte, se casó con Níobe, la hija de Tántalo, cuya trágica historia conocemos por los mitos de Ártemis. Anfión se quitó la vida al perder a sus hijos, exterminados por la divinidad de la caza, y Níobe acabó transformada en piedra de tanto llorar.

Entonces regresó Layo de su exilio en Olimpia para tomar el poder. En la corte de Pélope, se había enamorado de Crisipo, hijo del rey, y lo había violado, causando su desgracia. Pélope maldijo a Layo y los dioses lo escucharon y decretaron que tendría el hado más cruel de todos los hombres que hasta entonces habían vivido. Y así, cuando Layo se casó con Yocasta, recibió un funesto oráculo en Delfos; decía la Pitia que un día engendraría un hijo que le daría muerte. Así que cuando su hijo nació, lo abandonó en las laderas boscosas del monte Citerón, cercano a Tebas. Para que no tuviera ninguna opción de sobrevivir, le había traspasado los tobillos con una cuerda que los inmovilizaba. El niño tuvo la suerte de ser encontrado por un pastor, que lo crió y lo llamó Edipo, a causa de sus pies (*Oidipous* significa «pies hinchados»). Un buen día, muchos años después, Edipo fue a Delfos, como tantos otros griegos, a conocer su destino. Pero salió horrorizado del recinto de Apolo, pues el oráculo le había dicho que estaba destinado a matar a su padre y yacer con su madre. Así que Edipo, que amaba a sus humildes padres adoptivos, a los que él consideraba auténticos, huyó para que el oráculo nunca se cumpliera.

Pero he aquí que un día, en una encrucijada polvorienta cerca de Tebas, Edipo se cruzó con una comitiva de lo que parecía un hombre importante. Se originó una disputa por ver quién pasaba primero y Edipo mató involuntariamente al hombre que viajaba en aquella caravana. Tiempo después llegó a Tebas y supo que el país estaba siendo asolado por un monstruo, la Esfinge, que los dioses habían enviado a la ciudad como castigo al rey Layo por sus faltas y por la maldición que arrastraba. Tebas estaba siendo diezmada por la Esfinge, que exigía la resolución de su enigma y, mientras tanto, el rey hacía mucho que había desaparecido. La reina Yocasta y los ciudadanos estaban desesperados. Edipo, como es sabido, resolvió el enigma de la Esfinge, que rezaba: «¿Cuál es el animal que camina sobre cuatro patas por la mañana, sobre dos por la tarde y sobre tres por la noche?». Edipo, tras cavilar cuidadosamente, dedujo que se trataba del ser humano, que de niño gatea, camina sobre los pies cuando es adulto y ayudado por un bastón en la vejez. Ésa era la respuesta al enigma. La Esfinge, derrotada, se despeñó, y Yocasta y toda Tebas aclamaron a Edipo como nuevo rey. Recordamos en este momento cómo retrató Ingres a Edipo y la Esfinge, en un inquietante lienzo que se encuentra en el Museo del Louvre.

Como era natural, pues era su destino, Edipo se casó con Yocasta y reinó sobre la ciudad de Tebas, que lo aclamaba como su salvador. La tragedia no tardaría en llegar, como lo cuenta magistralmente Sófocles en su *Edipo rey*. Una nueva maldición se abatió sobre la ciudad, castigada de nuevo por las horribles faltas –esta vez involuntarias– de su soberano. Edipo, como buen rey, se dispuso a investigar el origen de los males de Tebas. Pese a las advertencias del adivino Tiresias, que conocía los horrores del pasado y del porvenir, Edipo se empeñó en indagar en su propio pasado. Y las pistas le condujeron a lo que ya sabemos. Actuó entonces como detective, juez y verdugo, y al saber de su infamia, decidió arrancarse los ojos con un broche. Yocasta se ahorcó al saber quién era realmente su esposo. Se cuenta que Edipo huyó errante por toda Grecia. Había tenido cuatro hijos que continuaron su desdichada estirpe, dos varones, Eteocles y Polinices, y dos muchachas, Antígona e Ismene. Fue al exilio, cegado, y acompañado por sus dos hijas hasta llegar a Colono, en las cercanías de Atenas, donde fue acogido y murió. Cuenta su vejez Sófocles en otra tragedia, *Edipo en Colono*.

Sus hijos Eteocles y Polinices se quedaron con el trono de Tebas, y se lo repartieron de forma que cada uno gobernara un año. Pero esto no funcionó, pues al final del primer año, Eteocles se negó a entregar el gobierno a su hermano, así que Polinices se marchó al exilio junto al rey Adrasto de Argos. Allí se casó con la hija del soberano, en cumplimiento de un oráculo, y reclutó a seis bravos caudillos para que le ayudaran a conquistar el trono de Tebas. Así, siete guerreros partieron con sus ejércitos contra Tebas, la ciudad de las Siete Puertas. Eran Adrasto, Anfiarao, Capaneo, Hipomedonte, Partenopeo, Tideo y Polinices. Se trataba de la famosa expedición de los Siete contra Tebas, episodio central del ciclo épico tebano, que da nombre a una célebre tragedia de Esquilo.

Una terrible batalla se trabó cerca de Ismene, y los tebanos se vieron recluidos tras los muros de su ciudad. Entonces cada uno de los jefes guerreros eligió una puerta de la ciudad para el cerco y todo parecía indicar que Tebas sería conquistada a sangre y fuego. Sin embargo, el adivino de la ciudad, Tiresias, anunció en una profecía que la ciudad se salvaría si uno de los tebanos, Meneceo, hijo de Creonte, se sacrificaba al dios de la guerra, Ares. El valiente joven, al conocer esto, se quitó la vida, y sus compañeros, cobrando coraje ante esta acción, se defendieron con más brío.

El destino de los siete capitanes que marcharon contra Tebas, como el de tantos otros héroes griegos, estaba marcado por una vida breve y gloriosa. Murieron uno tras otro en hazañas guerreras. Se cuenta que el impío Capaneo, hijo de Hipónoo, murió fulminado por Zeus cuando escalaba los muros de la ciudad de las Siete Puertas, como cuenta Esquilo (*Los Siete contra Tebas,* 422ss. Véase también esta historia y la de otros de estos siete capitanes en Eurípides, *Fenicias* 1172ss., Ovidio, *Metamorfosis* IX, 404, Higino, *Fábulas,* 70 y 71, etc.). Por su parte, su viuda Evadne, ejemplo de amor conyugal para los antiguos, se suicidó a la muerte de Capaneo lanzándose a la pira en la que ardía el cadáver de su marido, como refiere Eurípides (*Suplicantes,* 980-1071). También Partenopeo perdió la vida en el combate y pronto se decidió que toda la contienda sería dirimida por un duelo entre los dos hermanos, Eteocles y Polinices, respondiendo a un desafío del primero. Esto decidiría el resultado de la guerra y evitaría más derramamiento de sangre. Pero tuvieron la mala suerte de que en este combate singular los dos hermanos se dieron muerte el uno al otro casi a la vez. Así, hubo que emprender de nuevo la cruenta batalla y Tideo cayó muerto a manos de Melanipo, cuyo hermano mató a Hipomedonte. Poco a poco, los siete caudillos fueron cayendo. Todos menos Anfiarao que, justo cuando iba a ser atravesado por una lanza, fue tragado por la tierra, que se abrió para salvarlo. Por esto, se le adoró como divinidad en aquella región. Cuando Adrasto contempló este prodigio, decidió retirarse: todos los jefes habían muerto y el bravo Anfiarao había desaparecido. Sólo pudo salvarse gracias a su veloz caballo, que lo llevó de vuelta a Argos.

Diez años más tarde, Adrasto regresó a Tebas con otro ejército formado por los hijos de los siete guerreros que habían participado en la primera expedición. Esta segunda campaña contra Tebas fue conocida como la guerra de los Epígonos, o sea, los descendientes. Marchaban junto al rey Adrasto su propio hijo Egialeo, Tersandro, hijo de Polinices, Alcmeón y Anfíloco, hijos de Anfiarao, Diomedes, hijo de Tideo, Esténelo, hijo de Capaneo, Prómaco, hijo de Partenopeo, y Euríalo, hijo de Mecisto. De nuevo, los tebanos fueron derrotados y hubieron de refugiarse tras sus recios muros ante el empuje del valiente Alcmeón. El adivino

Tiresias fue consultado de nuevo por la población angustiada, pero esta vez decretó que todo estaba perdido, los dioses habían abandonado la ciudad de las Siete Puertas. Así, los tebanos rindieron la ciudad y escaparon con sus familias a Iliria, mientras el ejército de los Epígonos tomaba Tebas. El hijo de Polinices, Tersandro, subió al trono al fin, en vez de su padre, cerrando el ciclo. Adrasto, cumplida la misión, pudo regresar a Argos, pero nunca llegaría. La pérdida de su hijo Egialeo en los combates lo mató de pena, y culminó trágicamente las historias míticas de una ciudad, Tebas, marcada por el dolor.

4. LOS ARGONAUTAS EN BUSCA DE VELLOCINO DE ORO

Si uno habita a orillas del mar y observa a menudo las oscuras aguas, bordadas de blanca espuma, es seguro que acabará partiendo en una negra y veloz nave que surque el océano en pos de la aventura definitiva: la búsqueda del tesoro más fascinante de todas las leyendas. Así se cuenta que le sucedió a Jasón, que llevó a cabo una de las hazañas de mayor renombre de la Antigüedad: la búsqueda del vellocino de oro. El Mediterráneo oriental y el mar Negro estaban entonces sembrados de oscuras rutas que llevaban hacia un lugar mítico, la Cólquide, tierra bárbara y desconocida donde se guardaba el tesoro: un dorado toisón custodiado por peligros sin cuento.

Las aventuras de Jasón, cuya figura heroica se ha mencionado anteriormente, conforman otro ciclo mítico de enorme calado en la tradición grecorromana. El viaje de los argonautas en busca del vellocino de oro nos recuerda ese tercer ciclo evocado por Borges, el de la búsqueda de un preciado objeto de dimensiones legendarias, y es narrado magistralmente en un largo poema épico, las *Argonáuticas,* de Apolonio de Rodas, escrito en el siglo III a. de C. El mito de Jasón y los argonautas es muy antiguo. Ya Homero conocía la historia de «la nave Argo que cruzó el alta mar, celebrada por todos» (*Odisea* XII, 69-70) y otros poetas como

Píndaro o Eurípides narran su historia, y debieron de existir otras epopeyas sobre esta antigua saga mítica. Pero Jasón, como ya sabemos, es un héroe con dos caras.

El mito de Jasón se divide en dos partes: la primera recoge el ciclo de la búsqueda del vellocino de oro y la segunda la venganza de Medea. Jasón, como los aventureros Teseo o Heracles, emprendió un largo viaje para derrotar a terribles monstruos y superar todo tipo de peligros. Al final, ganó un precioso botín, que le permitió regresar a su hogar. Ésta es la primera vertiente de su aventura, la positiva. Pero luego las cosas se torcieron y el final de sus días fue desgraciado, pues abandonó a la maga Medea, que le había ayudado a cumplir sus hazañas y le había dado dos hijos, y ella se vengó terriblemente.

Según la primera parte de su historia, Jasón, hijo del rey de Yolcos y heredero legítimo del trono, se vio privado de sus derechos dinásticos por el hermanastro de su padre, Pelias. El niño fue alejado de la ciudad por su madre y criado junto al centauro Quirón. Un oráculo, como sabemos, previno a Pelias contra el hombre de una sola sandalia. Y en cumplimiento de esto, Jasón regresó a su ciudad, tras su educación y aprendizaje heroicos, con una piel de leopardo y una sola sandalia, pues había perdido la otra al ayudar a una anciana a cruzar un río. De ahí que el rey Pelias, reconociendo el peligro profetizado, le impusiera una tarea de imposible realización.

Es fama que al verlo por primera vez, Pelias le preguntó el nombre y la profesión. Y Jasón le dijo directamente cómo se llamaba, de quién era hijo y su pretensión de recuperar el trono paterno. La misión impuesta por Pelias para que Jasón se convirtiera en rey consistió en recuperar el fabuloso vellocino de oro, la piel de un cordero mágico que se hallaba en la lejana Cólquide, allende el Bósforo, en pleno mar Negro, protegido por un terrible dragón. El toisón de oro pertenecía al reino de Jasón y era símbolo del poder real. Por ello, Jasón debía obtenerlo para subir al trono de Yolcos.

Así, aceptó el desafío y partió tras el vellocino, después de elegir a un grupo de bravos guerreros, auxiliares del héroe, para que le ayudaran en la peligrosa misión. Robert

Graves, que escribió una novela sobre este viaje legendario, divide el mito en dos ejes temáticos, que bien podrían corresponder a las dos caras del héroe que ya se han mencionado: la iniciación y la ambición. Por un lado, la expedición de un grupo de aventureros al desconocido norte de Europa, a través del Helesponto. En ese estrecho se había caído a las aguas Hele, cuando iba con su hermano Frixo a lomos del mágico carnero de oro, escapando de la muerte. Frixo, al llegar a su destino, había sacrificado el carnero y dejado allí su dorada piel. El segundo eje es la educación y gloria de Jasón, que triunfa en su aventura personal: doma a los toros de fuego, vence a guerreros sobrenaturales, conquista el vellocino y regresa a su ciudad. Hay en su leyenda algunos esquemas que se corresponden con los cuentos populares, en los que el héroe se pone en camino para conquistar en tierras lejanas un botín fabuloso y cumplir unas pruebas imposibles. Hay una princesa, Medea, un dragón, unos ayudantes mágicos que le facilitan la tarea... Es, en definitiva, un esquema arquetípico del *folktale*, del cuento maravilloso, que se refleja en este antiguo mito. Sin embargo, la historia no tiene esta vez un final feliz.

El malvado usurpador, Pelias, estaba seguro de que Jasón no regresaría jamás con vida de la misión encomendada. Pero el héroe tenía múltiples recursos, y lo primero que hizo fue construir una nave nunca vista, veloz como el viento. Le pidió a un maestro armador, de nombre Argos, que hiciera el barco más fabuloso jamás visto, con cincuenta remos, y mandó emisarios a las ciudades de toda Grecia pidiendo voluntarios para la peligrosa misión: a cambio, la gloria y la fama acompañarían de por vida a los que participaran en la busca del vellocino de oro.

La nave se llamó Argo, haciendo referencia a su velocidad, y de toda Grecia acudieron héroes y guerreros, en número de cincuenta, para sumarse a la más peligrosa búsqueda del mundo antiguo. Entre los tripulantes de la nave Argo se encontraban héroes legendarios como Heracles y místicos hechiceros como Orfeo. Pero había más: el noble Peleo, padre de Aquiles, y Telamón, padre de Ayante. Los adivinos Mopso e Idmón; el timonel Tifis; el veloz corredor

Eufemo; los voladores Zetes y Calais, hijos del viento Bóreas; Polideuces, de puños de acero; Linceo, de vista aguda; el cambiante Periclimeno, con sus poderes mágicos... Los héroes son cincuenta y seis en el catálogo de Apolonio de Rodas, todos ellos mágicos ayudantes de Jasón en su ardua labor. Sin embargo, el más grande de todos, Heracles, no duraría mucho a bordo. En una de las paradas de la nave, su amado Hilas desembarcó para buscar agua. Al ver que no regresaba, Heracles marchó en su busca, pero no lo encontró. Se supo después que una ninfa de la fuente a la que había acudido el joven se había enamorado de él y lo había arrastrado hacia la corriente. Pero Heracles siguió buscando sin cesar, y la nave Argo tuvo que partir sin él.

Llegaron a continuación al país de un famélico rey llamado Fineo, cuyo reino estaba siendo devastado por unas horribles criaturas, las harpías. Se cuenta que este rey era capaz de predecir el futuro, y que los dioses le habían enviado una plaga de harpías que, cada vez que intentaba comer, se lanzaban desde los cielos sobre la comida devorándola y ensuciando los restos. Por suerte, entre los tripulantes de la Argo se contaban los dos hijos de Bóreas, el viento del Norte. Éstos, cuando Fineo se sirvió la cena, esperaron la llegada de las harpías, y las masacraron a mandobles. En agradecimiento, el rey Fineo les dio un consejo a los argonautas acerca de cómo atravesar el peligroso estrecho del Bósforo, que debían cruzar para llegar a la Cólquide.

La entrada del Bósforo estaba guardada por dos rocas descomunales, las Simplégades, que chocaban entre sí destrozando las naves que intentaban atravesar el estrecho. Pero Fineo les había prevenido de sus movimientos y dijo a sus hombres que antes de cruzar el estrecho soltasen una paloma por delante, para que volara hacia las rocas. Cuando éstas chocasen entre sí tras el ave, entonces los argonautas debían remar a toda prisa, para pasar mientras las rocas se separaban para lanzarse de nuevo contra ellos. De esta manera, los argonautas pudieron cruzar al mar Negro y tras ellos las rocas quedaron definitivamente fijas en su posición actual.

Al final de la larga travesía arribaron a la Cólquide. Allí, mientras dormían, los dioses decidieron prestar su ayuda a los argonautas. A instancias de Hera y Atenea, la diosa del amor, Afrodita, se ofreció a ayudar a Jasón. Así, Afrodita hizo que Medea, la hija del rey de la Cólquide, Eetes, se enamorara del aventurero griego, pues sólo ella, provista de poderes mágicos, podría ayudar a los argonautas a llevar a buen término su aventura. Así se narra en el canto III de las *Argonáuticas*, donde el alado hijo de Afrodita flecha a Medea: «Eros arribó a través de una clara bruma invisible, tumultuoso [...]. Rápidamente tensó su arco [...] y eligió una flecha resonante, aún no usada, de su carcaj [...]. Pequeño y oculto a los pies del propio Jasón, ajustó las muescas de la flecha al medio de la cuerda y, tras tensarla, disparó con ambas manos directamente contra Medea. El corazón de la joven se quedó paralizado».

Así, pese a que el rey Eetes se opone a las pretensiones de Jasón, Medea le ayudará en todo momento. Al saber que Jasón pretende llevarse el vellocino de oro, Eetes le impone una tarea imposible: le dará el toisón a cambio de que dome y unza al arado a dos toros monstruosos que respiran fuego y are con ellos un campo, en el que habrá de sembrar los dientes del dragón que guarda el vellocino. De los dientes sembrados nacerán bravos guerreros que habrán de ser también vencidos por Jasón. Éste acepta acometer tamaña empresa al día siguiente.

La labor parecía ímproba, pero Medea le prestó su auxilio: en una visita nocturna, ella le declaró sin avergonzarse su amor y le prometió ayudarle si accedía a llevarla consigo de vuelta a su país. Jasón aceptó, y Medea le proporcionó un ungüento mágico que, untado por su cuerpo, le protegería de los toros que respiran fuego y de los guerreros sembrados. Contra ellos, también le entregó una piedra mágica. Y así, al día siguiente, Jasón logró cumplir todos los trabajos impuestos, ante los ojos atónitos del rey Eetes y sus súbditos: domó a los toros sin sufrir quemaduras, aró el campo, sembró los dientes y, cuando hubieron surgido de ellos unos guerreros mágicos, les arrojó la piedra que le había entregado Medea. Entonces los guerreros comenzaron a matarse unos a otros hasta la aniquilación.

Pero Eetes no estaba dispuesto, pese a todo, a cederle a Jasón tan fácilmente el vellocino de oro, y le tendió una emboscada. Convocó a sus hombres para que atacaran al día siguiente a Jasón y los argonautas, justo antes de que embarcaran en busca de su preciado botín. Medea, conocedora de los planes de su padre, advirtió a Jasón. Le aconsejó hacerse con el vellocino esa misma noche y zarpar inmediatamente. Esa noche, ella también embarcó en la Argo y se llevó consigo a su hermano Apsirto. Gracias a Medea, que durmió al dragón con un hechizo, los argonautas se apoderaron del toisón de oro, que estaba colgado de un árbol que vigilaba el dragón. En su fuga, el barco de los argonaturas despistó a las naves de Eetes y los furiosos Colcos que lo perseguían mediante una cruel treta de Medea, que mató y cortó en pedazos a su hermano Apsirto, para que su padre se detuviera a recoger los restos esparcidos de su hijo.

Jasón recorrió una larga travesía de regreso a su patria. Dejó el mar Negro remontando el curso del río Istro, seguramente el Danubio, para desembocar en el Adriático por el Po. Luego se dio la vuelta, escapando de nuevo a la persecución, remontó el Po hasta el Rin, y pasó de éste al Ródano para desembocar de nuevo al Mediterráneo, navegar por Italia y Sicilia, llegar a las playas de Libia y, por fin, a su patria tras pasar de largo Creta y las costas griegas.

De lo que aconteció al llegar a Yolcos, la muerte de Pelias por sus hijas (engañadas por Medea) y de la venganza de la hechicera de la Cólquide contra Jasón en Corinto, ya sabe el lector lo suficiente. Jasón no encontró el final glorioso que corresponde a un héroe de su categoría, sino que perdió por dos veces la posibilidad de reinar, en Yolcos, expulsado por las malas artes de Medea, y en Corinto, tras la tragedia que narra Eurípides. Las *Argonáuticas* de Apolonio de Rodas no cuentan este triste final de Jasón, sino que dejan la narración de la parte principal y más gloriosa de su ciclo mítico en el momento de mayor gloria, al regreso de su nave a Yolcos. La figura heroica de Jasón, sin embargo, quedará siempre oscurecida por la venganza de Medea, de su apasionada amante, despechada y abandonada, que deja su huella indeleble, de crueldad y amor, en el mito.

5. LOS DOCE TRABAJOS DE HERACLES

Una noche tormentosa en el legendario palacio de Anfitrión, en Tebas. El héroe está haciendo la guerra a la cabeza de las tropas tebanas. Campea bravamente y arriesga su vida entre los truenos y el fragor del combate. Entretanto, en el palacio todo es silencio. Se respira en el aire una atmósfera casi mágica, encendida por las chispas de los rayos. La tormenta desprende un cierto halo misterioso, un presentimiento de lo sobrenatural. Y mientras la soñolienta Alcmena, reina exiliada de Micenas y esposa de Anfitrión, se revuelve inquieta en su lecho, una figura embozada cruza la sala central del palacio. El Mégaron. Es una figura portentosa, de un dios, y es el padre de todas las divinidades, Zeus, disfrazado como Anfitrión, que llega para unirse amorosamente con la reina Alcmena.

Así fue engendrado el más grande de los héroes griegos, Heracles, de una manera que predecía lo que estaba por venir. Sus hazañas imperecederas, el rastro glorioso que dejaría sobre la geografía mítica de la Antigüedad. Fue concebido por Alcmena en una noche en que su marido estaba ausente, mientras Zeus había adoptado astutamente su forma, incapaz de vencer la decencia de la mujer de otra manera. Pero el dios de los cielos planeaba concebir ya en ese momento a un héroe inigualable. Es bien conocido que ordenó al tiempo que detuviera su devenir para poder prolongar la noche de amor, que fue eterna. (Sobre este episodio el romano Plauto escribió su obra *Anfitrión*, en la que trata cómicamente el tema. Siglos más tarde, los franceses Molière y Giradoux retomarían la historia de esa noche en dos épocas distintas.) Esa noche de amores tuvo la duración de tres días, y de ella nació un héroe que habría de cambiar la faz de la tierra: Heracles, también conocido como Hércules entre los latinos, o como Alcides en otras ocasiones.

Alcmena, su madre, era de regia estirpe y provenía de otro héroe, Perseo, hijo del propio Zeus y de Dánae. Todos los elementos señalaban que Heracles, nacido de noble cuna y en circunstancias maravillosas, sería excepcional. Se cuenta que Anfitrión había dejado Micenas por haber matado accidentalmente a su suegro, el rey Electrión, padre de Alcmena. Anfitrión recibió el reino de Micenas como regente, pues el soberano iba a marcharse a la guerra, pero lo mató por accidente mientras pastoreaba el ganado. Por ello fueron desterrados Anfitrión y Alcmena, que pasaron a vivir en esa ciudad; su palacio aún se podía ver en Tebas en el siglo II, cuando el escritor y viajero Pausanias pasó por la ciudad. Se dice que fue construido por Trofonio y Agamedes, los mismos arquitectos del cuarto templo de Apolo en Delfos. Era, qué duda cabe, el lugar apropiado para que fuera concebido el más grande de los héroes griegos, por Zeus, que se unió a Alcmena en lo que se suele considerar su último amor por una mortal.

En su providencia divina, Zeus tenía grandes expectativas puestas en este vástago suyo. Por ello, antes de que naciera, prometió solemnemente a todos, hombres y dioses, jurando por la laguna Estigia, que el descendiente de Perseo que naciera en primer lugar −confiando en que sería su Heracles− se convertiría en el rey de Argos. Pero la celosa Hera, de nuevo, siempre odiando a las amantes de Zeus y a sus hijos bastardos, frustró estos planes. Tras escuchar la promesa, se apresuró a impedir que Heracles reinara, como estaba previsto. Y como ella es la patrona de los partos, aceleró el nacimiento de Euristeo, un sietemesino, primo de Heracles. Sobre este extraño personaje recayó la dignidad real de Argos, ciudad protegida por la propia Hera. Así comenzaban las peripecias de Heracles, cuando aún no había visto la luz.

También tras su nacimiento estuvo Heracles marcado por la estrella de los héroes. Su infancia y juventud vieron prodigios que profetizaban un destino glorioso. Ya sabemos que la odiosa Hera le envió a la cuna dos serpientes, y que el pequeño Heracles acabó con ellas usando tan sólo sus manitas desnudas. También es sabido cómo la reina consorte del Olimpo se equivocó y le dio el pecho al niño Heracles, y cómo, al darse cuenta, enfadada, se lo quitó de encima y las gotas de su leche perdida originaron la Vía Láctea.

Pues bien, el episodio central de los mitos relacionados con Heracles es el célebre encargo que le hace su primo

Euristeo, siguiendo los designios de Hera, implacable madrastra: los famosos doce trabajos de Heracles. El héroe ha de aceptar la servidumbre de su primo para demostrar su valía. En sí, estas doce hazañas configuran un ciclo mítico que ha sido representado y evocado en múltiples ocasiones. Sea ésta una nueva recreación de la gesta de Heracles.

El héroe había alcanzado ya la edad adulta, y era en principio sólo un hombre, pero de extraordinarias virtudes. Era un ser humano extraordinario, nacido mortal pero que acabaría divinizado a causa de sus hazañas increíbles. Siempre forzudo –la fuerza sobrehumana es su principal característica–, Heracles viste la pelliza del león de Nemea y empuña una maza, el arma que le es propia. Así se le suele representar en el arte –recordemos fugazmente el Heracles helenístico de Lansdowne, que se encuentra en el Museo J. Paul Getty de California–, con la clava que talló él mismo. Sin embargo, los dioses le otorgaron otro armamento, de índole sobrenatural, como corresponde a un héroe mítico o un semidiós. Se cuenta que Hermes le entregó su espada, Apolo el arco y las flechas y Hefesto la armadura. Parece en ocasiones un héroe vestido a la manera de los hoplitas clásicos, pues según una tradición Atenea le dio las armas, aunque las más de las veces va pertrechado como un guerrero más primitivo, que mata con la maza o con las manos.

El primer trabajo que Euristeo le encargó, siempre con malévola intención, fue dar muerte al peligrosísimo león de Nemea, una fiera que aterraba la región y cuya piel era invulnerable a las flechas de los cazadores. Heracles le dio muerte con las manos y lo desolló, con lo que obtuvo la famosa pelliza que desde entonces llevaría siempre consigo. Esta hazaña fue inmortalizada en otro tiempo por Rubens en uno de los lienzos que atesora el Museo de Orleans.

El segundo trabajo que se le encomendó fue acabar con la monstruosa Hidra de Lerna, una serpiente enorme que tenía muchas cabezas y la sangre venenosa. La maravilla era que cuando se le cortaba una de ellas otras dos crecían en su lugar. Para matarla, Heracles necesitó la asistencia de un fiel ayudante, Yolao, su sobrino, que prendió fuego al bosque de Lerna para hacer salir al monstruo. Luego, según Heracles cortaba una cabeza, Yolao quemaba la herida sangrante, para evitar que el monstruo se regenerase. Tras dar muerte a la Hidra, Heracles mojó la punta de sus flechas en la ponzoñosa sangre, para hacerlas aún más mortíferas.

El siguiente trabajo fue el ciervo de Cerinea, de dorada cornamenta y patas de bronce, que tenía una velocidad y fiereza legendarias. Debía atraparlo con vida. El animal, además, estaba consagrado a la diosa Ártemis, y la única manera de capturarlo, tras un año de persecución, fue acorralarlo en un santuario de esta divinidad.

El cuarto encargo fue atrapar con vida y llevar al palacio del rey Euristeo al jabalí de Erimanto. Así lo hizo Heracles, pero al llevarlo ante el rey, éste se asustó tanto de la feroz apariencia del animal que corrió aterrado a esconderse en una vasija.

Otra misión, el quinto trabajo, fue exterminar a los pájaros que infestaban el lago Estínfalo. Eran aves que se alimentaban de carne humana y causaban terribles estragos en los bosques en torno al lago, donde se ocultaban y tenían su morada. Para este trabajo, Heracles contó con la ayuda inestimable de Atenea, auxiliar de héroes. La diosa le dio una especie de castañuelas de bronce que producían un gran estruendo, y Heracles las hizo sonar con todas sus fuerzas. Los pájaros emprendieron el vuelo, espantados, saliendo de sus escondrijos, y de esta forma pudo matarlos a flechazos implacables.

Los establos de Augías, el rey de la Élide, eran célebres por su suciedad, acumulada durante los muchos años en que éste no los había limpiado. Euristeo, con malicia, ordenó a Heracles, como sexto trabajo, lo que le parecía una labor aún más ímproba que las anteriores: que limpiara esos establos. Era, a todas luces, una tarea imposible de cumplir, pues ese lugar era casi proverbialmente sinónimo de suciedad. Pero Heracles no se desanimó y lo solucionó de la siguiente manera: desvió los ríos de las inmediaciones, cuyas aguas torrenciales se llevaron toda la inmundicia de los establos de Augías.

A continuación se le encomendó la captura del toro que antaño Poseidón había regalado a Minos, legendario rey de

Creta. Esta isla, allende los mares, fue así el nuevo destino de Heracles, que pudo domeñar al toro salvaje y llevarlo de vuelta al palacio de Euristeo. Pues el rey deseaba cumplir un sacrificio a Hera con la fabulosa bestia. Pero la reina consorte del Olimpo, en su resentimiento, no quiso aceptar nada que tuviera que ver con su aborrecido hijastro, y dejó al toro en libertad en el país de Euristeo, donde causó enormes destrozos.

Otros animales salvajes que tuvo que domar Heracles fueron las mulas de Diomedes, que devoraban carne humana y habitaban en la salvaje Tracia, al norte de Grecia. El malvado rey Diomedes las tenía educadas para devorar a cualquier extranjero que llegase a las costas de su país. Y Heracles acabó por arrojar al soberano a sus propias bestias para que él también fuera devorado por ellas.

El noveno trabajo fue más arduo: conseguir el ceñidor de Hipólita, la reina de las Amazonas. Así se lo pidió Euristeo, a instancias de su caprichosa hija, que deseaba el cinturón en cuestión. Las Amazonas eran un pueblo legendario de difícil localización; unos decían que estaban en el Cáucaso; otros, que se hallaban cerca de Escitia o en las riberas del mar Negro. Se cuenta que eran mujeres salvajes y guerreras que habitaban en un reino bárbaro y sin hombres. Cuando necesitaban a alguno para perpetuar la población de su país y que nacieran nuevas Amazonas, capturaban a un varón excepcional para que yaciera con una de ellas y luego lo mataban tras haber cumplido su función; también mataban a los niños que nacían; sólo se ocupaban de criar a las niñas. Los más célebres héroes tuvieron relación con las Amazonas, entre ellos Aquiles o el propio Alejandro Magno, según cuenta su leyenda. Pues bien, Hipólita, reina de las Amazonas, accedió en principio a ceder su cinturón al héroe. Pero la pérfida Hera sembró la discordia adoptando la apariencia de una amazona. Difundió el rumor de que Heracles iba a secuestrar o a matar a Hipólita y, en el tumulto que se desató, las Amazonas lucharon contra Heracles y la reina fue muerta por el héroe.

El décimo trabajo de Heracles le llevó al lejano Occidente, al reino de Gerión, en las costas del sur de Iberia. Allí el opulento Gerión, un monstruo de tres cabezas, poseía abundante ganado y era misión de Heracles hacerse con todas sus reses. Para ello tuvo que marcharse a los confines del mundo conocido, a la lejana España, matar al pastor de Gerión, a su perro y al propio rey y volver a Grecia. Allí se cuenta que estableció los límites del mundo, las llamadas columnas de Heracles, en el estrecho de Gibraltar. Y su regreso estuvo marcado por innumerables aventuras y leyendas: Heracles ha dejado su rastro por las salvajes regiones del occidente. Llegó al fin de la tierra (Finisterre), pasó por el estrecho de Gibraltar, cruzó los Pirineos y tuvo aventuras amorosas con princesas locales, entre otras muchas historias. Una de ellas afirma que el Hércules romano dio muerte a Caco, un ladrón gigantesco que devastaba las inmediaciones del monte Aventino: él le había robado a Hércules parte de los rebaños que el héroe había obtenido de Gerión.

También en los límites del mundo antiguo se desarrolló la siguiente misión del héroe. Euristeo le ordenó perseguir las manzanas del jardín de las Hespérides. Éste se encontraba en los confines del más allá aunque a veces se localiza también en el lejano Occidente, junto al país de Gerión, y otras en las recónditas fuentes del Danubio. Tan oculto estaba este mágico lugar que Heracles tuvo que preguntarle al dios marino Nereo para que le orientara. En el camino cumplió una serie de hazañas memorables, como luchar contra el gigante Anteo en Libia, dar muerte a un malvado rey en África, e incluso liberar al titán Prometeo en las montañas del Cáucaso. Al fin, Prometeo, agradecido, le guió en su camino hacia las Hespérides. Allí podría conseguir las manzanas durmiendo al dragón que las guardaba. Otra versión cuenta que era Atlas quien guardaba las manzanas, en el mítico país de los Hiperbóreos. Se cuenta que Heracles hizo un trato con Atlas, que estaba condenado a cargar el mundo sobre sus hombros. Atlas conseguiría las manzanas para Heracles si mientras tanto éste le relevaba de su pesada labor de sostener el universo. Después de conseguir las manzanas, y como no quería volver a cargar con la bóveda celeste, Atlas se ofreció a llevar las preciadas frutas a Euristeo, y así, pensó, seguiría en libertad. Heracles fingió aceptar, pero se dio cuenta de lo que Atlas tramaba. Conque le pidió que sostuviera el mundo un momento para acomodárselo bien de nuevo en un cojín, y cuando Atlas tomó el mundo otra vez sobre sus hombros, el astuto Heracles emprendió la huida con las manzanas.

El último trabajo de Heracles consistió en un viaje aún más largo y peligroso: el viaje al mundo de los muertos. Con ello, engrosó la ilustre nómina de los héroes que han descendido a los infiernos en cumplimiento de una misión legendaria. Euristeo estaba asombrado ante las labores que llevaba a buen término Heracles, y tras ordenarle llevar a cabo las hazañas más inverosímiles e imposibles, se había dado cuenta de que su primo podía con todas. Así fue como decidió ordenarle la travesía más misteriosa y arriesgada de todas, que marchara al infierno y le trajera vivo al terrible guardián del mundo de ultratumba, el monstruoso perro Cerbero. Mas ni siquiera la muerte detuvo a Heracles, pues, tras superar todas las dificultades, e incluso enfrentarse con el propio Hades, cruzó el Aqueronte y llevó a Cerbero ante Euristeo, aprovechando el viaje al mundo de los muertos para poner al héroe ateniense Teseo en libertad. Tras estos doce trabajos, Heracles se liberó de la servidumbre hacia su primo Euristeo y ganó por derecho propio un lugar entre los inmortales. La propia Hera, en una solemne reconciliación celestial, lo aceptó en el Olimpo y le ofreció la mano de su hija Hebe, diosa de la eterna juventud. Así que Heracles, que ya simbólicamente había vencido a la muerte al viajar al jardín de las Hespérides y a los infiernos, pasó a ser contado entre los dioses del Olimpo gracias a sus increíbles hazañas.

Pero hay otras leyendas y mitos que aluden a Heracles fuera del ciclo de los doce trabajos, en los que aparece como domador de seres monstruosos e increíbles. Uno de estos relatos cuenta que este héroe dio muerte a Ifito, hijo del rey Eurito, que le reclamó unos rebaños que había robado. Como expiación, el oráculo de Apolo ordenó que se vendiera a sí mismo como esclavo y se pusiera al servicio de Ónfale, reina de Libia. A las órdenes de ésta se convierte en un héroe caído en desgracia, ebrio y entregado a los placeres. Hay, pues, un Heracles vividor e incluso enamorado.

Además se le incluye tradicionalmente en la expedición de los argonautas. Se cuenta que tras capturar al jabalí de Erimanto, Heracles se embarcó en la nave Argo, junto con su amigo Hilas, y se quedó con los argonautas en su travesía hasta que su amado desapareció trágicamente, seducido por una ninfa de la Propóntide, que le hundió en las aguas de una fuente, como ya sabemos. Heracles, triste, abandonó entonces la búsqueda del vellocino de oro.

Los amores que se le atribuyen son de poca importancia para su perfil de héroe, pero no para su final. Deyanira es la mujer que capturó el amor de Heracles. Lo que la propia muerte no pudo conseguir –retener y domeñar a Heracles– lo consiguió la dulzura femenina. Deyanira era hija del rey Eneo de Etolia y era pretendida por Aqueloo, dios del río que lleva el mismo nombre. Sin embargo, el rey se resistía a concederle la mano de su hija a un río. Los ríos, cuando adoptan forma humana suelen tener la apariencia híbrida de un hombre con cuernos de toro. Así fue como Aqueloo se dedicó a hostigar toda Etolia, transformado en un dañino toro. Heracles llegó en ayuda del rey y venció a Aqueloo, cortándole uno de sus cuernos. En pago a sus servicios, el soberano le dio a su hija Deyanira por esposa.

Todo apuntaba a un final tranquilo y pacífico de su existencia, como esposo de Deyanira y heredero del trono etolio. Sin embargo, Heracles mató accidentalmente a un pariente del rey y tuvo que exiliarse junto con su esposa. En el camino, y para vadear un peligroso río, el héroe confió su esposa a un centauro, de nombre Neso, para que cuidara de ella. Pero Neso intentó violarla y Heracles lo mató con una de las flechas que había impregnado en la sangre venenosa de la Hidra de Lerna. Mas antes de morir, aún tuvo tiempo Neso de darle un último y astuto consejo a Deyanira: si deseaba mantener para siempre el amor de su esposo, debía recoger un poco de sangre de su herida y usarla como filtro amoroso. Así –decía Neso– el fuerte Heracles nunca miraría a otra mujer y se mantendría a su lado para siempre. Los resultados de esta acción varían según las fuentes. Según

algunos, la pócima mató al héroe. Otros dicen que Deyanira puso el veneno en una capa, tiñéndola con la sangre de
Neso, y cuando un día Heracles se la puso para realizar un
sacrificio, el pretendido filtro de amores le causó un terrible
dolor y le volvió loco. Desesperado, se arrancó la capa y se
desgarró el cuerpo en jirones. Deyanira, al ver los efectos del
filtro, se ahorcó. Y Heracles, a su muerte ascendió a los cielos. Parece un episodio mítico, en todo caso, paralelo al de
Sansón y Dalila. Heracles muere, o bien se convierte en un
dócil esposo. Era, en definitiva, el fin del héroe de los doce
trabajos.

Pero ha tenido mayor fortuna la otra imagen de Heracles, la más heroica, la del invencible domador de monstruos, que le ha procurado la aventura de las doce labores.
Éstas lo enmarcan en la categoría máxima de los héroes,
como arquetipo de éstos. Y es que Heracles va siempre más
allá de los límites que se imponen al hombre. Pese a ser
mortal, sale airoso de todos los peligros sobrehumanos que
le acechan, doma a las bestias más terribles, se enfrenta con
criaturas casi invencibles y siempre resulta victorioso. Cumple todas las condiciones para ser el héroe perfecto: el que
traspasa todo límite, el que cruza todas las fronteras, el que
va del mundo de los muertos y regresa con vida. Es el guerrero valiente, el más fuerte y viril, domador de bestias,
matador de hombres inicuos, vengador, civilizador y pacifi-
cador, liberador de prisioneros, justiciero y leal. Es el gran
Heracles, que como dios alcanzará enorme importancia en
épocas tardías, en ocasiones identificado con el Sol, y con
otros dioses orientales, como el fenicio Melkart. También
equivale al Hércules latino, y ha pasado a la posteridad como
un superhombre de la mitología, semejante a los super-
héroes de las mitologías modernas, que indudablemente se
basan en su figura. Sin embargo, las lecturas de este personaje son muy variadas: desde la más alta gloria, hasta la imagen de bruto o glotón con que se le representa en alguna
comedia.

Larga es la sombra de Heracles en la literatura. Una
leyenda amorosa acerca de él es la de Alcestis, una historia
de amor que era puesta como ejemplo de fidelidad conyu-

gal y abnegación en el mundo antiguo. Se cuenta que Alcestis, esposa de Admeto, quiso morir en lugar de su marido cuando a éste le llegó la hora. Había sabido Admeto que le tocaba ya morir, y al ser amigo de Apolo se le permitió buscar a una persona que quisiera reemplazarle y así escapar de la muerte. La única persona que aceptó este sacrificio fue su esposa. Heracles llegó algo después del sacrificio de Alcestis, como huésped al palacio de Admeto, quien le ocultó lo que había sucedido. Sin embargo, allí conoció toda la historia y fue de nuevo a los infiernos para rescatar de la muerte a la abnegada esposa. Sobre este tema escribió Eurípides un hermoso drama que lleva el nombre de Alcestis. Mucho tiempo después retomaría esta historia de amor más allá de la muerte Marguerite Yourcenar.

Además, la figura de Heracles se ha prolongado en el tiempo de forma insospechada. Destaca su curiosa fortuna en Francia, como remoto fundador de la Galia, Pierre de Ronsard le dedicó hermosos versos. Recordemos, finalmente, cómo en la literatura policíaca de nuestros días, Agatha Christie popularizó el nombre del gran héroe a través de su sagaz detective, el invencible Hércules Poirot (en libros como *Los trabajos de Hércules* o *Los establos de Augias*).

Así es el mito de Heracles, el héroe intachable que acabó ascendiendo a los cielos como un dios. Y con él hemos terminado el recorrido por los ciclos míticos principales de la antigua mitología griega. Borges, recordemos, afirmaba que el ser humano está condenado a contar una y otra vez las mismas historias, «cuatro son las historias. Durante el tiempo que nos quede seguiremos narrándolas, transformadas». En estas páginas, cumpliendo acaso un destino inexorable, las hemos vuelto a evocar.

12. Historias míticas de Roma

La verdadera mitología romana es, a nuestro entender, la historia mítica de la ciudad. En los primeros tiempos, desde aquella primitiva aldea que daría origen a la gran urbe romana, los dioses del pueblo latino eran coincidentes en lo básico con los griegos y había frecuentes asimilaciones —no en vano todos estos dioses siguen el patrón indoeuropeo—. A causa del prestigio cultural de Grecia, los dioses y leyendas helénicos se adoptaron en muchos lugares del mundo antiguo. Y en Roma la adopción de esa mitología hermana fue temprana y fácil.

Los romanos fueron un pueblo pragmático y disciplinado, que poseía una historia mítica referida a la fundación de su patria y a algunas divinidades relacionadas con la naturaleza o los ciclos de la vegetación. Pero desde que los romanos entraron en contacto con pueblos más refinados, como el etrusco o, principalmente, el griego, sucumbieron a la belleza de sus artes y de sus leyendas. Comerciaron con ellos, importaron sus ánforas adornadas con motivos míticos, aprendieron las fábulas de esos pueblos cultos y fascinantes y, finalmente, acabaron por adoptarlas como suyas, asimilando sus dioses primitivos a las divinidades griegas, de las que tantas y tan hermosas historias se contaban. La religión romana, prácticamente agrícola, se fue tornando un reflejo de la griega, y los dioses empezaron a ser intercambiables. Así, hemos visto que los nombres de los dioses griegos iban acompañados por su denominación romana (Zeus y Júpiter, Neptuno y Poseidón, Vesta y Hestia), y de ellos se han referido algunas historias propiamente romanas.

En una breve reseña sobre los primitivos dioses romanos que son más significativos, podemos citar a Saturno, antigua divinidad de la península Itálica. Se suele identificar con el Crono griego. Pero hay leyendas que afirman que cuando fue destronado por Zeus marchó a Italia, donde reinó durante la Edad de Oro. Recordando esta época dorada, los romanos festejaban cada invierno el festival de las Saturnalia, durante el cual se suspendían las guerras y todas las condenas a muerte, y los esclavos gozaban de gran libertad, como se dice que había sucedido en la Edad de Oro. Lucina correspondía a la diosa griega Ilitía, que protegía los partos, y Vesta, con gran predicamento en la antigua Roma, correspondía a Hestia, cuya figura ya es conocida para el lector. Otro dios antiguo con equivalente griego es Líber, que se identifica con Baco.

Fauno era el hijo de Saturno, una divinidad de la vegetación, de los campos y de los pastores, relacionada con la fertilidad. Quirino era un dios de la guerra, que en ocasiones se identifica con el propio Rómulo, fundador mítico de la ciudad de Roma, quien habría adoptado este nombre al ser divinizado tras su muerte. Le acompañaba siempre una diosa guerrera típicamente latina, Belona. Término era el dios de las demarcaciones de tierras y Pales apadrinaba los ganados y pastos, dos ejemplos de los antiguos dioses rurales de los romanos, a los que acompaña Pomona, diosa de los frutales, y Flora, divinidad de las flores.

Sobre Pomona y Vertumno, otro primitivo dios latino de la vegetación que poseía el don de la metamorfosis, se cuenta alguna leyenda de amor. Pomona cuidaba de sus jardines y de sus árboles frutales con gran esmero, y sólo se dedicaba a ellos, con su hoz de podar. Reducía los bosques salvajes a jardines ordenados y descuidaba las artes de Venus, la diosa del amor. Todos a su alrededor estaban enamorados de ella, pero especialmente Vertumno, que se acercaba a ella bajo cualquier excusa y disfraz: ora se convertía en pastor, ora en agricultor, hasta que un día, transformado en anciana, pudo convencerla para que aceptara su amor.

Jano era un dios de dos caras que protegía las puertas (los quicios, los goznes, las cerraduras). Era, en fin, el guardián de las puertas del cielo. Y también custodiaba la entrada y salida del año. Jano bifronte inauguraba el año en el mes que lleva su nombre (*januarius*-enero). Su culto tenía gran importancia en Roma, pues en tiempos de guerra las puertas de sus templos permanecían abiertas, mientras que en tiempos de paz estaban cerradas. Esto último sólo ocurrió, según se dice, bajo el gobierno de Numa y en la Paz de Augusto; por lo demás, los intrépidos romanos siempre estaban embarcados en alguna campaña bélica.

Había dioses menores, entrañables en el mundo romano, que se veneraban en el ámbito de la intimidad familiar. Unos eran los Penates, dioses del hogar que cuidaban del bienestar de la familia. Cada cabeza de familia oficiaba como sacerdote en las ofrendas hogareñas a los Penates. Los Lares, por su parte, también eran dioses caseros, y provenían de los antepasados, espíritus de los ancestros divinizados que cuidaban de sus descendientes.

Pero, de nuevo, si existen los verdaderos mitos romanos, éstos son, sin lugar a dudas, los nebulosos relatos acerca del origen legendario de la ciudad. Se remonta la estirpe de Roma, en tiempos sólo una aldea del Lacio fundada por pastores, a la caída de Troya. Roma comenzó su existencia como una pequeña población arracimada sobre una colina, fundada acaso por fugitivos de dudosa fama y gentes sin tierra que procedían de otros lugares de Italia. La colina del Palatino, donde más tarde tendrían su residencia los emperadores romanos –de ahí el nombre de «palacio»–, era el núcleo originario que albergaba un puñado de cabañas, el primer emplazamiento, hace casi tres mil años, de lo que habría de ser la legendaria urbe. Allí había nacido Roma, y sobre ella había gobernado un rey fabuloso, de nombre Rómulo, primer monarca mítico de la ciudad.

La leyenda que relaciona el nacimiento de Roma con la caída de Troya y que hace de aquélla una fundación de exiliados troyanos es muy posterior. Virgilio en la *Eneida* consagró la idea de que el origen remoto de Roma se hallaba en el más célebre ciclo mítico de toda la Antigüedad, la historia de la guerra de Troya. Pero Eneas, protagonista de la *Eneida*, era un héroe diferente. No era el clásico guerrero sanguinario, como Ayante o Aquiles, sediento de gloria y de batalla que aparece en la *Ilíada*. Ni tampoco el audaz y astuto aventurero que cruza los mares en la *Odisea* o en las *Argonáuticas*. No, el héroe al que se atribuye el origen legendario de Roma y sus ciudadanos es muy otro. Eneas era, antes que nada, un héroe piadoso, que respetaba a los dioses y las tradiciones, amante de su familia y de las viejas costumbres heredadas que habían hecho grande a su ciudad. Prefiguraba totalmente el ideal y las virtudes típicamente romanas que, mucho tiempo después, elogiarían los escritores del siglo de Augusto.

Eneas era hijo de la diosa Venus, que un día yació con el troyano Anquises. En los versos homéricos, Eneas es mencionado entre los guerreros de Troya, aunque no tiene actuaciones memorables. Es uno de los supervivientes de la aciaga noche en la que Troya cayó, a sangre y fuego, en manos de los griegos, cuando dejaron el célebre caballo de madera ante la ciudad, fingiendo que se retiraban de la guerra. Era el destino que los troyanos metieran el caballo dentro de su ciudad: esa noche se desató la matanza. Eneas pudo escapar de Troya y lo hizo en compañía de un reducido grupo de amigos fieles y familiares, entre los que se encontraban su padre Anquises y su hijo Ascanio. Es fama que el piadoso Eneas abandonó Troya en llamas llevando sobre sus hombros a su padre, que era ya muy anciano, pues no se resignaba a dejarlo atrás en su peligrosa huida.

Así emprendió su famosa navegación, que lo llevó, junto con los últimos de los troyanos, allende los mares hacia un destino inmortal: los dioses habían decretado que él habría de fundar una ciudad sin par, heredera de Troya, que llegaría a gobernar todo el mundo conocido y se tomaría la revancha de los griegos. Eneas, en su travesía marítima, recaló en el norte de África, en la región conocida como Cartago, y allí fue huésped de la hermosa reina Dido. Como Ulises en la corte de los feacios, Eneas relató los horrores de la guerra de Troya –esta vez desde el lado troyano– a la reina Dido y su corte, como narra Virgilio en el canto segundo de su *Eneida*. Este poema, escrito en época de Augusto, el primer emperador de Roma, para glorificar su estirpe y los orígenes de la ciudad, es una muestra de la nueva épica romana, heredera de la homérica. Pronto se convirtió en la obra señera de la literatura latina, un buen ejemplo de cómo adaptaron los romanos la literatura y la mitología de los griegos.

La reina Dido, como era de esperar, se enamoró del apuesto héroe troyano, y ambos tuvieron uno de los idilios más famosos de la Antigüedad. La pasión de Dido por Eneas, a la que pondría su elegante música el inglés Henry Purcell en variaciones barrocas (1683), habría de terminar trágicamente. La reina de Cartago al principio oculta su amor –como dice el libreto de Nahum Tate para la ópera de Purcell, «sus ojos confiesan la llama que su lengua oculta»–, pero luego se entrega al amor de forma apasionada. Mas el destino de Eneas era partir en busca de la tierra donde fundar su ciudad, y no podía quedarse por más tiempo entre los brazos de la amorosa Dido. Júpiter, como viera que la expedición de Eneas y los últimos troyanos se entretenía demasiado en Cartago, envió al héroe un mensaje para recordarle cuál era su misión y su destino: fundar una ilustre ciudad que eclipsaría a todas las otras urbes que habían existido y que existirían en el futuro.

Apenado, Eneas tuvo que marcharse pese a los ruegos y lloros de Dido. Es famosa la escena de la trágica despedida, en que la reina, desesperada, contempla cómo se aleja el barco de su amado. Después resolvió prender fuego a su ciudad y morir ella misma entre las llamas, pues no podía vivir sin Eneas. (Mucho tiempo después, acaso en memoria de este cruel abandono, Cartago sería la mayor y más peligrosa enemiga del poder de Roma.) Esta despedida la inmortalizó Rubens en un lienzo que se encuentra en el Louvre, mientras que Turner, en otro conservado en la National Gallery de Londres, había representado a la misma Dido construyendo Cartago. Es éste, especialmente, un mito que ha hecho soñar a los artistas de las más diversas épocas.

Al fin, Eneas llegó a las costas del Lacio, tras diversas peripecias, entre las que destaca una visita al más allá profético y revelador, en Cumas, donde habitaba la famosa Sibila. En el más allá, Eneas tendrá ocasión de contemplar por última vez a su amada Dido, o más bien su alma en pena; sin duda, el héroe bajaría la mirada avergonzado por haberla abandonado.

Por fin, encontró la tierra donde el destino le impulsaba a establecerse y fundar su famosa estirpe. Pero antes, aún debía luchar contra los pueblos nativos, y en particular contra el rey Turno. Eneas se alió con el soberano Latino y se casó con su hija Lavinia. Tras vencer a Turno y pacificar la región, Eneas se estableció finalmente en las colinas y bosques de lo que un día habría de ser la gran urbe romana, fundando la ciudad de Lavinio, en la que vivirá hasta su muerte. Más tarde fue deificado a instancias de su madre Venus.

Pero la fundación mítica de Roma no llegaría hasta varias generaciones después. Coexistían dos versiones sobre la fundación de esta ciudad, una que la atribuía al propio Eneas y otra a Rómulo. A principios del siglo II a. de C. ya se perfilaba la versión combinada de ambas historias, según la cual Eneas llegó a Italia desde Troya y estableció las bases del poder romano, y Rómulo fundó su actual emplazamiento en el Lacio. La antigua Roma se extendía sobre las siete colinas cuyos nombres ya son inmortales: Palatina, Aventina, Capitolina, Quirinal, Viminal, Esquilina y Celia.

Ascanio, hijo de Eneas, viendo que la ciudad creada por su padre se había quedado pequeña, decidió durante su reinado fundar otra, que llamó Alba Longa. Eneas tuvo, otro hijo con Lavinia, al que llamó Silvio. Después de Ascanio reinaron trece reyes en la ciudad de Alba Longa, heredera del espíritu de Eneas, y el primero fue precisamente Silvio, hermanastro de Ascanio e hijo del héroe troyano. Pero estaba escrito que ésta no era la ciudad a la que los dioses habían concedido gloria inmortal.

El último rey de Alba Longa fue Numitor, que tenía una hija llamada Rea Silvia. Amulio, hermano de Numitor, tramó una conspiración para obtener el poder y encarceló al soberano. A su hija la destinó a ser una virgen de por vida, consagrándola a la diosa Vesta: de esta forma nunca tendría un descendiente que pudiera vengar a su abuelo. Sin embargo, Marte (el Ares griego), dios de la guerra y gran divinidad de los romanos, sedujo a Rea Silvia y ésta concibió de él a dos gemelos. El usurpador Amulio, intuyendo su ascendencia divina, resolvió abandonar a los niños en una canasta y arrojarla al río Tíber para que murieran ahogados. Pero la Providencia guió a los gemelos a la ribera, en un lugar en el que el río formaba varios meandros. Allí, las aguas depositaron suavemente la improvisada cuna. Los niños, cuyo destino prodigioso ya se podía atisbar, fueron alimentados por una loba que merodeaba por los alrededores, enviada por Marte para socorrer a sus vástagos, hasta que un pastor, Fáustulo, los encontró y los recogió. Fáustulo los crió junto con su esposa, y les puso como nombre Rómulo y Remo. Ellos habrían de forjar la leyenda de Roma junto con aquella loba que los crió. Cuando los gemelos llegaron a la edad adulta, cumpliendo su destino heroico, marcharon contra Alba Longa a la cabeza de un ejército, destronaron al usurpador Amulio y liberaron a su abuelo Numitor. Pero en vez de quedarse en Alba y heredar el trono, Rómulo y Remo, siguiendo los designios divinos, decidieron fundar con sus partidarios una ciudad allí donde habían sido amamantados de niños por una loba y recogidos por su padre adoptivo Fáustulo. Llegaron al lugar en cuestión y se pusieron a trazar los muros de su futura ciudad. Pero pronto comenzó una discusión entre los dos hermanos. Parece que Rómulo quería construir el muro sobre la colina Palatina, y Remo prefería la Aventina. Otros cuentan que Rómulo trazó con el arado la línea de los muros de la ciudad y proclamó solemnemente que cualquiera que tratara de cruzarlos sin su permiso moriría en el intento. Entonces Remo, bien como desafío, bien como broma, o bien simplemente por despiste, cruzó la línea. En todo caso, el resultado de la disputa es bien conocido: Rómulo mató a Remo y quedó como único rey de Roma, a la que llamó así siguiendo su propio nombre. De esta forma nació Roma, fundada sobre un crimen entre hermanos: un pasado que marcó a los romanos y que tuvieron que expiar participando en muchas y muy cruentas guerras. Se da tradicionalmente como fecha de la fundación de Roma el día 21 de abril de 753 a. de C. Los romanos computaban el tiempo desde entonces en relación con esa fecha mítica, *ab urbe condita*, «desde la fundación de la ciudad» (como tituló Tito Livio su famosa historia de Roma). Plutarco contó con detalle la vida de Rómulo y sus míticas hazañas.

Roma, en sus primeros tiempos, era una pequeña ciudad, pero pronto, bajo el reinado de Rómulo, creció de forma extraordinaria. Hombres de toda clase y condición llegaron a ella atraídos por su leyenda y seguramente porque la nueva ciudad les prometía un futuro: quizá fue una tierra prometida para fugitivos y refugiados de otras ciudades más antiguas, de la vecina Etruria o del sur. Lo cierto es que muy pronto se pobló de las más diversas gentes, pero el rey Rómulo se encontró con un problema: no había mujeres, pues casi todos los llegados a Roma eran hombres, y una ciudad sin mujeres no podía tener futuro. Rómulo, preocupado por esto, trató de establecer una alianza con un pueblo vecino, los sabinos, para que las poblaciones se mezclaran y hubiera matrimonios mixtos entre romanos y sabinas. Pero los sabinos recelaban de aquellos nuevos pobladores del Lacio, inmigrantes de dudoso origen que no ofrecían confianza a los padres para casar con ellos a sus hijas. Ante las reiteradas negativas de los pobladores de la región de Sabina, Rómulo convocó un festival al que invitó a los sabinos, que vinieron con sus hijas. Allí, en medio de las celebraciones, los romanos raptaron a las sabinas, lo que provocó una cruenta contienda. El rapto de las sabinas fue inmortalizado por Jean Louis David (en 1794-1799) en un célebre óleo que se conserva en el Museo del Louvre de París.

Al final, las sabinas, a las que sus maridos habían tratado bien, se interpusieron entre los romanos y sus gentes y pusieron paz entre sus familias nuevas y antiguas, entre Rómulo, rey de Roma, y Tito Tacio, soberano de los sabinos. Ambas poblaciones vivieron juntas en paz desde entonces, y sus reyes gobernaron juntos: los romanos en la colina Palatina y los sabinos en la Capitolina. La muerte de Tito Tacio dejó de nuevo a Rómulo como único rey, que rigió los destinos de Roma hasta su muerte. Se dice que Rómulo desapareció un día tormentoso mientras pasaba revista a sus tropas, ciudadanos en armas que formaban en el llamado Campo de Marte, junto a la ciudad. Allí, entre el estruendo de los truenos, hay quien afirma que Rómulo ascendió al cielo en un carro que le envió su padre, el dios Marte. Fue divinizado con el nombre de Quirino, y acompañó desde entonces a los romanos en sus glorias militares.

Numa Pompilio fue el segundo rey de Roma, probablemente de raza sabina. Es famoso por haber establecido importantes reformas legales y religiosas, inspirado por la divinidad. Pues por las noches se reunía con una ninfa de los bosques, llamada Egeria, que le aconsejaba cómo gobernar los destinos de Roma. Gracias a él, Roma se convirtió en una ciudad piadosa y llena de religiosidad. Se cuenta que añadió dos meses —enero y febrero— al primitivo calendario romano, cuya creación se atribuye también a Rómulo.

El tercer rey de Roma fue Tulio Hostilio, que llevó a la ciudad a la guerra con la vecina Alba Longa, origen de la estirpe romana. Era evidente que dos grandes ciudades en expansión no podían convivir de forma pacífica en el Lacio y que necesariamente habían de enfrentarse por la supremacía. La guerra contra Alba Longa no fue, sin embargo, un acto de impiedad contra la ciudad fundada por Ascanio, hijo de Eneas, sino un noble combate para dirimir cuál de las dos urbes sería la verdadera depositaria del legado de Eneas y de la voluntad de los dioses. Cada una designó a tres campeones para que se batieran en su nombre; así, mediante un duelo singular, se evitaría una masacre entre pueblos hermanos. Alba eligió a tres valientes hermanos, los Horacios, y Roma a otros tres hermanos, no menos bravos, los Curiacios. Los de Alba, en el primer choque sangriento, mataron a dos romanos, quedando solo un Curiacio. Ya todo parecía indicar el fin, y los de Alba comenzaban a entonar cánticos de victoria. Pero los Horacios estaban muy malheridos. El romano que quedaba simuló huir, despertando la cólera de sus compatriotas, que le insultaron sin cesar. Mas él había reparado en que los Horacios renqueaban, se fatigaban en la carrera y alguno casi no se tenía en pie, así que los fue matando uno a uno sin dificultad y con astucia. Roma prevaleció (el pintor francés David también inmortalizó *El juramento de los Horacios* en un lienzo de 1784 que se encuentra en el Museo del Louvre).

Estas leyendas y lances guerreros de la Roma más primitiva, en época de los reyes, son ejemplo de esas historias míticas de Roma que configuran su mitología más genuina, frente a la adaptación de los mitos griegos que se produciría después. Éste es el verdadero tiempo mítico de los romanos, que define el carácter de este bravo pueblo. Alba, madre de Roma, fue finalmente destruida, y sus habitantes pasaron a habitar la ciudad del Tíber.

A Tulo Hostilio le sucedió Anco Marcio. De él se dice que fundó la ciudad de Ostia, el que fue puerto de Roma en la desembocadura del Tíber. A continuación vino Lucio Tarquino, medio etrusco, que introdujo el refinamiento de Grecia y Etruria por primera vez en la tosca y primitiva urbe. Roma empezaba a desarrollar intercambios comerciales con estos pueblos, más refinados y cultos, y también comenzaba a hablarles como un igual en cuanto a poderío. Surgió a continuación la figura de Servio, un esclavo marcado por la divinidad para reinar, que fue adoptado por Lucio Tarquino y encumbrado, a la muerte violenta de éste, al trono de la ciudad. De nuevo, el destino de los romanos era dirigido por los dioses. Servio fortificó la ciudad de Roma con unos muros que le hicieron famoso en épocas posteriores. También se ocupó de reestructurar el ejército y en lo religioso estableció el culto a Diana (la Ártemis griega) en el Aventino. Servio hizo grandes reformas en la política y allanó el camino para la República, una nueva forma de gobierno que estaba a punto de llegar y con la que se acabaría esta protohistoria mítica de Roma. Tras ser asesinado Servio, como su padre adoptivo, llegó al trono el que habría de ser el último rey de Roma, Tarquino el Soberbio. La monarquía acababa su recorrido legendario en una época que se halla en el territorio fronterizo e indeterminado entre la historia y el mito. Tarquino construyó el templo de Júpiter Capitolino y la Cloaca Máxima, el sistema de alcantarillado de la ciudad. Pero tenía fama de tirano, como su sobrenombre indica, y pasó a la leyenda por el célebre episodio que protagonizó su hijo Sexto, que intentó violar a Lucrecia, esposa del valiente Lucio Tarquinio Colatino (a este lance dedicó Shakespeare un poema narrativo, *The rape of Lucrece,* en 1594). Un día que los jóvenes soldados presumían de cuál era la mujer más virtuosa, Lucio Tarquinio elogió vivamente la honra de su mujer, Lucrecia. Durante la ausencia de su marido, Sexto forzó a Lucrecia espada en mano, y ella, antes de suicidarse, hizo jurar a su padre y a su marido que la vengarían.

Éste fue el comienzo de la revolución que capitaneó Junio Bruto para derrocar al rey e instaurar la República romana, que ya había sido profetizada por los dioses. Él creó el nuevo sistema de gobierno, regido por dos cónsules, elegidos anualmente, que ostentaban el poder del rey por igual. Bruto y Tarquino Colatino fueron los primeros cónsules de Roma, y desde entonces los romanos computaron el tiempo igualmente a partir de los consulados sucesivos. Pero esto entra ya en el campo de la historia, ante la que debemos ceder. Éstas son, a vuelapluma, algunas de las historias míticas de Roma, las que configuraron el imaginario y la personalidad de ese gran pueblo que dominó el mundo y que, aún hoy, está vivo, a través de su lengua y su cultura, en nosotros.

Termina, pues, el territorio del mito y comienza la historia. No sigamos adelante.

Epílogo
Los senderos sin fin de
los mitos clásicos

Tras este punto final, después de haber recorrido las historias y leyendas de la Antigüedad, hay que concluir con una breve defensa de la actualidad y perenne validez de estos mitos y de los textos que nos los han transmitido a través de los siglos. Como dijo en su día Charles Péguy: «Homero es joven cada mañana y no hay nada más viejo que el periódico de hoy»[28]. Es una idea que queremos destacar como conclusión de este libro, a modo de epílogo, pues no está de más hacer una breve apología de los clásicos, de estos mitos y relatos a los que estamos condenados a volver eternamente. Es en ellos donde se encarna la humanidad más profunda, los problemas, tribulaciones y anhelos de los hombres. Y los mitos clásicos, tanto como la literatura antigua que trajo sus ecos hasta nosotros, consiguen mágicamente estar siempre al día. Hay que sentir la necesidad de leer a los clásicos en todo momento. En ellos, los hombres de las más distintas épocas han encontrado reflejadas sus inquietudes de forma siempre viva y actual. Cabe preguntarse por qué: por qué estos tex-

---

[28]C. Péguy, *Pensées*, París: Gallimard, 1934, pág. 52.

tos han llegado hasta nosotros y han pervivido más allá de modas, de momentos pasajeros. Las respuestas son muy diversas, pero acaso interesa más constatar que los clásicos han marcado desde siempre la creación artística y literaria.

En la literatura moderna y la teoría literaria el tratamiento del mito antiguo es un recurso de segunda mano, heredado del enorme legado que nos transmite la Antigüedad. La gran diferencia con la literatura antigua es que en lo moderno se busca la originalidad, que nada importaba a los antiguos, quienes no dudaban en repetir argumentos eternos. Así pues, en las recreaciones modernas se tiende a innovar mucho más en el tratamiento del mito. Se dan diferentes tipos de recuperación del mito en la literatura moderna. Alusión (sobre todo en poesía), amplificación (en novela), prolongación, ironía y reinterpretación subversiva, cinco clases de recreación de los mitos en la modernidad[29]. Desde el mito en la poesía, con la alusión (el poeta Ezra Pound puede ser ejemplo de ello) hasta el mito en novela, con la amplificación y prolongación que le son propias (pensemos en las novelas «históricas», si este término es aplicable a la mitología, de Mary Renault). El teatro moderno se presta especialmente a las interpretaciones irónicas y subversivas. Y el cine ha insistido en recreaciones poéticas y evocadoras, como *La mirada de Ulises* de Theo Angelopoulos, película bellamente acompañada por la música de Eleni Caraindrou, o bien humorísticas, como en *Poderosa Afrodita* de Woody Allen. Y he ahí el valor del mito, un valor eterno, que va cambiando según las épocas pero que conserva una vigencia indiscutible.

Lo que hemos dado en llamar «los senderos sin fin de los mitos» puede entenderse fácilmente en un par de pinceladas. Si tomamos cualquiera de los mitos y leyendas que hemos visto a lo largo de las páginas anteriores, podemos seguir la historia de su pervivencia a través de los siglos y modas, de las épocas y las variadas lecturas, interpretaciones

---

[29] Que han estudiado con detalle autores como Carlos García Gual, en su *Introducción a la mitología griega* (Madrid: Alianza, 1992), de quien somos deudores en muchas de estas reflexiones.

y evocaciones que se han realizado desde antiguo hasta nuestros días. Así sucede con los mitos más célebres: con Teseo, novelado por Mary Renault; Antígona, dramatizada por Bertold Brecht; Orfeo, musicado por Gluck, o Ulises, actualizado por James Joyce. Pero incluso los mitos menos conocidos, las tradiciones más minoritarias, encuentran una pervivencia notable en la literatura y las artes.

Queremos destacar como ejemplo el mito de Penteo y las bacantes, una historia de gran fuerza estética que, nos parece de enorme atractivo en el gran crisol de la mitología: el despedazamiento del rey de Tebas por las furiosas seguidoras de Dioniso. Aparentemente, no se trata de uno de los mitos más celebrados e imitados en la literatura o en las artes. Pero la fuerza de su eterno mensaje ha sido evocada una y otra vez a lo largo de la historia. Sea éste el ejemplo de los senderos sin fin de un mito.

Brevemente, se pueden buscar los rastros del mito de Penteo en diversos campos, desde las vasijas griegas, hasta la novela moderna. Hay adaptaciones como la tragedia renacentista *Bacantes* de Coriolano (1556), la lectura filosófica de Francis Bacon, o dos poemas del barroco Juan de Arguijo y el ilustrado Alberto Lista, con alusiones a Dioniso y Penteo. El poeta alemán Hölderlin versiona las *Bacantes* de Eurípides en 1799 (*Die Bacchantinnen des Euripides*) y Goethe traduce algunos versos sueltos en 1821. Otros poetas, como Leconte de Lisle y Swimburne, han dedicado composiciones a Penteo y su desgracia, que ha sido también objeto de reflexión por parte de autores como Oscar Wilde. Hugo von Hoffmannsthal tomó algunas notas para reescribir el mito de Penteo en 1893. Y los más grandes poetas de la modernidad, como Ezra Pound, Giorgos Seferis o W.H. Auden, han tratado el tema en algunas de sus composiciones más célebres.

Las artes escénicas han contribuido a la difusión de este mito en todos los géneros: ópera, teatro y cine. La ópera, desde las recreaciones de Gervais o Felipe de Orleans (1705), hasta la de Hans Werner Henze, con libreto de Auden. El teatro más moderno, en plena convulsión del movimiento estudiantil de la década de 1960, trató el tema de Penteo y las bacantes (en *Dionysus in '69*, una versión musical de Broadway llena de referencias a la guerra de Vietnam, o en la obra de John Bowen *The disorderly women*). Los aspectos más rabiosamente modernos del mito –el travestismo de Penteo, la liberación de lo irracional por las bacantes, la lucha contra las imposiciones, el despedazamiento ritual, etc.– han atraído a muchos autores, como el dramaturgo Tennessee Williams, que revisó el mito en su obra *De repente, el último verano*. Esta pieza fue adaptada para la gran pantalla en 1959, con guión del propio Williams y de Gore Vidal, bajo la dirección de Joseph L. Mankiewicz. El reparto es también mítico: Elizabeth Taylor, Montgomery Clift y Katharine Hepburn, en una historia que culmina con el despedazamiento del misterioso Sebastian, la figura ausente en torno a la que gira toda la obra y que permite claros paralelos dionisíacos. En la más reciente novelística norteamericana destacaremos también una visión heterodoxa del mito de manos de John Irving en *The world according to Garp* (1976), traducida al castellano como *El mundo según Garp*[30].

En cuanto a la literatura española, Lourdes Ortiz versionó el mito en su obra teatral *Penteo* (1983), mientras que Xavier Roca-Ferrer ha realizado una particular lectura en el relato *Cap de Penteu* (1992), que da nombre al libro cuya traducción castellana es *La cabeza de Penteo*[31]. En él se usa el mito para narrar la ocupación nazi de Austria y la opresión de los judíos. Pero tal vez el eco más destacado de este mito esté en la novela de Mario Vargas Llosa *Lituma en los Andes*, galardonada con el premio Planeta en 1993. En ella, se investigan unos misteriosos crímenes en los Andes, en plena ofensiva de Sendero Luminoso. Es fácil ver a la pareja mitológica Dioniso-Ariadna bajo el nombre del tabernero

---

[30] Hay varios pasajes que recuerdan a este mito (J. Irving, *The world according to Garp*, Nueva York: Ballantine Books, 2001, págs. 373-374, 190-193). La más notable es cuando el protagonista, deseoso de asistir a un evento de feministas radicales que conmemoran la muerte de su madre, se viste de mujer y, como Penteo, es descubierto por las celebrantes (pág. 492).

[31] Barcelona: Editorial Destino, 1995, págs. 29-44.

Dionisio y su esposa doña Adriana, que se conocieron en Naccos (clara referencia a Naxos) dirigiendo unos asesinatos que, como se descubrirá, no son sino sacrificios rituales como el de Penteo.

En fin, como se ve en estos pocos ejemplos, de lo que se trata es de atrapar la vigencia perenne del mito y adaptarla a los tiempos que corren. Es un hermoso y tradicional ejercicio que han hecho literatos y artistas de todos los tiempos, desde el minotauro de Picasso hasta los laberintos borgianos. Los juegos de espejos en la tradición de la mitología clásica nos hacen partícipes de su riqueza inagotable, como fuente de inspiración en distintos momentos de la historia. Los mitos nos remiten a un mundo fabuloso y onírico y, a la vez, recogen el testigo de una tradición tan antigua como el hombre, la de hacer soñar con los relatos más lejanos y prestigiosos, acercándolos a nuestro tiempo y lugar para que nazca la fascinación y la maravilla. Por eso podemos afirmar que el mito está todavía vivo hoy día.

Los textos que han transmitido estos mitos son la médula espinal de nuestra tradición cultural, de las llamadas Humanidades; será imposible entender la literatura sin ellos, pues la historia de la literatura es un continuo de palabras e ideas que podemos retrotraer hasta los textos considerados «clásicos». De ahí la necesidad de leer, releer e interpretar a los clásicos, para extraer de ellos esa esencia siempre joven que les ha permitido vivir eternamente.

Como sugiere acertadamente el pensador alemán Peter Sloterdijk[32] los clásicos, desde los griegos, que pasaron su mensaje a los romanos, formaron un «selecto club de lectura» y a partir de estos clásicos universales, unidos a los nacionales, «los pueblos se organizaron a modo de asociaciones alfabetizadas de amistad forzosa, unidas bajo juramento a un canon de lectura».

No hay modas que seguir cuando se trata de señalar lo verdaderamente duradero de nuestra civilización, esos textos prestigiosos que sirven de referencia indispensable. A veces son usados por escritores de signo muy opuesto, por

---

[32] En su libro *Normas para el parque humano,* Madrid: Siruela, 2000.

políticos, por filósofos, en citas que intentan ponerlos de su lado o usarlos como convenga en cada momento: porque su fuerza es grande, y también su autoridad. Así han llegado hasta nuestros días sin perder ni un ápice de su frescura, influencia, prestigio y valor.

Existen muchas definiciones de «clásico» que no es momento ahora de enumerar, pero queremos detenernos en dos grandes escritores que, desde la veneración de los mitos e historias de la Antigüedad, han sabido crear universos propios, muy cautivadores. Se trata de Jorge Luis Borges e Italo Calvino, que sugieren el tipo de lectura que debemos emprender a la hora de acercarnos a los clásicos, entendiéndolos como literatura pero también como mitología.

Algo debe haber en los textos de la Antigüedad grecolatina que ha hecho a los lectores volver una y otra vez a ellos en busca no sólo de referencias, sino también de respuestas. Se pueden intuir una serie de características de estos textos que nos llevan a preguntarnos: ¿por qué esta lectura constante de unos determinados textos con tanta veneración?, ¿qué hace de ellos clásicos? La principal de ellas es, a nuestro entender, su profunda humanidad, que les da vigencia casi en cualquier época y en cualquier lugar.

Borges apunta varias razones, con su habitual maestría en el idioma y el concepto, que hacen de un texto un «clásico»: «Es un libro que las generaciones de los hombres, urgidos por diversas razones, leen con previo fervor y con una misteriosa lealtad [...], aquel libro que una nación o un grupo de naciones o el largo tiempo han decidido leer como si en sus páginas todo fuera deliberado, fatal, profundo como el cosmos y capaz de interpretaciones sin término». A partir de sus palabras sobre el concepto de clásico, reunimos cuatro notas que apuntan a la necesidad de conservar como un tesoro la lectura de estas obras:

1. Fervor en la lectura: los clásicos no se leen como un *best seller* pasajero, una novela de éxito momentáneo o un capricho social, no son el periódico, ni informan de la actualidad. Requieren casi un estado especial de ánimo, que ya se siente –podríamos decir– al tomar el libro en las manos

y abrirlo. Hay una anécdota sobre el concepto de «clásico» que refiere el gran poeta Pedro Salinas que puede ilustrar este punto[33]: una joven estudiante le recriminaba a su profesor de literatura que no hubiera leído el último *best seller*, una reciente novela y, asombrada, le decía: «Pero ¿cómo? ¿Qué no la ha leído usted aún? ¡Pero si ha salido hace mes y medio!». Y el profesor, pacientemente, le respondió: «¿Ha leído usted la *Divina comedia*?». Por supuesto, la estudiante replicó que no. «Pues ha salido ya hace más de siete siglos, hija mía».

2. Lealtad a los clásicos: se vuelve a ellos una y otra vez, como referencia. No es raro que el lector acuda de nuevo a su «clásico» favorito, en busca de esa cita, ese pensamiento o esas palabras con las que tanto se puede identificar.

3. Identificación del grupo: no sólo se siente identificado el lector. El clásico hace que todo un grupo humano busque referencias en él; ya sea un país, en el caso de un clásico nacional, o toda una cultura.

4. Búsqueda de lo absoluto: en sus páginas, en el clásico, el lector, el grupo de lectores creen encontrar respuestas. Se buscan absolutos, soluciones a los enigmas y misterios de la vida, consejos, profundas sentencias y verdades. Y es que el clásico es como el viejo amigo en el que podemos confiar, la anciana que nos da un valioso consejo.

Italo Calvino enumera una serie de razones en su obrita *Por qué leer a los clásicos*, pero nos quedamos con la que sugiere que un clásico «nunca termina de decir lo que tiene que decir». Ésa es la magia y la sugestión que provoca en la imaginación del lector, que siempre buscará más en ellos. Tanta es su calidad literaria y humana. Por ello precisamente los consideramos clásicos.

Schlegel habló de la «poesía infinita» que se halla en esencia en algunos textos clásicos; Schopenhauer destacó la idea de «literatura permanente», y muy recientemente, el escritor italiano Roberto Calasso ha vuelto a subrayar la existencia de una «literatura absoluta». Se ponen así de

---

[33] En *Quijote y lectura. Defensas y fragmentos*. Madrid: ELR, 2005.

manifiesto diversas maneras de entender qué es tan especial en estos textos y en estos autores. A nuestro entender, enlazan unos con otros, a través del tiempo y de las modas, y dan de lleno en la diana de la humanidad: son libros que conmueven y mueven a la reflexión sobre las grandes preguntas de la naturaleza del hombre. Principalmente la muerte, las maneras de vivir y de amar, las maneras de compaginar el yo con los otros, con el mundo.

A las muchas preguntas y respuestas que sugieren estos libros se debe dedicar una atención especial, una lectura meditada. Se trata de leer estas palabras que fueron escritas hace tanto tiempo y que, misteriosamente, aún tocan algo dentro de nosotros, enlazan con nuestras preocupaciones y pensamientos más íntimos y hacen aflorar la sensibilidad, las pasiones... todo ello a través de la lectura. Vamos descubriendo cosas dentro de nosotros según leemos las arcaicas pero familiares palabras de los clásicos: sentimientos comunes que no han cambiado a través de los siglos, poesía, fantasía, imaginación y evocación de lugares y tiempos lejanos, pero que sentimos como propios. Es como un despertar de la memoria, aunque no tengamos memoria de haber vivido las cosas que nos cuentan esos libros, en cierta manera son patrimonio de todos.

Los textos griegos y latinos, sus mitos y leyendas, son los clásicos por excelencia de nuestra cultura y son acaso los que merecen una lectura más atenta, por la lejanía en el tiempo y en la lengua. Escritos en lenguas lejanas y también, por qué no, prestigiosas; en lenguas muertas, bellísimas y versátiles, estos clásicos siguen fascinando hoy en día. Hay una enorme distancia en el tiempo, pero, por otro lado, los sentimos cercanos en lo cultural. Griego antiguo y latín siguen siendo fundamentales para conocer mejor nuestras lenguas (y mejor conocernos a nosotros mismos, siguiendo el motivo clásico). En cierto modo, todavía somos griegos y latinos: y no sólo por nuestra lengua española, gallega, catalana... («el latín que hablamos en estas costas», como decía el poeta catalán Salvador Espriu). Así, se debe promover la traducción de estos clásicos grecolatinos, como ejercicio intelectual de gran importancia para transmitir el mensaje, el testigo de los clásicos, a las generaciones venideras. Deben traducirse una y otra vez estos textos de eterna vigencia, para actualizarlos al espíritu de la época y acercarlos a nuevos lectores.

Pero puede hablarse también de otros clásicos, más modernos, que pertenecen por derecho propio al patrimonio cultural de la humanidad. Como son, por ejemplo, Cervantes, Shakespeare o Dante. Hay, además, libros y autores de referencia en cada país, que son igualmente venerados en un determinado ámbito nacional. Aun así, es necesario tener siempre presente, en este momento, nuestra gran deuda con la Antigüedad clásica, en la que se encuentra firmemente enraizada toda nuestra tradición cultural.

Son malos momentos para las humanidades y más aún para el estudio de las antigüedades griegas y latinas, que no encuentran ya tantos lectores con el fervor que tuvieron Borges o Calvino. Por ello hay que insistir, ahora más que nunca, en el valor de esos viejos poetas que, como Catulo, Horacio o Virgilio, entre los latinos, y Homero, Píndaro, Calímaco, por citar grandes maestros de lengua griega, nos transmiten de primera mano toda la gran herencia cultural de la mitología. Filosofía e historia, derecho y arte también hunden sus raíces en la Antigüedad clásica: Platón, Aristóteles, Cicerón, Vitruvio o Filóstrato.

En lo moderno se han recreado muchos de los clásicos por parte de artistas, escritores, cineastas... pues todavía tienen muchas cosas que contarnos. Así, figuras tan dispares como Jean Cocteau, Theo Angelopoulos o Woody Allen han presentado variaciones y versiones de mitos. Y la lista es interminable, porque aún hoy los clásicos y sus mitos continúan siendo una fuente de inspiración en todos los campos. Es un sano ejercicio literario y cultural leer o ver estas nuevas versiones de los mitos y compararlas con las antiguas.

En este sentido, la recreación que hemos presentado al lector en estas páginas no tiene otra pretensión que la de servir de nueva lectura, de visita a estos viejos amigos que son, y deben ser, los mitos clásicos. Y la finalidad de contar aquí sus historias de nuevo, de forma amena y directa, es la de evocar su eterna belleza y a la vez servir de guía básica y estímulo para quienes deseen profundizar en el mito.

Tras siglos de olvido, después de hallar desiertos sus altares y templos, esperamos que este libro haya sido un cierto consuelo para esos entristecidos y solitarios dioses de la Antigüedad. Que el lector vuelva a recordar sus historias y acaso así alegrarles por un momento tan sólo. Sin duda, el mejor tributo que podemos rendirles es reparar en que, todavía hoy, estos dioses siguen vivos entre nosotros.

Índice de figuras míticas

Alcínoo: Rey de los feacios y anfitrión de Ulises en la *Odisea*. Hijo de Nausítoo, se decía que su abuelo era el dios Poseidón. 185, **214**.

Alcione: Hija de Eolo, dios de los vientos, y esposa de Ceix, hijo de la estrella de la mañana. Por ofender a los dioses, murió y fue transformada en un martín pescador. **175**.

Alcmena: Madre de Heracles y esposa de Anfitrión. Era una descendiente del linaje del héroe Perseo. 65, 68, 80, 140, 144 s., 172, **232** s.

Alcmeón: Hijo de Anfiarao, acaudilló la expedición de los Epígonos contra Tebas. **235**.

Alecto: Una de las tres Furias, con Megera y Tisífone. **52**.

Alfeo: Río legendario del Peloponeso, entre la Élide y Arcadia. Es también un dios-río, hijo de Océano y Tetis. **38**.

Alpo: Gigante legendario al que se enfrenta Dioniso. **120**.

Alseides: Ninfas de los bosques. **61**.

Amaltea: Cabra que amamantó a Zeus cuando era niño, en Creta. De ella provienen la égida y el cuerno de la abundancia. 41, **72**.

Amazonas: Pueblo de mujeres guerreras de la antigüedad. 114, 166, **236**.

Amimone: Doncella amada por Poseidón. 75.

Amulio: Hijo de Procas y hermano de Numitor. Llegó como usurpador al trono de Alba Longa. Arrojó al Tíber en una canasta a los gemelos Rómulo y Remo. **249**.

Anco Marcio: Cuarto rey legendario de Roma, sucesor de Tulio Hostilio. **252**.

Andrómaca: Hija de Eetión, rey de Tebas de Misia. Fiel esposa del héroe troyano Héctor. 174, **183** ss., 217.

Andrómeda: Princesa africana, hija de Cefeo y Casiopea, de la que se enamora Perseo. 59, **160** s.

Anfiarao: Hijo de Oicles e Hipermnestra, Anfiarao era un adivino y uno de los jefes de la expedición de los Siete contra Tebas. **224** s.

Anfíloco: Hijo de Anfiarao. Uno de los Epígonos, o «descendientes» de los Siete, que marcharon de nuevo contra Tebas. **225**.

Anfión: Hijo de Zeus y Antíope. Uno de los dos gemelos fundadores de Tebas, junto a Zeto. Se cuenta que con la lira era capaz de mover piedras. Fortificó así la ciudad. 112, 173, **220** ss.

Anfitrión: Hijo de Alceo, rey de Tirinto, y Astidamia. Marido de Alcmena. Zeus adopta su forma para unirse a su mujer y engendrar de ella al heroico Heracles. 140, 145, 172, **232** s.

Anfítrite: Consorte de Poseidón, dios de los mares. **73** s.

Anquises: Héroe troyano, hijo de Caspis y Temiste. Afrodita se unió a él en el monte Ida y concibió a Eneas. Ya anciano, abandonó Troya llevado a hombros por su hijo Eneas. 94, 144, 174, 245.

Anticlea: Esposa de Laertes y madre de Ulises. Hija de Autólico, astuto ladrón. **148** s.

Antígona: Hija de Edipo. Heroína trágica que murió por enfrentarse con el rey Creonte. **192** ss., 224, 257.

Antíope: Hija del río Asopo. Madre de Anfión y Zeto, a los que tuvo de Zeus, que se unió a ella bajo la apariencia de un sátiro. 112, 173, **221**.

Apolo: Dios de la belleza, la música, las artes y el sol. Serena divinidad helénica de las rectas formas. 21, 46 s., 58 ss., 70, 74, 89, **100** ss., 111 s., passim.

Apsirto: Hijo de Eetes, rey de la Cólquide, y hermano de Medea. Ésta lo mató y cortó en pedazos. **190** s., 231.

Aqueloo: Dios del río del mismo nombre, en Etolia. **239**.

Aqueronte: Uno de los ríos del infierno clásico. 76, **78** s., 109, 238.

Aquiles: El más famoso de los héroes griegos que asediaron Troya. Hijo de Tetis y Peleo. 53, 71, 80, 95, 107, 140, 143, **146** s., 173, 175, 183, 200 s., **203**, passim.

Arcisio: Padre de Laertes, abuelo de Ulises. **149**.

Ares: Dios de la guerra, hijo de Zeus. Es fiero y sanguinario. Amante de Afrodita. 22, 46 s., 65 s., 67, 72, 76, 79, 95, 98, 108, **114** s., 220, passim.

Arges: Uno de los tres Cíclopes de los primeros tiempos, junto a Brontes y Estérope. **39**, 74.

Argesteo o Euro: Viento del este. **47.**

Argo o Acusilao: Hijo de Zeus y Níobe. A él correspondió reinar sobre el Peloponeso, y la ciudad de Argos lleva su nombre. **173**.

Argos: Gigante de cien ojos, descendiente de Argo, que fue muerto por Hermes. **56** s., 80, 171 s.

Argos (2): Armador legendario que construyó la nave Argo, donde embarcaron los argonautas. 228.

Ariadna: Hija de Minos, rey de Creta, y Pasifae. Se enamoró del ateniense Teseo y le ayudó a derrotar al Minotauro gracias a su célebre hilo. 122, **155** s., 182, 258.

Aristeo: Hijo de Apolo y Cirene, este héroe destacó en la medicina y la apicultura. 105, 144, 221.

Ártemis: Diosa de la caza y la pureza, identificada muchas veces con la luna. Es hija de Zeus y Leto y hermana de Apolo. 29, 46, 81, **91** ss., 181, 195, 221, passim.

Ascanio: Hijo de Eneas y Creúsa. Huyó de Troya en llamas con él. Posteriormente, en Italia, fundaría la ciudad de Alba Longa. 246, 248.

Asclepio: Dios de la Medicina, es hijo de Apolo y Corónide. **104** s., 143.

Asterión: Nombre del primer rey legendario de Creta, que adoptó a los hijos de Europa y Zeus, Minos, Sarpedón y Radamantis. 172.

Astianacte: Hijo de Héctor y Andrómaca. **183**.

Atalanta: Hija de Yaso o Ménalo. Participó en la cacería del jabalí de Calidón. Amada por Meleagro e Hipomenes. Ofendió a la diosa Cibeles y fue transformada en leona. **188**.

Atamante: Rey de Orcómeno o de Coronea (Beocia). Hijo de Eolo y esposo de Ino. Enloqueció y mató a sus propios hijos. 120, 151.

Atenea: Diosa virginal de la técnica, la sabiduría y el arte de la guerra. Nació de la cabeza de Zeus, después de que éste se tragara a la diosa Metis cuando estaba embarazada. 60, 65 ss., 70, 72, 74, 80 s., **94** ss., 108, 181, passim.

Atlas: Gigante legendario sobre cuyos hombros reposa el mundo. 45, 160, 184, **237** s.

Atreo: Uno de los hijos de Pélope e Hipodamia. Hermano de Tiestes y Crisipo. Fundador de la casa de Micenas, padre de los reyes Agamenón y Menelao. **164** s.

Átropo: La «inexorable». Una de las tres Moiras o Parcas, que fijan el destino de los hombres. Sus hermanas son Cloto y Láquesis. 51, 67.

Augias: Mítico rey de la Élide, en el Peloponeso, cuyos inmundos establos fueron limpiados por Heracles, en cumplimiento de uno de sus doce trabajos. **235**.

Autólico: Hijo de Hermes y famoso por su astucia. Abuelo de Ulises. 113, 149.

Autónoe: Hija de Cadmo y Harmonía. Se casó con el héroe Aristeo y engendró al infortunado Acteón. **221**.

Áyax o Ayante: El más fuerte de los griegos, después de su primo Aquiles, en Troya. Hijo de Telamón, rey de Salamina. Para distinguirlo de otro Áyax se le llama «el Grande». **139**.

Baco: Sobrenombre y nombre latino de Dioniso. Véase Dioniso. 12, 47, 62, 66, 244.

Basilisco: Reptil legendario cuya mirada era letal. 56.

Bato: Anciano cómplice de Hermes. **110** s.

Baucis: Amante legendaria, esposa de Filemón. Ambos hospedaron en Frigia a Zeus y Hermes y fueron recompensados por ello. **177** s.

Bélero: Hermano de Belerofonte. 165.

Belerofonte: Hijo de Eurínome y Poseidón, héroe por excelencia de Corinto y jinete de Pegaso. 54 s., **165** s.

Belona: Diosa latina de la guerra. 244.

Bóreas: Dios del viento del norte, hijo de Eos y Astreo. Hermano de Céfiro y Noto, habita en Tracia. 47, 228 s.

Briareo o Egeón: Uno de los Centímanos o Hecatonquiros, gigantes de cien manos. 39.

Bromio: Sobrenombre de Dioniso, el «estruendoso». 118.

Brontes: Uno de los Cíclopes primigenios, su nombre se relaciona con el trueno. 39, 74.

Caco: Legendario ladrón latino que fue vencido por Hércules. 237.

Cadmo: Hijo de Agenor y hermano de Europa, salió en su busca desde Fenicia a Grecia. Fundó Tebas y dio origen a una saga familiar. Introdujo la escritura en Grecia. 59, 67, 115, 172, 197, **220** ss.

Calais: Hijo del viento del norte, Bóreas. 229.

Calíope: Una de las nueve Musas. Patrona de la poesía épica. Madre de Orfeo. 61, 167.

Calipso: Maga que cautivó a Ulises durante siete años en su isla. 184, **213** s., 217.

Calisto: Ninfa del cortejo de Ártemis, expulsada tras ser seducida por Zeus. **93** s.

Campe: Monstruo carcelero de los gigantes y centímanos. 57.

Caos: Divinidad primordial de la que surge el universo. 32.

Capaneo: Hijo de Hipónoo, es uno de los jefes de la expedición de los Siete contra Tebas, que murió fulminado por Zeus cuando escalaba los muros de la ciudad. 70, 224 s.

Caribdis: Monstruo que guarda el estrecho de Mesina junto a Escila y causa la perdición de los navegantes. **57** s., 213.

Caronte: Barquero del más allá, cruza las almas de los muertos al otro lado por un óbolo. 76, 78 s., 109, 168.

Casandra: Hija de Príamo, el rey de Troya, y Hécuba. Tras despechar a Apolo, fue condenada a que sus profecías no fueran creídas. 105, **193** s., 195.

Casiopea: Madre de Andrómeda y esposa de Cefeo, rey de los etíopes. Ofendió a las ninfas del mar. Acabó convertida en una constelación. **160** s.

Cástor: Uno de los Dioscuros, hermano de Pólux y Helena, hijo de Zeus y Leda. 156.

Cécrope: Rey legendario de Atenas, que nació del suelo del Ática. 95, 108.

Cefeo: Rey de los etíopes. Padre de Andrómeda. **160** s.

Céfiro: Uno de los dioses de los vientos. 47, 106.

Ceix: Amante de Alcione. 175.

Céleo: Hijo de Eleusis, reinaba en la ciudad del mismo nombre. Se casó con Metanira. Acogió a Deméter cuando buscaba a Perséfone. 84.

Centauros: Criaturas híbridas, mitad hombres mitad caballos. Se dice que descienden de Ixión, que se unió a una nube con la forma de Hera, engañado por Zeus. 53, 70, 156, 173.

Centímanos: Nombre latino de los Hecatonquiros, gigantes de cien manos. Véase Hecatonquiros. 39, 45, 51, 57, 63.

Ceo: Uno de los Titanes. 39.

Cerbero: Can infernal, guarda las puertas del Hades. 57 s., 76, 78 s., 238.

Cerción: Uno de los bandidos que había en la ruta de Trecén al Ática, al que mató Teseo. 153.

Ceres: Nombre latino de Deméter. Véase Deméter. 46, 66, 83.

Ceres (2): Genios femeninos malévolos que bebían sangre.

Cérix: Héroe de Eleusis, de quien descienden los «heraldos» (según la etimología de su nombre) del ritual eleusino. 84 s.

Ceróesa: Hija de Zeus e Io. 172.

Ceto: Su nombre se relaciona con el de las ballenas y monstruos marinos. Engendró de Forcis a las Grayas y las Gorgonas. 54, 59.

Cibeles: Diosa frigia, madre de los dioses y personificación de la fertilidad y exuberancia de la vegetación. Se asimila a Rea, madre de los dioses en la mitología griega. 40, 120, 190.

Cíclopes: Criaturas monstruosas con un solo ojo sobre la frente. En tiempos primigenios eran tres, Arges, Brontes y Estérope. Luego proliferaron, especialmente en Sicilia. 39, 45, 51, 63, 74, 76, 105 s., 212, 218.

Cipariso: Amado de Apolo. A su muerte se convirtió en ciprés. Hijo de Télefo, de Ceos. 106, 174.

Circe: Hija del Sol y Perseis, hermana de Eetes y Pasifae. Hechicera fabulosa que vivía en una isla cercana a Italia. 7, 57, 185, 213, 217.

Cirene: Ninfa de Tesalia, hija del rey Hipseo, famosa por haber derrotado a un león desarmada. Apolo se enamoró de ella y tuvo a Aristeo de su amor. **105**.

Clímene: Esposa del Sol, hija de Océano y Tetis. Madre de Faetón. 174.

Clío: Una de las nueve Musas. Se ocupa de la Historia. 61.

Clitemnestra: Hija de Tindáreo y Leda, medio hermana de Helena. Se casó con Tántalo y luego con Agamenón, a quien asesinó. Su hijo Orestes se vengó y le dio muerte. 165, 182, **194** s.

Cloto: Una de las Moiras o Parcas que fijan el destino. 51, 67.

Cocito: Uno de los ríos infernales, el de las lamentaciones. 78 s.

Core: Sobrenombre de Perséfone, diosa infernal y de los misterios de la vida. Significa «la muchacha». 83.

Coribantes: Guerreros cretenses que ocultaron a Zeus cuando era niño. 41, 105.

Corinetes: Uno de los bandidos que infestaban las rutas hacia Atenas, armado con su maza. 153.

Corónide: Ninfa de la que Apolo tuvo a Asclepio. Le engañó con un mortal, por lo que el dios la mató y salvó a su hijo. 104 s.

Coto: Uno de los Centimanos o Hecatonquiros. 39.

Creonte: Rey de Corinto, adonde llegaron Jasón y Medea, fugitivos. Accedió a casar a Jasón con su hija Creúsa. Padre e hija murieron a causa de la maquinación de Medea. 191 s.

Creonte (2): Rey de Tebas. Cedió su trono a Edipo. Después protagonizó el conocido enfrentamiento con Antígona por la sepultura de Polinices. 193, 224.

Creúsa: Hija de Creonte (1). Princesa de Corinto. 191 s.

Crío: Uno de los Titanes. 39.

Crisipo: Hijo de Pélope e Hipodamia. Fue asesinado por sus hermanos. 164, 222.

Crisótemis: Hija de Agamenón y Clitemnestra. 194.

Croco: Joven enamorado de la bella Esmílax, que acabó transformado en azafrán. 178.

Crono: Uno de los Titanes, hijo de Urano, que usurpó el trono de los cielos tras castrar a su padre. 35, 39, 40 ss. – 47, 57, 65 s., 69, 72 s., 76, 79, 83, 96, 125 passim.

Ctonio: Uno de los cinco «sembrados» o *spartoi*, que nacieron de los dientes del dragón tebano. 221.

Cupido: Nombre latino de Himeros. Simboliza el Deseo, hijo de Venus. Se le suele representar como un niño alado y armado con arco y flechas. 11.

Curiacios: Tres paladines que lucharon en nombre de Roma contra Alba Longa. 29, **251** s.

Dafne: Ninfa de la que se enamoró Apolo. Fue transformada en laurel para huir del dios. 21, **101**, 174.

Damastes o Procrusto: Otro bandido mítico de los caminos del Ática, derrotado por Teseo. 153.

Dánae: Hija de Acrisio, rey de Argos, y madre del héroe Perseo, al que engendró de Zeus, transformado en lluvia de oro. 158 s., 161, 172, 182.

Dánao: Hijo de Belo y Anquínoe. Tuvo cincuenta hijas. 176 s.

Dédalo: Artífice cretense. Trabajó para el rey Minos. Diseñó el laberinto, entre otros ingenios. 55, 155.

Deífobo: Hermano de Paris. 187.

Deidamía: Madre de Neoptólemo, a quien tuvo de Aquiles. 148.

Deimo: Uno de los hijos de Ares, personifica el terror. 98, 114.

Deméter: Diosa de los cereales y la agricultura, de gran importancia por sus misterios en Eleusis. Anduvo buscando a su hija Perséfone, raptada por Hades, durante mucho tiempo. 40, 46, 65 s., 77, **83** ss. – 88, 163, passim.

Deucalión: Hijo de Prometeo y Clímene. Se casó con Pirra, hija de Epimeteo y Pandora. Fue junto a su esposa el único superviviente del diluvio enviado por Zeus a los hombres. 134 s.

Deyanira: Hija del rey Eneo de Etolia. Esposa de Heracles. **182, 239 s.**

Día: Divinidad primordial del día. 34.

Diana: Nombre latino de Ártemis. Véase Ártemis. 29, 46, 66, **91**.

Dione: Madre de Afrodita, según una tradición. 65, 97.

Dictis: Patrón de la pesca en Sérifos que acogió a Perseo y su madre a la llegada a la isla. 159, 161.

Dido: Reina de Cartago, se enamoró de Eneas. 247.

Dike: Una de las Horas. Personificación de la justicia. 61, 67, 69.

Diomedes: Héroe de Etolia que participó en la guerra de Troya y en la expedición de los Epígonos contra Tebas. 115, 225.

Diomedes (2): Rey de Tracia muerto por Heracles en uno de sus Doce Trabajos. 236.

Dioniso: Dios de la embriaguez, el éxtasis, el vino y la vegetación. Hijo de Zeus y Sémele. 19, 46, 61 s., 65 ss., 75, 85, 88, 106, 112 s., **116** ss., 155, 162, 172, 197, 220, 258, passim.

Dioscuros: Cástor y Pólux, hijos de Zeus y Leda, hermanos de Helena. Tomaron parte en la expedición de la nave Argo y en muchos episodios míticos. Protegen a los marineros. 144, 156, 186.

Ditirambo: Sobrenombre de Dioniso. 118.

Dóride: Hija del Océano. Madre de las Nereidas. 62.

Dríades: Ninfas de los árboles. 61.

Éaco: Piadoso hijo de Zeus y Egina. Fundador de la nación de los Mirmidones. Padre de Telamón y Peleo, abuelo de Aquiles. A su muerte fue juez de las almas en el infierno. 74, 79, 173.

Eagro: Dios-río de gran importancia. Engendró al mítico cantor Orfeo de la Musa Calíope. 167.

Edipo: Hijo de Layo y Yocasta. Héroe del ciclo tebano de desdichado destino. Derrotó a la Esfinge. 55, 139, 140, 192 s., **223** s., passim.

Edoneo: Sobrenombre de Hades. 67, 78.

Eetes: Rey de la Cólquide, hijo del Sol y Perseis. Hermano de la bruja Circe, engendró a Medea. 190, 230.

Eetión: Padre de Andrómaca, la esposa de Héctor. 183.

Efialtes: Uno de los Alóadas, terribles gigantes hijos de Poseidón. 75, 115.

Egeo: Rey de Atenas, padre de Teseo. **152** ss., 192.

Egeria: Ninfa romana de los bosques, consejera del rey Numa Pompilio. 251.

Egialeo: Hijo de Adrasto, rey de Argos. Participó en la expedición de los Epígonos contra Tebas. 225.

Egina: Hija del río Asopo. Se unió a Zeus y engendró a Éaco. Se convirtió en la isla que lleva su nombre. 75, 173.

Egisto: Hijo incestuoso de Tiestes. Amante de Clitemnestra, le ayudó a asesinar a su esposo Agamenón. 195 s.

Eirene: Una de las Horas, que personifica la paz. 61, 67.

Electra: Hija de Agamenón y Clitemnestra, hermana de Orestes. Preparó la venganza contra su madre y su amante por el asesinato de su padre. 194 s.

Endimión: Pastor de gran belleza del que se enamoró Selene, la Luna. 174.

Eneas: Hijo de Afrodita y Anquises, héroe troyano que escapó a la destrucción de la ciudad. Amante de Dido. Llegó a Italia para fundar el poderío de Roma. 29, 71, 144, 174, **246** s.

Eneo: Rey de Calidón, donde la caza de un monstruoso jabalí reunió a los mejores héroes de Grecia. Padre de Meleagro. 188, 239.

Enío: Divinidad femenina de la guerra, compañera de Ares. 115.

Enómao: Rey de Pisa (en la Élide). Padre de Hipodamia. Organizaba carreras de caballos para conceder su mano, pero vencía y mataba a los pretendientes. 163 s.

Eolo: Dios de los vientos. 150, 212.

Épafo: Hijo de Zeus e Io. 172.

Epimeteo: Hermano de Prometeo. Hijo de Jápeto y Clímene. Casó con Pandora, la primera mujer. 131, 133 s.

Equidna: Serpiente monstruosa con cuerpo de mujer. Engendró un sinfín de monstruos con Tifón. 54, 57 ss.

Erato: Una de las nueve Musas. Patrona de la poesía coral. 61.

Érebo: Hijo del Caos y hermano de la Noche. Divinidad primordial de las tinieblas. 34, 38.

Erecteo: Héroe ateniense, que se confunde a veces con Erictonio, hijo de Hefesto y la tierra. 109.

Erictonio: Rey mítico de Atenas, hijo de Hefesto y la tierra. 108.

Éride: Diosa que personifica la discordia. 115.

Erígone: Hija de Icario, campesino ateniense, que acogió a Dioniso y su religión. Se suicidó tras ver a su padre muerto por otros campesinos borrachos. **121**.

Erinias o Furias: Divinidades infernales, también llamadas Euménides («benévolas»). Son Megera, Alecto y Tisífone. 39, **52**.

Eros: Dios del amor. Es una de las primeras divinidades que aparecen en el universo. Tiene una representación tardía como un niño alado hijo de Afrodita. 11, 34, 38, 40.

Escila: Mujer monstruosa que custodiaba el paso de Mesina. 57 s., 213.

Escirón: Hijo de Pélope o Poseidón, era un bandido al que mató Teseo. 153.

Esculapio: Nombre latino de Asclepio. Véase Asclepio. 104, 143.

Esfinge: Ser monstruoso, con cara de mujer y cuerpo de león, que asolaba la ciudad de Tebas. Solo se le podía derrotar dando solución al enigma que planteaba. 55, 223.

Equión: Uno de los *spartoi*, padre de Penteo. 221.

Esmílax: Amada de Croco, transformada en enredadera. 178.

Esón: Rey de Yolco, padre de Jasón. Fue destronado por su hermano Pelias. 150 s.

Estenebea: Esposa de Preto, rey de Tirinto. Se enamoró de Belerofonte y, despechada, lo calumnió. 165.

Esténelo: Hijo de Capaneo, uno de los caudillos de la expedición de los Epígonos. 225.

Esteno: Una de las Gorgonas inmortales. 59, 159.

Estéropes: Uno de los Cíclopes primordiales, junto a Brontes y Arges. 39, 74.

Estigia: Divinidad y laguna odiosa del infierno. Jurar por ella obligaba a hombres y dioses. 44, 52, 71, 74, 76, 146.

Eteocles: Hijo de Edipo y Yocasta. Hermano de Polinices, luchó con él hasta morir y ser muerto. 192 s., 224 s.

Éter: Divinidad primordial. 34.

Etra: Hija de Piteo, rey de Trecén. Se unió a Egeo, rey de Atenas y engendró a Teseo. 153.

Eufemo: Hijo de Poseidón. Uno de los Argonautas, veloz corredor sobre tierra y mar. 228.

Eufrósine: Una de las tres Gracias, junto a Áglae y Talía. 60, 67.

Eumeo: Porquerizo itacense que reconoció a Ulises a su llegada a casa. 214.

Eumolpo: Héroe de Eleusis. 84 s.

Eunomía: Una de las Horas. Divinidad que simboliza el buen gobierno. 61, 67.

Euríale: Una de las tres Gorgonas, junto a Medusa y Esteno. 59, 159.

Euríalo: Hijo de Mecisto, uno de los caudillos de la expedición de los Epígonos. 225.

Eurídice: Esposa de Orfeo. Murió y su esposo bajó al infierno a rescatarla. 167 ss., 174.

Eurínome: Hija de Océano y madre de las Gracias. 60, 67.

Euristeo: Reinó en Argos, Micenas y otras ciudades. Primo de Heracles, le encargó los famosos doce trabajos. 145, 164, **233** s.

Eurito: Rey de Ecalia, padre de Ifito, al que mató accidentalmente Heracles. 238.

Eurito (2): Gigante al que dio muerte Dioniso. 120.

Europa: Hija de Agenor, fue raptada por Zeus. Engendró de él a Minos, Sarpedón y Radamantis. 172, 197.

Euterpe: Una de las Musas, protege la música de la flauta. 61.

Evadne: Hija de Ifis, esposa de Capaneo. A su muerte, se arrojó a su pira. 225.

Faetonte: Hijo del Sol y Clímene. Quiso conducir el carro de su padre y se le desbocaron los caballos. Zeus lo fulminó con su rayo. 17, 174

Fauno: Divinidad romana del campo de gran antigüedad. Se le identifica con el griego Pan. Su hermana Fauna tuvo un hijo de Heracles, el rey Latino. 29, 244.

Fáustulo: Padre adoptivo de Rómulo y Remo. 249.

Febe: Una de las Titánides. 39.

Febo: Sobrenombre y nombre latino de Apolo. Véase Apolo. 46, 66.

Fedra: Hija de Minos y Pasífae. Esposa de Teseo. Madrastra de Hipólito, se enamoró de él. **157** s., 182.

Fénix: Ave legendaria que renacía de sus cenizas después de la muerte. 56.

Filemón: Campesino frigio, esposo de Baucis, que acogió a Hermes y Zeus. **177** s.

Fineo: Rey de Tracia, prefirió ser adivino a ver. Sufría el ataque de las harpías por una maldición. Los argonautas le salvaron. 229.

Flora: Divinidad romana de la vegetación. 244.

Fobo: Hijo de Ares, personifica el miedo. 98, 114.

Folo: Centauro benévolo que ayudó a Heracles. 53.

Forcis: Engendró de Forcis a las Gorgonas y las Grayas. 54, 59.

Foroneo: Padre de Níobe, primera amante mortal de Zeus. 173.

Frixo: Hermano de Hele. Huyó de su padre Atamante a lomos del carnero volador de vellocino de oro. 111, 151, 228.

Galatea: Ninfa de Sicilia, amante de Acis. Deseada por Polifemo. 74, 177.

Galatea (2): Hermosa mujer que esculpió Pigmalión y cobró vida. 178 s.

Ganimedes: Joven troyano del que se enamoró Zeus. Lo raptó descendiendo de los cielos con la forma de un águila. Es el copero de los dioses. 72, 162, 173.

Gea: Divinidad primordial. La Tierra. 34 s., 38, 43, 45, 47, 54, 57, 61, 63, 83, passim.

Gerión: Gigante monstruoso al que se enfrentó Heracles en la lejana Iberia. 236 s.

Gíes o Giges: Uno de los Centímanos. 39.

Gigantes: Criaturas primordiales, ya extinguidas, de enorme tamaño. 39, 47, 51, 57, 63, 107, 120.

Glauco: Hijo de Sísifo, padre adoptivo de Belerofonte. 165.

Gorgonas: Tres mujeres monstruosas de cabellos de serpiente. Euríale, Medusa y Esteno eran sus nombres. 59, 159.

Gracias o Cárites: Son diosas de la belleza, compañeras del cortejo de Afrodita. Hijas de Zeus y Eurínome, son Áglae, Eufrósine y Talía. 60, 67.

Grayas: Tres mujeres monstruosas, hijas de Forcis y Ceto. 59, 159.

Grifo: Monstruo alado, de cabeza de águila y cuerpo de león. 53.

Hades: Dios del mundo de los muertos, donde reina junto a Perséfone. Hijo de Crono y Rea. 40, 45 s., 52, 57, 65 s., 73, **76** ss., passim.

Harmonía: Hija de Ares y esposa de Cadmo. 221.

Harpías: Horribles monstruos femeninos con alas que ensucian todo lo que tocan. 52.

Hebe: Hija de Hera. Copera de los dioses. Personifica la juventud. 67, 72, 79, 173.

Hécate: Divinidad infernal y patrona de la magia negra. 190.

Hecatonquiros: Véase también Centímanos. Gigantes de cien manos, son Coto, Briareo o Egeón y Gíes o Giges. 39.

Héctor: Hijo de Príamo. El más célebre héroe troyano. Esposo de Andrómaca. 71, 140, 147 s., 174, 184, **203** s.

Hécuba: Esposa de Príamo, rey de Troya. 193, 217.

Hefesto: Hijo de Zeus y Hera. Dios artesano de la fragua y la forja. Esposo de Afrodita. 46, 65 ss., 79, 94, 98, **106** ss., 204, passim.

Hele: Hija de Atamante y hermana de Frixo. Dio nombre al Helesponto. 111, 151, 228.

Helena: Hija de Zeus y Leda, de famosa hermosura. Reina de Esparta, raptada por Paris-Alejandro y llevada a Troya. *Casus belli*. 81, 143, 149, 156, 165, 175, 183, **185** s., 194, 202, 210, 217, passim.

Heleno: Hermano de Héctor. 184.

Helios: Dios del Sol. 17, 100, 174, passim.

Hemón: Hijo de Creonte. 193.

Hera: Diosa del matrimonio, celosa reina consorte de los cielos junto a Zeus. 29, 40, 46, 53, 56 s., 60, 65 ss., 70 ss., 75, **79** ss., 80 ss., 102, 181, 238.

Heracles: Hijo de Zeus y Alcmena. El más poderoso de los héroes griegos. 53 s., 56 ss., 61, 65 s., 68, 70, 72, 78, 80 s., 112, 133, 140, 143, **145**, 156, 172, 182, 227 ss., **232** ss., passim.

Hércules: Nombre latino de Heracles. Véase Heracles. 12, 21.

Hermafrodito: Hijo de Hermes y Afrodita, de extraordinaria belleza. 98, **113**.

Hermes: Dios de los encuentros, los intercambios, el comercio. Mensajero de los dioses. 46, 48, 57, 65 ss., 98, 104, **109** ss., 183, passim.

Hermione: Hija de Helena y Menelao. 186.

Hero: Joven por cuyo amor Leandro atravesó a nado el estrecho entre Sestos y Abidos. 175 s.

Hestia: Diosa del hogar y el fuego hogareño. 40, 65 s., **88** ss., 181.

Hidra: Monstruo serpentino que asolaba Lerna, de sangre venenosa y cabezas que se reproducían. Lo mató Heracles como uno de sus doce trabajos. 58, 234 s.

Hilas: Amado de Heracles. Participó en la expedición de los Argonautas. 229, 239.

Himeneo: Dios del Matrimonio. 168.

Himeneo (2): Joven tesalio amado por Apolo. 110.

Himeros: Dios que simboliza el deseo, acompaña a Afrodita en su séquito. 40.

Hiperbóreos: Pueblo mítico del Norte de Europa, frecuentado por Apolo. 53, 103, 237.

Hiperenor: Uno de los *spartoi*, nacido de los dientes del dragón tebano. 221.

Hiperión: Uno de los Titanes. 39.

Hipermnestra: Hija de Dánao, la única que no mató a su marido, Linceo. 176 s.

Hipodamia: Hija de Adrasto. En su boda con Pirítoo, rey de los lapitas, los centauros desataron una terrible lucha. 156.

Hipodamia (2): Hija de Eñómao, rey de Pisa, que desafiaba a sus pretendientes a una carrera. Se enamoró de Pélope. 156, **163** s.

Hipólita: Una de las Amazonas, por cuyo cinturón hubo de pelear Heracles. Se enamoró de Teseo. 157, 236.

Hipólito: Hijo de Teseo e Hipólita. Devoto de la casta Ártemis, rechazó los amores de su madrastra Fedra. 139, 157, 158.

Hipomedonte: Uno de los siete caudillos que atacaron Tebas. 224 s.

Hipomenes: Hijo de Megareo y Mérope. Pretendiente de Atalanta, a la que ganó en una carrera mediante una treta. 189 s.

Hipónoo: Padre de Capaneo, uno de los siete caudillos que marcharon sobre Tebas. 70, 225.

Hipseo: Rey de los lapitas y padre de Cirene. 105.

Horacios: Tres paladines que lucharon en nombre de Alba Longa contra Roma. 29, 251 s.

Horas: Divinidades de las estaciones del año. 67, 96.

Iaco: Sobrenombre de Dioniso, advocación mística relacionada con el culto de Eleusis. 85.

Ícaro: Hijo de Dédalo, murió al intentar alcanzar el Sol. 154.

Icario: Pastor del Ática, hospedó a Dioniso y éste le enseñó a cultivar la vid. 121.

Icario (2): Hermano de Tindáreo, padre de Penélope.

Idmón: Adivino y miembro de la expedición de los Argonautas. 228.

Ificles: Hijo de Anfitrión y Alcmena. Gemelo humano de Heracles. 172.

Ificlo: Famoso corredor, hijo de Fílaco, rey de Fílacas (Tesalia). 188.

Ifigenia: Hija de Agamenón y Clitemnestra. Sacrificada por su padre antes de partir hacia Troya. **194** s.

Ifimedia: Hija de Tríope, madre de los Alóadas, Oto y Efialtes, a los que tuvo con Poseidón (su padre humano era Aloeo, de ahí su sobrenombre). 75, 111.

Ifito: Hijo de Eurito, rey de Ecalia. Lo mató accidentalmente Heracles. 238.

Ilitía: Divinidad que auxiliaba en los partos. 67, 79, 102.

Ino: Hija de Cadmo y Harmonía. Esposa de Atamante. 221.

Io: Amante de Zeus, transformada en vaca. Hera la persiguió. 56, 171 s., 182.

Irafiotes: Sobrenombre de Dioniso. 118.

Ismene: Hija de Edipo y Yocasta. Hermana de Antígone. 192, 224.

Ixión: Rey tesalio que deseó a Hera. Unido a una nube con su forma, engendró a los centauros. Sufrió un terrible castigo en el Hades. 53, 70.

Jacinto: Amado de Apolo, de infortunado destino. 106, 174.

Jano: Dios latino de dos caras, de notable antigüedad, que reinó en la edad de oro. 245.

Jápeto: Uno de los titanes, padre de Prometeo. 39.

Jasón: Hijo de Esón, rey de Yolco. Caudillo de los Argonautas. Traicionó a su amante Medea y tuvo un triste y solitario final. 53, **150** s., 190 ss., 200, **226** s.

Junio Bruto: Uno de los héroes que fundaron la República romana. 253.

Juno: Nombre latino de Hera. Véase Hera. 29, 46, 66.

Júpiter: Nombre latino de Zeus. Véase Zeus. 46, 66, 72.

Lábdaco: Hijo de Polidoro y nieto de Cadmo. Padre de Layo y abuelo de Edipo. Reinó sobre Tebas. 221 s.

Lacedemón: Hijo de Zeus y Táigete. Da nombre a una región griega, cuya capital es Esparta. 173.

Ladón: Dragón que guardaba las manzanas de oro de las Hespérides. 59.

Laertes: Padre de Ulises. Desciende de Arcisio y Calcomedusa, de la estirpe del primigenio Deucalión. 148 s. 183.

Lamia: Mujer monstruosa que robaba niños y los devoraba. 60.

Láquesis: Una de las tres Moiras o Parcas, junto con Átropo y Cloto. 51, 67.

Lares: Divinidades familiares de los romanos. 89, 245.

Latino: Legendario rey de los pueblos de Italia. Hijo de Fauno. 248.

Latino (2): Uno de los hijos que se dice tuvieron Circe y Ulises, según una tradición minoritaria. 185.

Lavinia: Hija del rey Latino, se casó con Eneas. 248.

Layo: Padre de Edipo e hijo de Lábdaco. Reinó sobre Tebas junto a su esposa Yocasta. Fue asesinado por su hijo. 198, 222 s.

Leandro: Amante legendario de Hero. 175 s.

Leda: Hija de Testio, rey de Etolia. Tuvo varios hijos con Tindáreo, como Clitemnestra. Engendró a Helena y a los Dioscuros de Zeus, que se unió a ella en forma de cisne. 173, 186.

Lestrígones: Pueblo sanguinario de Occidente a los que tuvo que enfrentarse Ulises. 212 s., 218.

Leteo: Manantial del olvido en el mundo de los muertos. 76.

Leto: Hija de Ceo y Febe. Madre de Apolo y Ártemis, a los que engendró de Zeus. 65, 67, 92, **102**, 182.

Líber: Dios latino equivalente a Dioniso. 118, 244.

Lico: Hijo de Ctonio, hermano de Nicteo y tío de Antíope. 221 s.

Licomedes: Rey de la isla de Esciros. 147.

Licurgo: Malvado rey de Tracia, enemigo de Dioniso. 115, 120.

Lieo: Sobrenombre de Dioniso, el «liberador». 118.

Linceo: Uno de los Argonautas, héroe famoso por su extraordinaria vista. Marido de Hipermnestra. 176, 229.

Lisio: Sobrenombre de Dioniso. 118.

Lotófagos: Habitantes del país del loto, que vivían en un dulce olvido al ingerir esta planta. Fueron visitados por Ulises. 211.

Lucina: Diosa romana de los partos, equivalente a Ilitía. 244

Lucio Tarquinio Colatino: Héroe romano. Esposo de Lucrecia. 253.

Lucrecia: Virtuosa mujer romana. Esposa del anterior. 182, 253.

Marón: Hijo de Evantes. Sacerdote de Apolo. Regaló a Ulises un vino fuerte y dulzón que se hizo proverbial. 211.

Marsias: Sátiro que desafió a Apolo a un concurso musical entre la flauta y la lira. 96, 104.

Marte: Nombre latino de Ares. Véase Ares. 46, 66, 249.

Maya: Una de las Pléyades. Madre de Hermes. 65, 67, 109.

Mecisto: Padre de Euríalo, uno de los Epígonos. 225.

Medea: Hechicera. Amante de Jasón. Mató a sus propios hijos. 150 s., 154, **190** ss., **227** ss.

Medusa: Una de las tres Gorgonas, la única mortal. La mató Perseo. 55, 59 s., **159** ss.

Megera: Una de las tres Furias. Junto a Alecto y Tisífone. 52.

Melampo: Famoso adivino. 144.

Melanipo: Guerrero tebano, hijo de Ástaco, uno de los *spartoi*. 225.

Meleagro: Hijo del rey de Calidón, Eneo. Héroe en la lucha contra el jabalí que asolaba su país. 189.

Melicertes: Hijo de Ino y Atamante. A su muerte fue divinizado como Palemón y se le rendía culto en Corinto. 120.

Mélides: Ninfas de los fresnos. 39, 61.

Melpómene: Una de las nueve Musas. Patrocina la tragedia. 61.

Meneceo: Hijo de Creonte, se sacrificó heroicamente para salvar Tebas del asedio. 224.

Menelao: Hijo de Atreo y hermano de Agamenón. Rey de Esparta y esposo de Helena, cuyo rapto causó la guerra de Troya. 143, 165, 186 ss., 194, 202, 210.

Mercurio: Nombre latino de Hermes. Véase Hermes. 46, 66, **109**.

Metanira: Esposa de Celeo, rey de Eleusis. Acogió a la diosa Deméter. 84.

Metis: Diosa que personifica la inteligencia. Se la tragó Zeus. 44, 65 s., 69, 72, 79.

Minerva: Nombre latino de Atenea. Véase Atenea. 66.

Minos: Hijo de Zeus, legendario rey de Creta. Acabó como juez de las almas en el Hades. 55 s., 79, 154 s., 172, 182.

Minotauro: Monstruo hijo de Pasífae y un toro que habitaba en Creta, en el laberinto. 55 s., 154 s., 182

Mirra: Madre de Adonis. 99 s.

Mirtilo: Auriga de Enómao, enamorado de su hija Hipodamia. 163 s.

Mnemósine: La «Memoria». Se unió a Zeus y fue madre de las nueve Musas. 6, 38 s., 60, 67.

Moiras o Parcas: Hilanderas del destino, controlan la vida de hombres y dioses. Son Átropo, Cloto y Láquesis. 38, 51, 61, 67, 71, 173.

Mopso: Adivino y miembro de la expedición de los Argonautas. 228.

Musas: Nueve divinidades protectoras de las artes, hijas de Zeus y Mnemósine: Calíope, Clío, Polimnia, Euterpe, Terpsícore, Erato, Melpómene, Talía y Urania. 6, 20 s., 32, 60, 67, 105, 169.

Nausícaa: Hija de Alcínoo, rey de los feacios. Acogió a Ulises cuando llegó después de naufragar a las playas de su país. Se enamoró de él. 96, 185, 214, 217.

Náyades: Ninfas de las aguas. 61.

Neleo: Hijo de Tiro y Poseidón. Hermano de Pelias. Fundó la ciudad de Pilos. 73.

Neoptólemo: Hijo de Aquiles y Deidamía, hija de Licomedes, rey de Esciros. Tomó a Andrómaca como concubina. 148, 184.

Neptuno: Nombre latino de Poseidón. Véase Poseidón. 29, 46, 66, 73.

Nereidas: Hijas de Nereo. Divinidades marinas. 38, 61 s., 74

Nereo: Divinidad del mar, hijo de Ponto y Gea, benéfico para los marineros. 38, 61, 74, 146, 237.

Neso: Centauro que intentó raptar a Deyanira, esposa de Heracles. 239 s.

Néstor: Anciano rey de Pilos. Acoge a Telémaco en la *Odisea*. 127, 138, 210.

Nicteida: Hija de Nicteo y hermana de Antíope. 221.

Nicteo: Hijo de Hirieo, hermano de Lico y padre de Antíope. 221.

Nilo: Uno de los ríos más grandes, hijo de Océano. 38.

Ninfas: Divinidades de los ríos, los bosques y la naturaleza. 61.

Níobe: Hija de Tántalo y esposa de Anfión. Ofendió a los dioses y todos sus hijos murieron. 92, 162, 222.

Níobe (2): Hija de Foroneo, fue amante de Zeus y tuvo de él a Argo o Acusilao. 173.

Noche: Divinidad de los primeros tiempos del universo. 34, 37, 38.

Noto: Dios del viento del Sur. 47.

Numa Pompilio: Segundo rey mítico de Roma. 90, 245, 251.

Numitor: Rey de Alba Longa. Padre de Rea Silvia y abuelo de Rómulo y Remo. 249.

Oceánides: Hijas de Océano. 61.

Océano: Divinidad primordial, personificación del agua eterna. 38, 73.

Ónfale: Reina de Lidia que esclavizó a Heracles. 238.

Oréades: Ninfas de los montes. 61.

Orestes: Hijo de Agamenón y Clitemnestra. Huyó de Micenas de niño gracias a Electra. Al cumplir la edad precisa, regresó para vengar a su padre, asesinado por su madre. 194 s.

Orfeo: Hijo de Eagro y la Musa Calíope. Mítico cantor y sacerdote, trató de rescatar a su esposa Eurídice del mundo de los muertos. 19, 61, 78, 105, **166** ss., 174, 228, 257.

Orión: Gigante que intentó violar a Ártemis. 91.

Oto: Gigante hijo de Ifimedea, uno de los Alóadas. 75, 91, 115.

Palamedes: Héroe griego, hijo de Nauplio y Clímene. Participa en el ciclo troyano. Se le atribuye la invención de las letras. 144.

Palemón: Hijo de Hefesto, participó en la expedición de los Argonautas. 108.

Pales: Divinidad romana protectora de la ganadería. 244.

Pan: Dios de los pastores, mitad hombre y mitad cabra. Se le considera hijo de Hermes. 48, 113, 183.

Pandora: Primera mujer, creada por Hefesto y Atenea, con dones de todos los dioses. Se casó con Epimeteo y desató los males en el mundo. 107, **133** ss., 181.

Paris: Hijo de Príamo y Hécuba, príncipe de Troya que se enamoró y raptó a Helena de Esparta, provocando la guerra con los griegos. 80 s., 146, 149, 175, **187**, 193, 202, passim.

Partenopeo: Uno de los siete jefes que marcharon contra Tebas. 224 s.

Pasífae: Esposa de Minos, rey de Creta. Engendró de un toro al monstruoso Minotauro. 55, 154, 182.

Patroclo: Amado de Aquiles. A su muerte, Aquiles volvió a la batalla. 147, 203 s.

Pegaso: Caballo mítico de Belerofonte, que podía volar. Nació del cuello cercenado de Medusa. 54 s.

Peleo: Hijo de Éaco, rey de Ptía, en Tesalia. Se casó con Tetis. Padre de Aquiles. 80, 140, 144, 146, 173, 228.

Pelias: Rey de Yolcos. Hijo de Tiro y Poseidón, hermano de Neleo. 73, 150 s., 190 s., **227** s.

Pélope: Hijo de Tántalo. Héroe de Olimpia, que venció al rey de Pisa, Enómao, y desposó a su hija Hipodamia. 144, **162** ss., 222.

Peloro: Uno de los *spartoi*, guerreros nacidos de los dientes de un dragón. 221.

Penates: Divinidades hogareñas de los antepasados, en Roma. 245.

Penélope: Fiel esposa de Ulises, madre de Telémaco. 142, 149, 175, **182** s., 185, 211, 214 ss., passim.

Peneo: Dios-río de Tesalia. 101.

Penteo: Hijo de Ágave, nieto de Cadmo. Reinaba sobre Tebas cuando llegó Dioniso con su culto. Se opuso al dios y fue cruelmente castigado, despedazado en un ritual. 118, 121, 139, 197, 220 s., 257 s.

Pentesilea: Célebre amazona, hija de Ares, vencida por Aquiles, que se enamoró de ella. 148.

Periclimeno: Hijo de Neleo, participó en la expedición de la nave Argo. Tenía el don de transformarse en diferentes seres. 229.

Perséfone: Diosa consorte del infierno. Hija de Deméter y esposa de Hades. 18 s., 67, 70, 77, 83, 85 s., **87** s., 154, passim.

Perseo: Héroe hijo de Zeus y Dánae. Matador de Medusa. 55, 59 s., 72, 112, 121, **158** ss.

Persuasión: Divinidad que acompaña a Afrodita en su cortejo. 112, 134

Pigmalión: Escultor o rey de Chipre que creó a una mujer en marfil. Luego ésta cobró vida gracias a la intervención de Afrodita. 178 s.

Píramo: Amante de la joven Tisbe. Se mató al creerla muerta. Se cuenta que se transformó en un río de Cilicia. 178.

[Piri]flegetonte: Uno de los ríos infernales, río de fuego. 78 s.

Pirítoo: Rey de los lapitas, en Tesalia. Compañero de aventuras de Teseo. Se casó con Hipodamia y combatió a los centauros. 156.

Pirra: Hija de Epimeteo y Pandora. Esposa de Deucalión, sobrevivió al diluvio enviado por Zeus. **134** s.

Piteo: Rey de Trecén, padre de Etra. 153.

Pitia: Sacerdotisa de Apolo en Delfos. 58, 101, 103, 152, 222.

Pitiocamptes: Bandido de los caminos del Ática. Fue vencido por Teseo. 153.

Pitón: Dragón que habitaba en Delfos y tenía el poder de la adivinación. Fue vencido por Apolo. 58 s.

Pléyades: Hijas del Gigante Atlas y de Pléyone. 110.

Pléyone: Hija de Océano y Tetis. Se unió a Atlas y engendró a las Pléyades. También es madre de las Híades, divinidades acuáticas. 110.

Plutón: Sobrenombre y nombre latino de Hades. Quiere decir «el rico». Véase Hades. 46, 66, 76, 78.

Polidectes: De la estirpe de Eolo, dios de los vientos. Rey de Sérifos. Pretendiente de Dánae. 159, 161.

Polideuces o Pólux: Uno de los Dioscuros, hijo de Zeus y Leda. Hermano de Cástor. 156, 229.

Polidoro: Hijo de Cadmo y Harmonía. Heredero del trono de Tebas. 221.

Polifemo: Hijo de Poseidón, era un cíclope monstruoso que habitaba la isla de Sicilia, donde Ulises le cegó. 7, 73 s., 177, **212**, 218, passim.

Polimnia: Musa de la pantomima. 61.

Polinices: Hijo de Edipo y hermano de Eteocles. 192 s., 224 ss.

Pomona: Divinidad romana que protegía los árboles frutales. 244.

Ponto: Divinidad primordial del mar en el origen del cosmos. 35, 39, 61, 63.

Poseidón. Dios de los mares, del tridente y el carro marino, que son sus atributos. El caballo es su animal simbólico y su consorte es Anfítrite. 7, 29, 40, 45 s., 57, 65 s., 70, **73** ss. passim, 95, 163.

Preto: Rey de Tirinto, esposo de Estenebea. 165 s.

Príamo: Rey de Troya, padre de Héctor y Paris. 105, 193, 204.

Prómaco: Héroe de la expedición de los Epígonos, hijo de Partenopeo. 225.

Prometeo: Titán benefactor de la humanidad. Robó el fuego para los hombres y fue castigado por ello. 44, **130** ss. passim, 237.

Proserpina: Nombre latino de Perséfone. Véase Perséfone. 66.

Protesilao: Primer soldado griego que murió en Troya. 144.

Quimera: Ser fabuloso con cabeza de león y torso de cabra. 54, 166.

Quirino: Dios romano de la guerra. Divinización de Rómulo. 244.

Quirón: Centauro sabio y benévolo. Hijo de Crono, con forma de caballo, y Filira. Educador de héroes como Aquiles o Jasón. 53, 105, 140, 147, 149 s., 227.

Radamantis: Hijo de Europa y Zeus. Uno de los jueces del inframundo. 79, 172.

Rea: Diosa de los primeros tiempos del universo. Madre de todos los dioses. 35, 39 s., 44, 46, 66, 72 s., 83, passim.

Rea Silvia: Madre de Rómulo y Remo, que concibió de Marte. 249 s.

Remo: Hijo de Marte y hermano gemelo de Rómulo. Fundador de Roma.

Rómulo: Hijo de Marte y hermano gemelo de Remo. Fundador de Roma. Mató a su hermano por una disputa.

Salmacis: Ninfa que se enamoró de Hermafrodito. 113.

Salmoneo: Rey de la Élide, quiso imitar el rayo y el trueno de Zeus y éste le castigó. 70.

Sarpedón: Hijo de Zeus y Europa. 71, 172.

Sátiro: Divinidades de la naturaleza con forma híbrida entre hombre y macho cabrío. 62.

Saturno: Antiguo dios latino asimilado a Crono. Reinaba en la edad de oro. 40, 66, 244.

Selene: Diosa de la luna. 174.

Sémele: Princesa tebana, hija de Cadmo y Harmonía. Se unió a Zeus y engendró de él a Dioniso. Pero antes de dar a luz fue fulminada por el rayo de Zeus. 65, 67, 117, 172, 221.

Servio: Penúltimo rey legendario de Roma. 252.

Sexto: Hijo de Tarquinio el Soberbio, último rey de Roma. 253.

Sibila: Adivina que habitaba en Cumas, en la costa occidental de Italia, donde había una entrada al Hades. 248.

Silvio: Hijo de Eneas y Lavinia. 248.

Sinis: Uno de los bandoleros de los caminos que derrotó Teseo. 153.

Sirenas: Mujeres espantosas con cuerpo de ave que atraían a los marineros con su canto. 53, 167.

Sísifo: Hijo de Eolo. Por acusar en falso a Zeus fue condenado a empujar una roca enorme hasta lo alto de una colina eternamente. 149, 168.

Táigete: Una de las Pléyades. 173.

Talía: Una de las nueve Musas, la de la comedia. 61, 105.

Talía (2): Una de las Gracias. 60, 67.

Tántalo: Hijo de Zeus, castigado por burlar a los dioses y matar a su propio hijo. Fue condenado a tener siempre al alcance comida y bebida pero sin poder alcanzarla. 70, **162**, 168, 222.

Tarquino el Soberbio: Último rey mítico de Roma. 253.

Tártaro: El abismo más profundo de la tierra, donde son confinados los Titanes. 34, 38 s., 45, 54.

Telamón: Padre de Ayax el Grande. Participó en la cacería de Calidón y en la expedición de la nave Argo. 228.

Telégono: Hijo de Ulises y Circe, según una versión minoritaria. Se cuenta que dio muerte a su padre. 142, 183, 185.

Telémaco: Hijo de Ulises y Penélope. Combatió al lado de su padre, tras recorrer el mar en su busca, para exterminar a los pretendientes de su madre. 96, 183, 187, **210** s., 214.

Telquines: Genios marinos de Rodas. 75.

Temis: Diosa que personifica la ley. 38 s., 44, 51, 61, 79.

Término: Dios romano de las demarcaciones de tierras. 244.

Terpsícore: Una de las nueve musas, al cuidado de la poesía lírica y danza. 61.

Tersandro: Hijo de Polinices, fue uno de los Epígonos. 225 s.

Tersites: Soldado griego en Troya, el más despreciable de todos. Se burló de Aquiles y fue golpeado. 148.

Teseo: Héroe ateniense por excelencia. Hijo de Egeo y Etra. Matador del Minotauro. 73, 95, 143, **151** ss., 182, passim.

Tetis: Una de las Titánides. 39, 79.

Tetis (2): Divinidad marina, hija de Nereo. Esposa de Peleo y madre de Aquiles. 72, 80, 107, 144, 146, 173.

Tía: Una de las Titánides. 39.

Tideo: Uno de los capitanes que participó en la expedición de los Siete contra Tebas. 224 s.

Tiestes: Uno de los hijos de Pélope. Hermano de Atreo y Crisipo. 164 s.

Tifis: Timonel de la nave Argo. 228.

Tifón: Monstruo serpentino, hijo de la Tierra. Se enfrentó a Zeus con gran peligro para el universo. 7, 17, 43, 47 s., 51, 54, 57 ss., 69.

Tindáreo: Rey de Esparta. Padre de Clitemnestra, Helena, los Dioscuros (aunque el verdadero padre de estos últimos era Zeus). 182.

Tione: Nombre divino de la madre de Dioniso. 118.

Tiresias: Mítico adivino ciego, hijo de Everes, de la estirpe de los *spartoi*, y Cariclo. 82, 193, 224.

Tisbe: Amante de Píramo, se suicidó al ver que había muerto éste. 178.

Tisífone: Una de las tres Furias o Euménides. Las otras dos son Megera y Alecto. 52.

Titanes: Divinidades primordiales, hijos de la Tierra. Son Océano, Ceo, Crío, Hiperión, Jápeto, Crono. 33, 39, 41 ss. passim, 51, 69, 76, 88, 123, 125 ss. passim.

Titánides: Divinidades primordiales, son Tía, Rea, Temis, Mnemósine, Febe, Tetis. 38, 39.

Tito Tacio: Rey de los Sabinos. 251.

Triptólemo: Héroe de Eleusis, recorrió el mundo repartiendo los dones de Deméter a lomos de un carro tirado por dragones que le proporcionó la diosa. 84, 86 s.

Tritogenia: Sobrenombre de Atenea. 66.

Tritón: Criatura marina. 74.

Tulio Hostilio: Tercer rey de Roma. 251.

Turno: Rey itálico, enemigo de Eneas. 248.

Udeo: Uno de los *spartoi* o guerreros nacidos de los dientes del dragón de Tebas. 221.

Breve bibliografía de referencia sobre mitología

Alamillo, Assela. *La mitología en la vida cotidiana*. Madrid: Acento Editorial, 1997.

Baring, Anne y Cashford, Jules. *El mito de la diosa*. Madrid: Siruela, 2005.

Bermejo, J. C., González, F. J. y Rebordea, S. *Los orígenes de la mitología griega*. Madrid: Akal, 1996.

Blumenberg, Hans. *Trabajo sobre el mito*. Barcelona: Paidós, 2003.

Boitani, P. *La sombra de Ulises*. Barcelona: Península, 2000.

Bonnefoy, I. *Diccionario de las mitologías*, tomos II (Grecia) y III (Roma). Barcelona: Destino, 1996.

Burkert, Walter. *De Homero a los magos. La tradición oriental en la cultura griega*. Barcelona: El Acantilado, 2002.

Choza, J., Choza, P. *Ulises, un arquetipo de la existencia humana*. Barcelona: Ariel, 1996.

Detienne, Marcel. *Dioniso a cielo abierto*, Barcelona: Gedisa, 1997.

— *Los jardines de Adonis*, Madrid: Akal, 1983.

Díez del Corral, Luis. *La función del mito clásico en la literatura contemporánea* (2.ª ed.). Madrid: Gredos, 1974.

Duchemin, J. *Prométhée. Le mythe et ses origines*. Paris: Les Belles Lettres, 1974.

Eissen, Ariane. *Les mythes grecs*. París: Belin, 1993.

Falcón, C., *et al*. *Diccionario de la mitología griega* (2 vols). Madrid: Alianza, 1981.

Finley, M. I. *El mundo de Odiseo*. México: FCE, 1961.

Frenzel, Elisabeth. *Diccionario de argumentos de la literatura universal*. Madrid: Gredos, 1979.

García Gual, Carlos. *Introducción a la mitología griega*. Madrid: Alianza, 1992.

— *Prometeo, mito y tragedia*. Madrid: Hiperión, 1995.

— *Diccionario de mitos*. Barcelona: Planeta, 1997.

Germain, G. *Homère*. Paris: Du Seuil, 1961.

Gil, L., *et al*. *Introducción a Homero*. Madrid: Guadarrama, 1963.

González García, F. J. *A través de Homero. La cultura oral de la Grecia antigua*. Universidad de Santiago, 1991.

Graf, F. (ed.). *Mythos in mythenloser Gesellschaft*. Stuttgart/Leipzig: Teubner, 1993.

Graves, R. *Los mitos griegos*. Barcelona: RBA Editores, 2005.

Griffin, J. *Homero*. Madrid: Alianza, 1980.

Grimal, P. *Diccionario de la mitología griega y romana*. Barcelona: Paidós, 1995.

Howatson, M. C. (ed.). *Diccionario de la literatura clásica*, Madrid: Alianza, 1989.

Iriarte, A., Bartolomé, J. *Los dioses olímpicos*. Madrid: Ed. del Orto, 1999.

Jesi, F. *Literatura y mito*. Barcelona: Barral, 1972.

Kerényi, Karl. *Eleusis*. Madrid: Siruela, 2003.

Kirk, G. S. *Los poemas de Homero*. Buenos Aires: Eudeba, 1968.

— *El mito. Su significado y funciones en la Antigüedad y otras culturas*. Barcelona, 1990.

Kolakowski, L. *La presencia del mito*. Madrid: Cátedra, 1990.

Mader, Ludwig. *Griechische Sagen*. Dusseldorf/Zurich: Artemis Verlag, 1963.

Martínez-Pinna, J., Montero Herrero, S. y Gómez Pantoja, J. *Diccionario de personajes históricos griegos y romanos*. Madrid: Istmo, 1998.

Moormann, E. M.; Uitterhoeve, W. *De Acteón a Zeus*. Madrid: Akal, 1997.

Otto, W. *Dioniso. Mito y culto*. Madrid: Siruela, 1997.

Righter, William. *Myth and literature*. Londres: Routledge, 1975.

Ruiz de Elvira, Antonio. *Mitología clásica*. Madrid: Editorial Gredos, 2000.

Saïd, Suzanne. *Homère et l'Odyssée*. Paris: Belin, 1998.

Seemann, Otto. *Mitología clásica ilustrada*. Barcelona: Vergara, 1958.

Seibert, M. *Troia. Mythos und Wirklichkeit*. Stuttgart: Reclam, 2001.

Sissa, G., Detienne, M. *La vida cotidiana de los dioses griegos*. Madrid: Temas de Hoy, 1990.

Steiner, G. *Presencias reales*. Barcelona: Destino, 1991.

— *Nostalgia del absoluto*. Madrid: Siruela, 1999.

Vernant, J. P. *Mito y pensamiento en la Grecia Antigua*. Barcelona: Ariel, 1983.

— *El universo, los dioses, los hombres. El relato de los mitos griegos*. Barcelona: Anagrama, 2000.

Vernant, J. P., Vidal-Naquet, P. *Mito y tragedia en la Grecia antigua*. Barcelona: Paidós, 2002.

Vidal-Naquet, Pierre. *El espejo roto. Tragedia y política en la Grecia antigua*. Madrid: Abada Editores, 2004.

Von Scheffer, Thassilo. *Die Kultur der Griechen*. Colonia: Parkland Verlag, 2001.

Índice

La Ecología • *Contada con sencillez*
Joaquín Araújo

La ecología y sus retos frente a un mundo globalizado, una lucha imprescindible para la supervivencia de nuestro planeta.

12,5 x 23 cm., 144 págs. • ISBN: 84-96231-18-6 • EAN: 9 788496 231184

La Vida sana • *Contada con sencillez*
Mariano Bueno

Llevar una vida sana va más allá de mantenernos alejados de la enfermedad, se trata de adoptar hábitos saludables que mejoren nuestra vida social, emocional y espiritual.

12,5 x 23 cm., 264 págs. • ISBN: 84-96231-25-9 • EAN: 9 788496 231252

El Yoga • *Contado con sencillez*
Ramiro Calle

¿Qué es el yoga? Situado en un territorio en el que confluyen disciplinas tan dispares como la metafísica, el ejercicio físico, la mística, la relajación o la medicina natural, Ramiro Calle lo explica, evitando tanto el exceso de erudición como los tópicos simplistas.

12,5 x 23 cm., 200 págs. • ISBN: 84-86478-86-3 • EAN: 9 788486 478865

El Cine • *Contado con sencillez*
Juan Zavala, Elio Castro-Villacañas y Antonio C. Martínez

El Cine Contado con sencillez, escrito por el equipo de "Lo que yo te diga" de la Cadena Ser, da un repaso ameno a la historia del cine mundial.

12,5 x 23 cm., 290 págs. • ISBN: 84-95354-23-3 • EAN: 9 788495 354235

La Ética • Contada con sencillez
Javier Sádaba

En una guía amena y completa, el autor explica los fundamentos de la ética, su relación con la política y la importancia
de la bioética. Contesta a preguntas tan relevantes como ¿Por
qué he de ser moral? y ¿Cómo influye la moral en nuestras
acciones diarias?

12,5 x 23 cm., 168 págs. • ISBN: 84-96231-20-8 • EAN: 9 788496 231207

La Filosofía • Contada con sencillez
Javier Sádaba

Todos somos aprendices de filósofo desde el momento en
que todos nos hacemos preguntas acerca de la justicia, la felicidad, el dolor y la muerte.

12,5 x 23 cm., 184 págs. • ISBN: 84-95354-69-1 • EAN: 9 788495 354693

El Sexo • Contado con sencillez
Pilar Cristóbal

Este libro, escrito por la psicóloga y sexóloga Pilar Cristóbal,
está formulado a base de preguntas directas que nos ofrecen
las respuestas a todo lo que siempre quisimos saber sobre la
sexualidad.

12,5 x 23 cm., 270 págs. • ISBN: 84-95354-34-9 • EAN: 9 788495 354341

El Zen • Contado con sencillez
Ramiro Calle

Ramiro Calle nos explica en estas páginas de manera clara y entre-
tenida los fundamentos del zen, una corriente vital que nos puede resultar de gran ayuda en los tiempos que vivimos hoy día.

12,5 x 23 cm., 160 págs. • ISBN: 84-96231-35-6 • EAN: 9 788496 231351